JOSÉ ARTUR LIMA GONÇALVES

IMPOSTO SOBRE A RENDA
Pressupostos Constitucionais

1ª edição,
2ª tiragem

IMPOSTO SOBRE A RENDA
Pressupostos Constitucionais
© *José Artur Lima Gonçalves*

ISBN 85-7420-098-0

Direitos reservados desta edição por
MALHEIROS EDITORES LTDA.
Rua Paes de Araújo, 29, conjunto 171
CEP 04531-940 — São Paulo — SP
Tel.: (0xx11) 3078-7205
Fax: (0xx11) 3168-5495
URL: www.malheiroseditores.com.br
e-mail: malheiroseditores@zaz.com.br

Composição
Editora Frase

Capa
Criação: Vânia Lúcia Amato
Arte: PC Editorial Ltda.

Impresso no Brasil
Printed in Brazil
01-2002

Para GERALDO ATALIBA
Publicista Maior
Mestre
Incentivador inexcedível
Amigo Leal

SUMÁRIO

Prefácio — Paulo de Barros Carvalho, 9

1. Introdução, 13

2. Recurso ao Direito Comparado
  2.1 Utilidade do recurso, 19
  2.2 Paralelo com o sistema norte-americano, 22
    2.2.1 Matéria tributária na Constituição norte-americana, 22
    2.2.2 Delegação de competência normativa inaugural, nos EUA, 24
    2.2.3 Delegação de competência normativa em matéria de imposto sobre a renda, nos EUA, 27
    2.2.4 Prevalência da substância econômica sobre a forma, 32
  2.3 Causas para tão graves diferenças entre os sistemas brasileiro e americano, 36

3. Sistema constitucional brasileiro
  3.1 Preliminares metodológicas
    3.1.1 Noção de sistema, 40
    3.1.2 Unidade e harmonia do sistema, 44
    3.1.3 Princípios, 45
    3.1 4 Advertência relativa aos planos de abordagem, 47
  3.2 Aspectos relevantes do sistema constitucional brasileiro
    3.2.1 A chamada separação de Poderes, 49
    3.2.2 Legalidade
      3.2.2.1 Princípios implícitos, 50
      3.2.2.2 Vedação implícita de delegação, 52
      3.2.2.3 Conteúdo do princípio da legalidade, 54
      3.2.2.4 Lei, no sistema brasileiro, 56
    3.2.3 Função administrativa
      3.2.3.1 Na doutrina do direito administrativo, 58
      3.2.3.2 No direito positivo brasileiro, à luz das implicações do sistema, 63

3.2.4 *Exceções à legalidade*, 66
3.2.5 *Função regulamentar e inovação da ordem jurídica*, 66
    3.2.5.1 Regulamento autônomo, 70
    3.2.5.2 Instruções ministeriais, 73
    3.2.5.3 Interesse fazendário, 76
3.2.6 *Princípios da legalidade e tipicidade em matéria tributária*, 79
    3.2.6.1 Tipicidade e plenitude lógica, 81
    3.2.6.2 Legalidade tributária e consentimento, 85
3.2.7 *Competência tributária impositiva*, 88
    3.2.7.1 Repartição das competências impositivas, 89
3.2.8 *Caráter vinculado do lançamento*
    3.2.8.1 Ato administrativo vinculado e discricionário, 91
        3.2.8.1.1 Competência discricionária, 93
        3.2.8.1.2 Ato de administração verificadora/ato vinculado, 94
        3.2.8.1.3 Necessidade de motivação do ato administrativo, 99
    3.2.8.2 Lançamento: ato administrativo vinculado, 100
        3.2.8.2.1 Auto de infração e lançamento, 101
        3.2.8.2.2 Obrigação tributária e deveres acessórios, 103

4. Processo administrativo
  4.1 *Processo e procedimento*, 109
  4.2 *Princípios que informam o processo administrativo*, 109
    4.2.1 *Ampla defesa*, 111
    4.2.2 *"Due process of law"*, 114
  4.3 *Processo administrativo e verdade material*, 116
  4.4 *Arbitramento*, 122

5. Presunções e ficções em matéria tributária
  5.1 *Pensamento alienígena (e antecipação de algumas considerações)*, 127
    5.1.1 *Referência à doutrina italiana*, 127
    5.1.2 *Referência à doutrina espanhola*, 131
    5.1.3 *Referência à doutrina argentina*, 134

5.2 **Doutrina brasileira**
  5.2.1 Na Teoria Geral do Direito, 136
  5.2.2 No chamado direito tributário, 143
5.3 **Considerações terminológicas**
  5.3.1 Presunção e ficção, 151
  5.3.2 Elisão e evasão, 153
5.4 **Consideração crítica**, 154

6. **Segurança jurídica**
  6.1 **Previsibilidade estatal e segurança jurídica dos contribuintes**, 161
    6.1.1 Direito adquirido, 165
  6.2 **Responsabilidade do agente público**, 168

7. **Aplicação das categorizações propostas ao imposto sobre a renda**
  7.1 **Questão eminentemente constitucional**, 170
  7.2 **Imperativo lógico da existência do conceito pressuposto**, 171
  7.3 **Conceito constitucionalmente pressuposto de renda**, 174
    7.3.1 Conceitos próximos, 177
    7.3.2 Conceito pressuposto, 179
      7.3.2.1 Saldo positivo, 179
      7.3.2.2 Entradas e saídas, 182
      7.3.2.3 Período, 183
        7.3.2.3.1 Período constitucionalmente pressuposto, 184
    7.3.3 Sujeito passivo (uma referência), 187
  7.4 **Relação determinante entre critérios quantitativo e material**, 190
  7.5 **Conteúdo do conceito de renda, na doutrina**, 192
  7.6 **Necessária referência a elementos componentes da base de cálculo do imposto sobre a renda**, 198
  7.7 **Correção monetária**
    7.7.1 Advertência prévia, 200
    7.7.2 Aumento e redução da carga, 201
    7.7.3 Correção monetária e índices, 204
    7.7.4 Reflexão, 206
  7.8 **Alguns exemplos**, 208

8. **Síntese conclusiva**
  8.1 **Proposições metodológicas**, 212
  8.2 **Proposições específicas**, 213

9. Posfácio, 217

Bibliografia, 219
Índice alfabético-remissivo, 229

PREFÁCIO

Já é expressiva a literatura jurídica brasileira na temática dos tributos. Com a velocidade da produção normativa dos órgãos governamentais, gerando intensivamente a disciplina de situações novas, na ânsia de diminuir o descompasso inevitável entre a realidade social e os padrões adequados da juridicidade positiva, a doutrina nacional vem aumentando, consideravelmente, sua contribuição nesse território tão delicado do relacionamento intersubjetivo.

No amplo quadro das obras publicadas sobre a matéria, contudo, preponderam manifestações genéricas, no feitio de cursos, compêndios, manuais, ou a respeito de institutos jurídicos cuja presença inevitável na compostura das várias entidades tributárias é de meneio obrigatório entre os estudiosos. No mais, há grande incidência de doutrina a propósito de assuntos tópicos que, por algum motivo, tenham suscitado o interesse imediato da comunidade jurídica. Monografias acerca de tributos, especificamente considerados, são raras. De cinco anos para cá, entretanto, foram surgindo alguns trabalhos de alto nível científico, com a proposta de analisar a regra-matriz de algumas figuras do nosso sistema tributário.

E a preferência tem recaído em impostos como os de importação e exportação, o ICMS, o IPI e, recentemente, sobre o IPTU e o ITR. Quanto ao imposto sobre a renda e proventos de qualquer natureza, talvez pela enorme complexidade do seu regime de incidência, ou pelo número às vezes até extravagante dos enunciados prescritivos que integram sua estrutura, a verdade é que a exação tem espantado os especialistas, afastando-os de um contato mais direto e radical com tão discutida forma de imposição tributária.

O livro do Dr. Bulhões Pedreira continua prestando relevantíssimos serviços aos que lidam com esse tributo, oferecendo uma visão panorâmica de seu arcabouço, bem como uma orientação prática de sua implantação na realidade brasileira. Ao seu lado, já se somam numerosos artigos e pareceres de juristas especializados, tocando pontos que a experiência tem espontaneamente levantado como de vital importância para a dinâmica funcional do gravame.

Esperava-se, com grande expectativa, um escrito diferente, que dirigisse o foco da análise para as raízes constitucionais dessa figura, discutindo-lhe os pressupostos para o conhecimento de sua base institucional, uma vez que, pelo processo de derivação, todas as normas do direito positivo hão de buscar o fundamento último de sua validade jurídica no Texto Supremo. É a Lei das Leis que instaura a ordem jurídica e precipita, uma a uma, todas as cadeias normativas que servem de ponte entre os grandes valores e as diretrizes constitucionais, de um lado, e as condutas pessoais em interferência intersubjetiva, do outro. Os comandos do Diploma Básico, para chegarem à região material dos comportamentos inter-humanos, necessitam, de modo imprescindível, de uma série de outras normas gerais e abstratas e individuais e concretas, sem o quê não logram aproximar-se do agir humano, nas suas relações de interpessoalidade. E disso decorre que a discussão dos grandes problemas, por mais que se estabeleça no plano pragmático das condutas concretas, há de regredir, necessariamente, à busca da sustentação constitucional apropriada, sem o quê resvalará para o lugar-comum das questões infundadas, das pretensões tributárias juridicamente insustentáveis.

A obra que José Artur Lima Gonçalves dá à edição, entre muitos predicados, vem inspirada pela seriedade de quem empreendeu reflexões maturadas no campo do Direito Constitucional, cuidadosamente sopesadas perante as categorias da Teoria Geral do Direito e projetadas no território firme das discussões jurídico-tributárias, tudo isso iluminando uma experiência concreta do exercício da advocacia, praticada, diga-se de passagem, no mais alto nível profissional.

O autor, sobre ser alguém com a capacidade para aprofundamento teórico desse estilo, vem acumulando precioso acervo de informações colhidas no padrão empírico da realidade brasileira, *topos* em que se verifica, decisivamente, a concreção da linguagem jurídico-normativa. De nada valeria, penso eu, uma série de proposições bem tecidas acerca dos preceitos constitucionais a respeito do imposto sobre a renda e proventos de qualquer natureza se não perseguíssemos, obstinadamente, a cadeia de positivação daqueles enunciados superiores, avançando progressivamente em direção aos comportamentos intersubjetivos. É nesse processo de concretização do Texto Constitucional, para utilizar uma expressão de Friedrich Müller, que o cientista do direito há de buscar o material de sua pesquisa, precisamente porque é no seu desenvolvimento integral que o dado jurídico se mostra como fenômeno de linguagem prescritiva de condutas.

E o autor trilha esse caminho, exibindo destreza, domínio de noções básicas, desembaraço no manejo das instituições do direito positivo, tudo com recursos retóricos bem articulados, dentro de uma proposta epistemológica que permite ao pensamento deslizar das premissas eleitas aos resultados objetivamente declarados ao final do trabalho.

Submetida a tese à apreciação de uma banca examinadora implacável, que não poupou ao candidato sequer o deslocamento de uma vírgula, o autor manteve a serenidade dos doutos, respondendo, equilibradamente, a todas as questões levantadas e defendendo, com altivez, as impugnações que os examinadores, certamente por dever de ofício, suscitaram.

Eis um trabalho de tomo: bem composto na sua concepção teórica, redigido numa linguagem fluente, que facilita o trânsito da idéia, conjugando admiravelmente bem a teoria e a prática, a Ciência e a experiência. Quem quiser experimentar um estudo mais aprofundado do imposto sobre a renda e proventos de qualquer natureza, para compreender-lhe as raízes no ordenamento jurídico brasileiro e poder aplicá-lo de modo adequado à nossa realidade sócio-econômica, encontrará no livro do Prof. Lima Gonçalves um roteiro seguro, impregnado com o calor de quem demonstra ter entusiasmo pelo Direito e o trata, por isso mesmo, com grande dignidade.

PAULO DE BARROS CARVALHO

1
INTRODUÇÃO

Antes de iniciar o exame da sistemática normativa positiva, entendo útil relembrar a lição de Tulio Ascarelli,[1] que demonstra que os movimentos da produção doutrinária e do pensamento filosófico são ditados pela conjuntura social de uma determinada época.

Ele, considerando o direito sob a ótica de fenômeno sóciocultural, concebe-o mesclado aos acontecimentos e movimentos do mundo fenomênico, no mundo do ser. E daí traça os paralelos necessários para demonstrar que as manifestações descritivas da doutrina acompanham as tendências ditadas por essa movimentação cultural, fenomênica.

Encontro nessas lições o estímulo para enfatizar a "função" da Constituição neste instante da história mundial, e brasileira em particular, no qual os diagnósticos das moléstias sócio-econômicas e respectivas panacéias — tão a gosto de seus autores, tecnocratas despreparados — não poupam esforços no sentido de comprometer os direitos e garantias individuais. Antes de proceder aos necessários ajustes fiscais, por meio dos imprescindíveis cortes e/ou redirecionamentos das despesas públicas, as elites dominantes brasileiras teimosamente insistem em concentrar os seus esforços no aumento das receitas. Tudo é motivo para arrecadar. E arrecadar sem critério, atropelando a sistemática constitucional. Estamos vivendo grave momento de desrespeito aos direitos e garantias individuais.

A sistemática constitucional é, diária e amplamente, afrontada por toda sorte de subterfúgio técnico. Há irregularidades para todos os gostos: cobrança antecipada de tributo, desvirtuação de

1. *Problemi Giuridici.*

materialidade pelo critério definidor da base, presunção e ficção de ocorrência de fato imponível, e assim por diante. E os cientistas do direito assistem passivamente a esse estado de coisas.

É hora, portanto, de implementar, mais uma vez, o fenômeno que o referido mestre italiano argutamente observou, consistente na conjugação das ciências com a realidade histórica. Já que os investidos no Poder recusam-se a resolver as questões que lhes são postas — o que só seria possível com a organização e equilíbrio dos orçamentos públicos —, cumpre a nós, estudiosos do direito, explicitar à sociedade as proteções que o sistema constitucional oferece para conter as investidas dessas elites que se mantêm no Poder há tanto tempo.

Nessa linha de raciocínio, anima-nos detectar os principais equívocos em matéria de imposto sobre a renda, para, em seguida, explicitar os pressupostos constitucionais para sua eliminação.

Na categoria dos *equívocos* em matéria de imposto sobre a renda, ocorrem-nos, como principais, os seguintes: manipulação acrítica da base de cálculo, excessos do legislador (transbordando o limite de sua competência), excessos do administrador público (transbordando os limites da função administrativa), utilização de ficções e presunções absolutas para considerar ocorrido o fato imponível.

Todos esses equívocos encontram solução na sistemática constitucional brasileira.

Impõe-se detectar as *causas* de tão graves equívocos. Dentre outras, listamos as seguintes: absorção acrítica de noções de direito comparado, absoluta ignorância de noções elementares de metodologia científica, desconhecimento da noção de sistema e ignorância acerca das disposições do direito positivo constitucional brasileiro.

Para resolver e superar os problemas criados pelas causas exemplificativamente apontadas, devemos propor *soluções*, as quais decorrerão, naturalmente, da adequada compreensão de certas premissas, a saber: revisão e fixação de noções metodológicas propedêuticas, compreensão da noção de sistema e princípios, revisão da utilidade do recurso ao direito comparado (reconduzindo-o ao seu grau de intensidade adequado), sistematização dos princípios constitucionais tributários (especialmente os da legalidade e subordinação da função administrativa), conhecimento das exigências da tipicidade (e seu desdobramento, consistente no império da verdade material no processo administrativo) e, acima de tudo, reconhecimento da existência de um conceito constitucionalmente pressuposto de renda. Do adequado esclarecimento dessas premissas sistemáticas decorrerão, naturalmente, as soluções para os equívocos em torno do tema.

Por exemplo, é o que ocorre em relação ao uso da ficção para criação e quantificação de obrigação tributária de recolhimento de imposto sobre a renda. A abordagem desta questão específica pode ser feita a partir das categorias processuais (concernentes à produção de prova, sua admissibilidade etc.) ou no plano puramente lógico (do método dedutivo utilizado pelo legislador), ou, ainda, no confronto com a sistemática constitucional brasileira. Parece-nos, todavia, que, quando a questão envolve a análise da norma de tributação, deve ser efetuada dentro dos limites postos pelo sistema constitucional tributário brasileiro e respectivo subsistema tributário.[2] Em última análise, o plano desta questão — assim como de todas as outras que envolvem matéria tributária — é constitucional; normas e princípios constitucionais a informam e orientam.

Já sustentamos[3] que os princípios da legalidade e tipicidade tributárias, conjugados à rígida e exaustiva repartição constitucional de competência impositiva, implicam a constatação de que o subsistema constitucional tributário brasileiro possui plenitude lógica. A compreensão adequada desta afirmação conduz ao corolário básico segundo o qual a doutrina clássica, por exemplo, sobre as presunções e ficções não pode ser simplesmente traduzida para o vernáculo e aplicada sob o regime constitucional brasileiro. É que sua aplicação, veremos, desacompanhada de certas reservas, ofende postulados básicos de nosso sistema constitucional.

---

2. Utilizamos esta expressão — subsistema constitucional tributário — para aludir ao conjunto de princípios e regras constitucionais que regem o exercício da tributação — ação, privativamente estatal, de tributar.
3. *Isonomia na Norma Tributária*.

A incidência do conseqüente normativo não pode prescindir da ocorrência do fato imponível.

As eventuais dificuldades no identificá-lo — o fato imponível — podem justificar o recurso a mecanismos legais tendentes à satisfação desta necessária identificação, mecanismos, esses, acessórios ao exercício da tarefa de produzir prova. Não podem, todavia, "inventar" fato imponível onde este inexiste; tal tentativa contraria postulados básicos do sistema constitucional brasileiro e seu subsistema tributário.

Não se inventa fato imponível; até porque este é tradução lingüística de evento devidamente constatado, do mundo fenomênico. A norma jurídica não interfere com a ocorrência/existência dos eventos no plano fenomênico; efetua sua tradução, por meio da linguagem, em fatos jurídicos; qualifica-os, para fins jurídicos, atribuindo-lhes determinados efeitos.[4]

A produção dos efeitos prescritos pela norma legal tributária para um dado fato jurídico, correspondente a um evento do mundo fenomênico, depende da ocorrência deste evento. Ela — a norma tributária — imputa efeitos, mas não cria eventos.

E, quando a Constituição brasileira optou pela técnica de fazer referência ao critério material da regra-matriz de incidência para proceder à repartição constitucional de competência impositiva, determinou, de modo irrecorrível, que a incidência de norma de tributação dependeria da efetiva verificação, no mundo fenomênico, do evento traduzido em fato/ato/estado caracterizador da materialidade por ela — Constituição — referida.[5]

Aliás, até mesmo no direito norte-americano, que admite — sem reservas, como veremos — a prevalência do conteúdo dos negócios jurídicos sobre a forma, entende-se que as apurações devem ser exaustivas, buscando-se a verdade material. Os indícios

---

4. Sobre a distinção entre "evento" e "fato", veja-se Tércio Sampaio Ferraz Jr., *Introdução ao Estudo do Direito*, p. 253, e J. A. Lima Gonçalves, "Lançamento — Meditação Preliminar", Comunicação às XVIII Jornadas Ibero-latinoamericanas de Direito Tributário.
5. Casuisticamente, a Constituição Federal confirma esta afirmação ao excepcionar a possibilidade de cobrança de ICMS pelo regime de antecipa-

não são suficientes para que se repute ocorrido o fato imponível (auferir renda).[6]

É que a manipulação acrítica destas categorias implicaria comprometimento de um dos pilares do subsistema constitucional tributário brasileiro, que é a rígida e exaustiva repartição constitucional de competência tributária impositiva.

O momento histórico e a matéria impõem a "sobriedad jurídica" reclamada por Eduardo García de Enterría.[7] Buscar meios alternativos de prova que impeçam o sucesso do fraudador da lei é tarefa salutar e que deve ser incentivada. Abandonar o objetivo de procura de meios de prova e passar para o exercício da atividade de "inventar" fato imponível onde este não existe já é coisa diferente. No mínimo, há necessidade de verificar-se efeito do fato, para daí extrair presunção de sua — do fato — ocorrência.

Surgem, assim, em matéria de imposto sobre a renda, as presunções relacionadas aos sinais exteriores de riqueza, à intensidade do faturamento, boca de caixa, certas hipóteses de distribuição disfarçada de lucros etc. Mas estas presunções só podem servir de ensejo provocador de início de atividade de fiscalização. Ja-

ção (art. 150, § 7º), pretendendo garantir, todavia, a harmonia do sistema, ao dizer que tal só se pode dar se se garantir o ressarcimento total e imediato do substituto. De toda forma, do ponto de vista sistemático, trata-se de norma constitucional veramente inconstitucional. Veja-se Otto Bachof, *Normas Constitucionais Inconstitucionais?* Veja-se, sobre a questão específica do § 7º do art. 150 da Constituição, Geraldo Ataliba, "Fato Futuro e Tributação, art. 150, § 7º, Constituição Federal de 1988, Redação da Emenda Constitucional n. 3/93", in *Revista do Programa de Pós-Graduação em Direito — PUC-SP*, v. 1, p. 41, com a conclusão categórica do autor no sentido de que é "claramente inconstitucional a emenda 3/93, na parte em que prevê imposto cuja hipótese de incidência tem por cerne fato inexistente, ainda por, eventualmente, ocorrer, e, por isso, destituído de conteúdo financeiro" (p. 50). Veja-se também, em sentido contrário, Andrea Fedele, "La Teoría del Procedimiento de Imposición y la Denominada Anticipación del Tributo", in *RDT* 2/12.

6. Veja-se, a propósito, a seguinte passagem do famoso *Montgomery's Federal Taxes* (Ronald Press, New York, 1964, pp. 8 e 16): "Bookkeeping entries are evidentiary — not conclusive. The existence of income or expense under any method of accounting is a question of fact. Bookkeeping entries are intended to record the facts and are evidentiary, but they do not create or destroy the facts".

7. *Reflecciones sobre la ley y los principios generales del Derecho*, p. 47.

mais como ponto de chegada ou verdades legais (ficções) válidas.[8] Sempre a plena, total e cabal verificação da verdade material é medida que se impõe. É garantia assegurada ao contribuinte pela Constituição Federal, por meio do direito à ampla defesa, com os recursos a ela inerentes.

Este singelo exemplo — relacionado às ficções e presunções absolutas — denuncia as causas de todos os principais equívocos atualmente praticados em matéria de imposto sobre a renda.

É o que vamos demonstrar, para o quê desenharemos o arcabouço sistemático necessário ao atingimento de nossas conclusões, adotando como pretexto de análise teórica temas e questões que explicitam os equívocos relacionados ao imposto sobre a renda.

Para levar a cabo a tarefa proposta, recapitularemos noções metodológicas fundamentais, das quais os estudiosos do direito têm-se mantido completamente afastados. Esta constatação, aliás, já havia sido veementemente feita por Alchourrón e Bulygin:[9] "Los juristas, no sólo no han prestado la debida atención a las investigaciones formales de los conceptos normativos llevados a cabo en los últimos veinte años, sino que incluso han logrado permanecer al margen del gran movimiento de renovación de los estudios metodológicos y de fundamentación que han revolucionado completamente la metodología de las ciencias formales y empríricas".

Colocadas adequadamente as necessárias premissas, de forma organizada, delas decorrerão, com tranqüilidade, as conclusões, razão pela qual dedicaremos enorme parte do nosso esforço à organização de premissas.

8. No mesmo sentido, Ricardo Mariz de Oliveira: "Nesta ordem de idéias, o fato gerador também não pode ser criado artificialmente por lei, ainda que por ficção legal. Em outras palavras, a lei não pode dizer que um fato que inexiste na realidade fenomênica seja considerado ocorrido para efeito de gerar tributação. Isto é, a lei não cria o fato, mas apenas prevê hipoteticamente o fato, o qual, quando realizado concretamente, acarreta a incidência da norma contida na lei" (*Imposto de Renda, Decreto-lei n. 2.341/87, Reformas Fundamentais*, IOB, p. 100, *apud* Gilberto de Ulhoa Canto, *Direito Tributário Aplicado — Pareceres*, p. 224).
9. *Introducción a la Metodología de las Ciencias Jurídicas y Sociales*, p. 21.

2
RECURSO AO DIREITO COMPARADO

2.1 Utilidade do recurso. 2.2 Paralelo com o sistema norte-americano: 2.2.1 Matéria tributária na Constituição norte-americana — 2.2.2 Delegação de competência normativa inaugural, nos EUA — 2.2.3 Delegação de competência normativa em matéria de imposto sobre a renda, nos EUA — 2.2.4 Prevalência da substância econômica sobre a forma. 2.3 Causas para tão graves diferenças entre os sistemas brasileiro e americano.

2.1 Utilidade do recurso

No estudo do direito, é útil recorrer a sistemas alienígenas[1] para acentuar as peculiaridades — traduzidas em determinações imperativas e irredutíveis da nossa Constituição — do sistema de direito positivo brasileiro, encimado pela Constituição Federal.

É oportuno recordar a lição de Geraldo Ataliba e Cléber Giardino,[2] prestando-se especial atenção à advertência por eles feita: "São abundantes e comuns, aqui, as referências à legislação, à li-

1. A utilidade desse recurso ao direito comparado também foi acentuada, com a habitual maestria, por Tulio Ascarelli, nos seguintes termos: "Ma — ed è questa alla fine la funzione dello studio comparativistico e così degli incontri giuridici internazionali — la consapevolezza *critica del perchè delle varie valutazioni*, la coscienza critica delle stesse premesse delle proprie valutazioni, dovuta allo studio comparativistico così come a quello storico, permette poi maggiore consapevolezza nell'interpretrazione del proprio diritto e nella opera legislativa, concorre in quella ragionevolezza dell'operare fuori dalla quale l'azione sfuggirebbe ad intelligibilità e giudizio. Chè lo studio *comparati del diritto* è appunto allargamento della nostra esperienza giuridica, allargamento nello spazio così come la storia lo è nel tempo; arricchimento di una esperienza che poi permette a ciascuno di meglio comprendere interrogativi e perchè del suo stesso diritto nazionale" (g.n.), in *Problemi Giuridici*, p. 42.
2. Estudo inédito sobre o ICM na Constituição.

teratura e à jurisprudência de outros países. Não é absolutamente incomum o desenvolvimento de discursos judiciários inteiramente informados pelos princípios, padrões, formulações técnicas e mesmo institutos jurídico-positivos italianos, franceses, alemães, e até mesmo espanhóis ou norte-americanos. Assim, os pareceres, petições, razões de recurso ou decisões judiciais são quase integralmente engendrados, como se num desses países estivéssemos. É freqüente, na nossa prática, a invocação da experiência estrangeira. Toda vez que isso se faz, incursiona-se no campo do direito comparado, ainda quando não tenha o ato em causa explícita consciência dessa circunstância (e tal fato acontece não só quanto ao direito tributário, mas a todos os ramos do direito). Importa, à vista destas considerações, portanto, ter rigorosa consciência de que se está fazendo aplicação do direito comparado, como técnica elaborativa ou discursiva. É oportuno meditar a respeito de sua utilidade, bem como sobre os limites em que pode ser invocado. Importa considerar as condições em que tem cabimento ou que se impõe sejam observadas, no exercício dessa técnica. Porque a ninguém é consentido ignorar as implicações e exigências dessa particular técnica de elaboração jurídica, quando a ela recorre, ainda que de modo inadvertido. Inúmeras das perplexidades que nos surpreendem, a nós brasileiros, na nossa legislação, jurisprudência, estudos, pareceres, etc. se explicam pelo emprego inconsciente ou implícito de técnicas de direito comparado, como forma de argumentação ou exposição. Como ela tem seus requisitos, peculiaridades, pressupostos e condições de validade, é imperioso meditar sobre estas, como condição de rigoroso aproveitamento do método e evitação de equívocos. *O emprego de técnicas discursivas e argumentativas de direito comparado obriga, para ser eficiente e útil, rigorosa noção dos pontos de semelhança e de diferença (e dos graus desta) entre os direitos positivos em cotejo.* Requer, pois, que o exegeta saiba identificar com nitidez as peculiaridades, as características do 'seu' sistema jurídico, para adequado emprego dos recursos dessa técnica".

E exemplificam: "Para efeitos didáticos, recorremos a uma imagem de alcance propedêutico singular. Se se perguntar a um jovem aldeão japonês quais são as características de seu povo, quais são suas notas típicas, os traços que o singularizam, ele certamente designará traços universais de modo a revelar sua incapacidade de perceber — nesse objeto de consideração que lhe é tão familiar (seu povo) — o que tem de comum com outros povos e o que tem de peculiar, singular, próprio, típico, característico. Se levarmos esse jovem a percorrer rapidamente a Europa, a África, a América e então renovarmos a pergunta, a resposta virá fluente, fácil, imediata: 'as peculiaridades do homem japonês são: olhos rasgados, pele amarela, cabelos negros e lisos, etc.'. *Só após estabelecer comparações, lhe foi possível destacar* com precisão, concisão e presteza *o que é peculiar ao seu povo*. Antes, não obstante tudo isso já lhe fosse familiar, tudo soava universal, indistinto e comum. Só a comparação tornou possível a identificação dos elementos distintivos. Assim também se passa no direito. Muita vez, só percebemos os traços típicos e as singularidades do nosso direito positivo, mediante o estudo de outros direitos (do direito comparado). Parece que este exemplo deixa rigorosamente demonstrado que o direito comparado tem a magna utilidade de nos permitir melhor conhecimento do *nosso* direito e mais segura elaboração da *nossa* ciência jurídica. Se definir é revelar a essência de uma coisa, é desvendar os traços fundamentais e principais que a caracterizam, o que define, dá identidade e singularidade a um sistema são efetivamente as suas peculiaridades, os seus traços originais e típicos. Ora, a comparação de sistemas evidencia que eles em geral possuem alguns institutos, princípios e traços iguais, outros diferentes e outros, ainda, originais. *A comparação mostrará*, portanto, *o que é igual, o que é diferente* e *o que é típico*. O direito comparado nos fornece, dessarte, critérios para *reconhecermos* melhor as *semelhanças*, as *diferenças* e as *singularidades* do nosso sistema, em contraste com os demais" (g.n.).

O recurso ao direito comparado é, portanto, extremamente útil, desde que a sua utilização seja acompanhada das exigências que essa técnica impõe.

Esse recurso não consiste na tradução de proposições prescritivas de outros sistemas, ou suas respectivas proposições descritivas, para posterior e singela aplicação a hipóteses de conflitos locais, que reclamam solução a partir das exigências sistemáticas locais típicas.

O direito comparado serve à tarefa de enfatizar as peculiaridades do sistema nacional, em face das quais o estudioso deve prontamente abandonar as informações alienígenas, submetendo-se às exigências do sistema local que visa a compreender e aplicar.

O que não é possível — e, infelizmente, é o que costuma ocorrer — é afastar exigência peculiar ao sistema local, para aplicação de prescrição alienígena. Feitas estas ressalvas, exercitemos o recurso ao direito comparado.

2.2 Paralelo com o sistema norte-americano

Dentre outros exemplos disponíveis,[3] passemos os olhos sobre algumas peculiaridades do sistema norte-americano, que, em matéria de imposto sobre a renda e organização societária em geral,[4] tem influenciado fortemente a manipulação local da questão.

2.2.1 Matéria tributária na Constituição norte-americana

Para compreendermos adequadamente a questão, impõe-se detectarmos os contornos constitucionais dentro dos quais ela gravita.

A Constituição dos Estados Unidos da América trata da questão tributária nos seguintes termos: "*Section 8*. The Congress shall have Power to lay and collect Taxes, Duties, Imposts and Excises, to pay the Debts and provide for the common Defense and gene-

---

3. Para exercício similar, em face de outros sistemas (argentino, alemão, mexicano, francês e italiano), ver Geraldo Ataliba, *Sistema Constitucional Tributário Brasileiro*, pp. 67 e ss.

4. Veja-se Egberto Lacerda Teixeira e José Alexandre Tavares Guerreiro, tratando da lei das sociedades anônimas: "Em seu conjunto, o diploma legal se apresenta como um texto absolutamente atualizado, refletindo modernas tendências da prática societária de outros países e incorporando principalmente certas experiências consagradas no direito anglo-saxão", in *Das Sociedades Anônimas no Direito Brasileiro*, v. I, p. 14.

ral Welfare of the United States; but all Duties, Imposts and Excises shall be uniform throughout the United States (...)". "*Section 9.* (...) No capitation, or other direct Tax shall be laid, unless in Proportion to the Census or Enumeration herein before directed to be taken. (...) No Tax or Duty shall be laid on Articles exported from any State (...)". "*Section 10.* (...) No State shall, without the Consent of the Congress, lay any Imposts or Duties on Imports or Exports, except what may be absolutely necessary for executing its inspection laws; and the net Produce of all Duties and Imposts, laid by any State on Imports or Exports, shall be for the Use of the Treasury of the United States and all such laws shall be subject to the Revision and Control of the Congress". "*Amendment XVI* — The Congress shall have power to lay and collect taxes on incomes, from whatever source derived, without apportionment among the several States, and without regard to any census or enumeration".[5]

Perceba-se que não há rigor de detalhes no trato da questão da tributação na Constituição americana.[6] E essa circunstância já demonstra peculiaridade que aparta esse sistema do brasileiro.

Dos diversos comandos supratranscritos, o primeiro é a grande e principal fonte de competência tributária impositiva, conferida pela Constituição à União Federal. E a referência é aberta: o congresso terá poder de impor e cobrar impostos, para custear

5. Editada por Martin Shapiro, Harvard University, Harlan Davidson, Inc. Arlington Heights, Illinois.
6. Explicitam-se esses dispositivos constitucionais nos seguintes termos: "Article I, § 8, declares that 'Congress shall have Power to lay and collect Taxes, Duties, Imposts and Excises (...)' this power to tax is an independent source of Federal authority. Congress may tax subjects that it may not be authorized to regulate directly under any of its enumerated regulatory powers. An extended discussion of limitations on the use of Federal taxes to raise revenue is beyond the scope of this work. The specific focus here is on the use of taxes as an indirect regulatory device. Nonetheless, it is helpful to note briefly the limitations of congressional taxing power incorporated in the body of the Constitution. Article I, § 8, requires that 'all Duties, Imposts and Excises shall be uniform throughout the United States (...)'. This requirement is one of geographic uniformity only; so long as the tax structure does not discriminate among the states it does not matter that a tax may not be 'uniform' as it applies to particular individuals. The uniformity requirement applies to all 'indirect' taxes — those that (1) tax the privilege of doing

suas despesas e implementar a defesa e o bem-estar geral dos Estados reunidos em Federação.

Não há prefixação exaustiva de materialidades elegíveis para composição da regra-matriz de incidência. Não há pormenorização das limitações constitucionais ao poder de tributar (ressalvadas certas regras sobre uniformidade, proporcionalidade e vedação ao tráfego de bens e serviços). Não há, sequer, vedação à delegação de competências. Note-se que se vão acumulando características peculiares ao sistema norte-americano, que não encontram paradigma no sistema brasileiro.

Aliás, essa possibilidade de delegação de competências não está presente somente no âmbito do conjunto de regras tributárias do direito americano; a delegação — com verificação posterior de pertinência com o sistema — permeia todo o referido sistema. A doutrina norte-americana não se refere à expressão *delegação*, preferindo falar em "autoridade congressual" para emissão de atos normativos.[7]

2.2.2 Delegação de competência normativa inaugural, nos EUA

A questão da delegação de atribuições legislativas[8] é tratada, nos EUA, no plano dinâmico da revisão judicial (*judicial review*).

business or of performing some act, and (2) are ordinarily imposed on persons other than the consumers ultimately bearing the burden of the tax". Article I, § 9, states that 'no Capitation, or other direct, Tax shall be laid, unless in Proportion to the Census (...)'. Article I, § 2, provides that 'direct taxes shall be apportioned among the several states which may be included within this Union, according to their respective Numbers. (...)' A direct tax is one imposed upon property as such, rather than on the performance of an act. Because of the impractical apportionment requirement attaching to direct taxes, the fate of Federal income taxation in the nineteenth century turned on the content the Supreme Court gave to the distinction between direct and indirect taxes" (Laurence H. Tribe, *American Constitutional Law*, p. 318).

7. Veja-se, a respeito, John K. McNalty, *Federal Income Taxation of Individuals*, p. 8.

8. Veja-se também, a Constituição da França, especialmente arts. 37 e 38 com o seguinte teor: "Art. 37. Todas as outras matérias fora do domínio da lei terão caráter regulamentar. Os textos de forma legislativa referentes a tais matérias poderão ser modificados por decretos promulgados após parecer

Em outras palavras, a delegação normativa é, em princípio, admitida e o exercício da competência dela decorrente fica sujeito à revisão dos tribunais para contenção de abusos. E, por meio de decisões judiciais, o arcabouço das limitações que o sistema impõe à possibilidade de delegação vai sendo desenhado e redesenhado, pelo Judiciário, ao sabor das variações (evolução histórica) do contexto sócio-cultural.[9]

As funções administrativas — sempre nos EUA — são exercidas pelas chamadas *agencies*, que podem ser (i) órgãos dos ministérios (*Departments*) sujeitos, portanto, à supervisão ministerial; ou (ii) entidades criadas diretamente pelo Legislativo, como órgãos independentes.

Essas últimas são chamadas de *independent agencies* ou *regulatory agencies*, e possuem autoridade (delegada pelo Legislativo) para supervisionar setores específicos da atividade econômica e expedir normas jurídicas inaugurais e cogentes, por meio de decretos administrativos. São exemplos clássicos de *regulatory agencies*, dentre as centenas existentes, a *Interstate Commerce Commission* (que trata de comércio e transporte interestadual), a *Federal Communication Commission* (que trata das licenças para serviços de rádio e televisão), a *National Labor Relations Board* (que trata de questões sindicais, dissídios coletivos e práticas trabalhistas abusivas), a *Security Exchange Commission* (que trata do mercado

do Conselho de Estado. Os textos legislativos, que vierem a ser aprovados depois da entrada em vigor a presente Constituição, só poderão ser modificados por decreto se o Conselho Constitucional declarar que têm caráter regulamentar, conforme definição do parágrafo precedente. Art. 38. O Governo poderá, para execução de seu programa, solicitar autorização do parlamento para adotar, por meio de portarias, durante um prazo limitado, medidas normalmente pertencentes ao domínio da lei. As portarias serão expedidas pelo Conselho de Ministros após consultar o Conselho de Estado. Entrarão em vigor na data de sua publicação, mas caducarão se o projeto de lei de ratificação não for submetido ao Parlamento antes da data fixada pela lei de habilitação. Ao expirar o prazo mencionado no primeiro parágrafo do presente artigo, as portarias não mais poderão ser modificadas a não ser por lei nas matérias pertencentes ao domínio legislativo".

9. Veja-se, também, para exemplos diversos de delegação de competência normativa inaugural, em matéria tributária, Victor Uckmar, *Princípios Comuns de Direito Constitucional Tributário*, pp. 30 e ss.

de capitais) e a *Federal Trade Commission* (que trata de questões relacionadas a abuso de poder econômico, concorrência desleal e direitos do consumidor).

A discussão acerca da própria possibilidade de delegação de função legislativa é tratada pelos norte-americanos como curiosidade histórica. Ela — a possibilidade de delegação — é tida como dado aprioristicamente aceito.

O que se discute e prende a atenção da doutrina e do Judiciário é, por um lado, a necessidade de imposição de limitações ao exercício da função delegada e, por outro lado, a extensão dessas limitações.

Percebe-se, portanto, que o debate acerca da delegação de função legislativa desloca-se *do* plano da própria constitucionalidade da delegação *para* o plano da extensão da delegação e dos critérios (explicitação cristalina da moldura da função delegada) que viabilizarão a revisão/contenção posterior, pelo Judiciário, da subordinação do ato emitido (sob delegação) aos contornos do ato de delegação da específica competência.[10]

Essa descrição sucinta da elasticidade e operacionalidade da noção da chamada separação de Poderes no sistema constitucional norte-americano é útil para ressaltar, em toda sua vigorosa plenitude, a constatação de que, no sistema constitucional brasileiro, o mesmo não se dá.

A Constituição brasileira impõe rígida separação de funções entre os chamados três Poderes (Judiciário, Legislativo e Executivo) e veda peremptoriamente — ressalvadas as exceções expressas, adiante analisadas — a delegação dessas funções, inviabilizando

---

10. Vejam-se, a propósito, as seguintes manifestações do renomado constitucionalista e professor da Harvard University, Laurence H. Tribe: "In Myers *v.* United States, the Supreme Court accepted Hamilton's proposition, concluding that the Federal executive, unlike the Congress, could exercise power from sources not enumerated, *so long as not forbidden by the constitutional text*: 'The executive power was given in general terms, strengthened by specific terms where emphasis was regarded as appropriate, and was limited by direct expressions where limitation was needed. (...)'. The language of Chief Justice Taft in Myers makes clear that the constitutional concept of inherent power is not a synonym for power without limit; rather, the concept suggests only that not all powers granted in the Constitution are themselves

qualquer pretensão de sustentar aptidão normativa inovadora em ato que não provenha do Legislativo.

Voltemos, porém, à análise da matéria tributária, invocando certas disposições normativas, do direito norte-americano, relativas ao imposto sobre a renda.

2.2.3 Delegação de competência normativa em matéria de imposto sobre a renda, nos EUA

Nos EUA, a administração do imposto sobre a renda compete ao *Internal Revenue Service-IRS* (subordinado ao *Treasury Department*), dirigido pelo *Commissioner of Internal Revenue*.

exhausted by internal enumeration, so that, within a sphere properly regarded as one of 'executive' power, authority is implied unless there or elsewhere expressly limited" (g.n.) (p. 210). "The theorical justification for legislative deference to executive action in the international arena was supplied by Justice Sutherland in United States *v.* Curtis-Wright Export Corp. The case involved a Joint Resolution enacted by Congress empowering the President to declare illegal the provision of arms to nations involved in the Chaco conflict if, in his opinion, such provision would prolong the hostilities. The defendants have provided arms despite an embargo declared by the President pursuant to the Joint Resolution. The question before the Courts was the legality of this congressional delegation of authority to the President. *The Court unequivocally held the delegation proper.* Although the decision might have been bottomed upon narrower grounds, Justice Sutherland accepted the case as an invitation to propound certain of his long-held convictions about the source and distribution of the Federal government's foreign affairs power. Critical to his argument was an identification of executive power as the most appropriate medium for the international expression of American sovereignty" (g.n.) (p. 211). "The separation of powers principles underlying the Constitution simultaneously limit and protect congressional power. (...). Under the necessary and proper clause of article I, § 8, any constitutionally-granted congressional power 'implies a power (to delegate) authority under it sufficient to effect its purposes.' The delegation may take the form either of interstitial administrative action or of contingent legislation. *Thus, Congress may grant authority to an administrative agency to specify rules in areas where Congress itself has declared only general principles.* In the early case of Wayman *v.* Southward, for example, the court upheld a congressional delegation of power to the Supreme Court to modify 'in their discretion' certain procedural rules followed by the Federal courts: '(A) general provision may be made,

Por meio do IRS, o *Treasury Department* edita diversos atos de caráter normativo abstrato e geral, a saber, *Income Tax Regulations, Revenue Rulings, Revenue Procedures* e a *acquiscence* ou *non-acquiscence*, de que falaremos mais adiante.

A delegação legislativa — sempre em matéria de imposto de renda — que serve de fundamento de validade para esses atos normativos está contida, em termos genéricos, no *Federal Income*

and power given to those who are to act under such general provisions to fill up the details.' Alternatively, Congress may condition the operation of legislation upon an administrative agency official's determination of certain facts. In *The Brig Aurora*, for example, the Supreme Court upheld congressional legislation keying the suspension of a trade embargo to the President's finding and proclamation of certain facts concerning the conduct of foreign nations. These forms of congressional delegation are not mutually exclusive: most modern instance of delegation by Congress involve both contingent legislation and interstitial administrative action" (g.n.). "Because Congress can give away only what is its to give, the most obvious limits on legislative delegation are those on all legislation: the constitutional prohibition of Federal legislative action either not affirmatively authorized by the Constitution or inconsistent with constitutional prohibitions against congressional action. Moreover, *certain congressional powers are simply not delegable — as when it is clear from the language of the Constitution that the purposes underlying certain powers would not be served if Congress delegated its responsibility*" (g.n.) (p. 362). "For example, if the Senate, by a two-thirds vote, set up a special agency outside Congress to approve or veto all future treaties, such action would almost surely fail to satisfy the requirement of article II, § 2, that presidentially negotiated treaties become effective only upon 'the Advice and Consent of the Senate (...) provided two thirds of the Senators present concur (...)'. Similarly, Congress could not set up a Federal Court of Impeachment to try all impeachments: according to article I, § 3, 'The Senate shall have the sole Power to try all Impeachments'. Beyond the fact that specific congressional powers may be nondelegable, the 'legislative powers' as a whole are similarly nontransferable. An agency exercising delegated authority is not free, as is Congress itself, to exercise its authority to pursue any and all ends within the affirmative reach of Federal authority. Rather, an agency can assert as its objectives only those ends which are connected with the task that Congress created it to perform. The open-ended discretion to choose ends is the essence of legislative power; it is this power which Congress possesses but its agents lack" (p. 363). "Put otherwise, since the contractarian political theory underlying much of American constitutional law deems consent the only legitimate basis for governmental intrusion into private autonomy, and since a representative democracy locates consent in

Tax Code, nos seguintes termos: "*Section 7805* (a) — Authorization — Except where such authority is expressly given by this title to any person other than an officer or employee of the Treasury Department, the Secretary shall prescribe all need-full rules and regulations for the enforcement of this title, including all rules

the election of legislators and of the chief executive, it follows that every act taken under color of Federal authority, whether undertaken by Congress itself or by one of its agents, must be meaning fully traceable to a specific exercise of constitutionally granted legislative or executive power. Thus, the valid exercise of congressionally delegated power depends upon the prior 'adoption of (a) declared policy by Congress and its definition of the circumstances in which its command is to be effective (...)'. This *requirement that delegated power include at least roughly intelligible 'standards' to guide the delegated party* preserves, at least theoretically, both sets of constitutional checks — judicial and political — on the exercise of coercive authority in a 'government of laws.' So far as judicial checks are concerned, the theory has been that, if the recipient of delegated power may exercise that power only within judicially cognizable boundaries, then courts can determine (1) whether any given action falls within the scope of delegated power and is thus defensible against a charge of complete lawlessness; (2) whether the power thus delegated is one constitutionally possessed by Congress in the first place; and (3) whether the power in question is one which is delegable or rests only in Congress. If the legislative policies and standards guiding the agency are at least roughly understandable, judicial review of the means chosen by the agency in exercising its delegated powers provides a safeguard of sorts against statutory or constitutional excesses" (g.n.) (p. 364). "*Federal courts at least since 1937 have ordinarily tolerated those congressional delegations of responsibility to administrative agencies which do not quite clearly encroach upon constitutionally protected private rights.* If necessary, courts have looked to administrative practice to infer definitions of the standards conditioning particular delegations. Courts have also relied upon the procedural safeguards of agency decisionmaking, noting that such safeguards, if adequate to insure articulation of the policy being applied, and to guarantee the policy's accurate application, protect 'against an arbitrary use' of delegated power" (g.n.) (p. 366). "Out of these cases emerged the general rule that, while legislatures 'ordinarily may delegate power under broad standards (...), (the) area of permissible indefiniteness narrows (...) when the regulation (...) potentially affects fundamental rights', like those protected by the first amendment. And where a law authorizes a system of prior licensing, the Supreme Court has consistently required the statutory delegation to provide 'narrowly drawn, reasonable and defined standards for the (administering) officials to follow, (...)" (p. 1.056), in *American Constitutional Law*.

and regulations as may be necessary by reason of any alteration of law in relation to internal revenue".[11]

Além desta delegação genérica, a lei norte-americana explicita a competência normativa administrativa em certas matérias específicas, sendo oportuno referir um exemplo para cabal demonstração, o que fazemos por meio da seguinte transcrição: "*Section 385* (a) — Authority to prescribe Regulations — The Secretary is authorized to prescribe such regulation as may be necessary or appropriate to determine whether an interest in a corporation is to be treated for purposes of this title as stock or indebtness (or as in part stock and in part indebtness)".

Nesta hipótese, considerando que, de tempos em tempos, varia o regime jurídico tributário (i) do pagamento de dividendos oriundos da participação societária detida pelo contribuinte e (ii) do pagamento de créditos oriundos de relações de débito nas quais o contribuinte seja parte, atribui-se à autoridade administrativa competência inaugural para editar norma — administrativa — dispondo quando um determinado pagamento deva ser tratado como dividendos ou pagamento de débito, variando o regime tributário daquela receita, com conseqüências patrimoniais para o cidadão.[12]

---

11. *Federal Income Tax Code and Regulations, Selected Sections*, 1994-1995 Edition, by Martins G. Dickinson, University of Kansas.

12. No uso dessa competência normativa, o *Commissioner* fez editar diversas normas e decisões administrativas, transcrevendo-se como exemplo a *Revenue Ruling* 62-217, que define aspectos pertinentes à base de cálculo nos seguintes termos: "A corporation distributed shares of its treasury stock to its employees as compensation for services rendered. The cost basis of the treasury stock to the corporation was less than its fair market value on the date of the distribution to the employees. In filing its Federal income tax return for the taxable year, the corporation deducted the fair market value of the stock on the date of the distribution as a business expense. In accordance with the nonrecognition of gain or loss provisions of section 1032(1) of the Internal Revenue Code of 1954 and section 1.1032-1(a) of the Income Tax Regulation, relating to the receipt by a corporation of money or other property in exchange for its own stock (including a transfer of shares as compensation for services), the corporation did not report gain upon the distribution of treasury stock. Held, the fair market value of the treasury stock on the date of the distribution is deductible as a business expense in accordance with

Conforme adiantado acima, no uso dessa competência delegada ocorre a edição dos atos administrativos denominados *acquiescence* ou *non-acquiescence*, conforme o IRS deseje tornar pública sua determinação de aceitar, como precedente de autoridade a ser observado no futuro, uma decisão da *Tax Court* ou da *Federal Circuit Court of Appeals, ou não aceitá-la*.[13]

Todas essas noções são importantíssimas para demonstrar que os sistemas constitucionais brasileiro e norte-americano são estruturalmente distintos, não podendo ocorrer importação acrítica de remédios desenvolvidos em outros sistemas para aplicação automática no âmbito do nosso sistema constitucional.

A propósito da impossibilidade de importação de elementos de outros sistemas para conjugação dentro do nosso sistema, como

---

the provisions of section 162(a) of the Code. The nonrecognition of gain or loss provisions of section 1032(a) of the Code have no effect upon a business expense deduction that is otherwise allowable under section 162(a) of the Code" (*apud* Bernard Wolfman, Harvard University, *Federal Income Taxation of Corporate Enterprise*, p. 85).

13. A título de curiosidade, veja-se o seguinte exemplo: "*COURT DECISIONS THAT THE INTERNAL REVENUE SERVICE* **WILL NOT FOLLOW.** *The Service* **will not follow** *the rationale of the decision of the United States Court of Appeals for the Ninth Circuit in Thatcher v. Commissioner, 533 F2d 1114 (9th Cir. 1976) which involved a transaction similar to the facts of this revenue ruling*. The court agreed with the Service that the transferors must recognized gain under section 357(c) of the Code on the incorporation transfer, but the court also concluded that the transferor should receive a deduction for trade accounts payable discharged by the transferee corporation to the extent of the accounts receivable or the gain recognized under section 357(c), whichever in less. The Service also will not follow the rationale of the decision of the United States Court of Appeals for the Second Circuit in Bongiovanni v. Commissioner, 470 f.2d 921 (2ds Cir. 1972), involving a similar transaction and which held that the term "liabilities", as used in section 357(c) of the Code, did not include all liabilities which are included for accounting purposes, but was meant to apply only to what might be called "tax liabilities", that is, liens in excess of tax costs, particularly mortgages encumbering property transferred in exchange within the meaning of section 351. The above mentioned language offers no clear guidance as to the meaning of the terms "accounting" liabilities and "tax" liabilities or to making a distinction between them. For example, to the extent that the Bongiovanni decision could be interpreted as suggested by Footnote 6 in Thatcher as holding that "liabilities" for the purpose of section 357(c)

se genuíno elemento de seu repertório fosse, é útil a citação de Juan Manoel Terán,[14] nos seguintes termos: "Pues bien, el sistema de un orden jurídico implica la ordenación de las normas dentro de un mismo cuerpo. Por ejemplo, no es posible intercalar dentro de un mismo sistema los preceptos vigentes en el Derecho español, o en el Derecho francés, enlazándolos dentro del Derecho mexicano como tal; o sea, si se concibe unitariamente el orden jurídico mexicano, no pueden ser intercaladas dentro de su sistema disposiciones jurídicas que sólo tienen unidad de orden en el derecho francés o español".

Exemplificativamente, não é porque existe o imposto de renda estadual na América do Norte que ele pode existir no Brasil. E não pode pela simples razão de que a Constituição brasileira (contrariamente ao que faz a norte-americana) não o admite. Repita-se: a utilidade do recurso ao direito comparado não reside na importação acrítica de elementos alienígenas, mas sim na explicitação das peculiaridades e notas típicas do sistema brasileiro.

2.2.4 Prevalência da substância econômica sobre a forma

A falta de um arquétipo positivo mais elaborado na Constituição americana, associada ao fato de nela ser ampla e tranqüilamente admitida a interação da vontade do Poder Executivo, em caráter inaugural, na produção de norma tributária, conduz à prevalência, naquele sistema, do conteúdo econômico dos atos jurídicos sobre a respectiva forma. Trata-se da *substance over form doctrine*.

A legalidade e a tipicidade, no sistema americano, sofrem relevantes e extensas limitações, abrindo-se ensanchas à perseguição, pelo Executivo e pelo Judiciário, da intenção da norma cons-

---

means only "the excess of secured debts over the transferor's adjusted basis in the assets transferred"(italics supplied), the Service would view such an interpretation as being unduly restrictive of the term 'liabilities'" (g.n.), *apud* Bernard Wolfman, Harvard University, *Federal Income Taxation of Corporate Enterprise*, p. 402. Em princípio, as decisões da *Tax Court* podem ser objeto de recurso à *Federal Circuit Court of Appeals*, e dessa à Supreme Court (cujo precedente possui poder vinculante).

14. *Filosofía del Derecho*, p. 146.

titucional ou infraconstitucional, procurando-se compreender, por detrás da roupagem de um dado negócio jurídico, a real e efetiva significação econômica do bem ou interesse por seu intermédio perseguido ou obtido.

No sistema americano tem-se como dado básico o princípio segundo o qual a incidência da norma tributária deve ser determinada pela substância econômica da transação, e não por sua forma.[15] E assim os tribunais e o IRS atuam, perseguindo as razões e objetivos econômicos de um dado negócio para, eventualmente, deslocar a tributação respectiva de um para outro regime jurídico.[16]

15. A doutrina norte-americana extrai deste princípio da prevalência da substância sobre a forma um subprincípio segundo o qual um negócio deve ser contemplado como um todo, e não de forma fragmentada, separando-se as diversas partes que o compõem (veja-se Bernard Wolfman, Harvard University, *Federal Income Taxation of Corporate Enterprise*, pp. 18, 34, 542 e 638).

16. É exemplo clássico — no âmbito judicial — deste tipo de atuação, a decisão da Suprema Corte americana no caso *Commissioner v. Court Holding Co.*, de 1945, da qual destacamos o seguinte trecho: "The Tax Court concluded from these facts that, despite the declaration of a 'liquidating dividend' followed by the transfers of legal title, the corporation had not abandoned the sales negotiations; that these were *mere formalities designed 'to make the transaction appear to be other than what it was'* in order to avoid tax liability. The Circuit Court of Appeals, drawing different inferences from the record, held that the corporation had 'called off' the sale, and treated the stockholders' sale as unrelated to the prior negotiations. There was evidence to support the findings of the Tax Court, and its findings must therefore be accepted by the courts. Dobson *v.* Commissioner, 320 U.S. 489. (...) On the basis of these findings, the Tax Court was justified in attributing the gain from the sale to respondent corporation. *The incidence of taxation depends upon the substance of a transaction*. The tax consequences which arise from gains from a sale of property are not finally to be determined solely by the means employed to transfer legal title. Rather, the transaction must be viewed as a whole, and each step, from the commencement of negotiations to the consummation of the sale, is relevant. A sale by one person cannot be transformed for tax purposes into a sale by another by using the latter as conduit through which to pass title. *To permit the true nature of a transaction to be disguised by mere formalisms*, which exist solely to alter tax liabilities, would seriously impair the effective administration of the tax policies of Congress" (g.n.). No plano da administração, exemplificam a ampla aceitação da *Substance*

No âmbito judicial, a busca da intenção das partes — efetiva intenção econômico-empresarial, eventualmente escondida por

over Form Doctrine as *Revenue Rulings* 85-138, 85-139 e 89-63 do IRS. Desta última transcrevemos o seguinte texto: "Upon reconsideration, the Services has concluded that the fact that the section 306 stock is issued by a corporation whose stock is widely held is not sufficient grounds for the application of section 306(b)(4) of the Code. Thus, in such circumstances, relief from the provisions of section 306(a) should not be automatic. Although Rev. Rul. 56-116 does not support its application of section 306(b)(4) by specifically relying on the fact that the section 306 stock was issued by a widely held corporation, Rev. Rul. 56-116 was cited in both Rev. Ruls. 57-103 and 57-212 for that proposition. Both Rev. Ruls. 57-103 and 57-212 use that proposition to support their holdings. Because these rulings conflict with the conclusion that the *widely held nature of the issuing corporation's* stock is not sufficient grounds for the application of section 306(b)(4), they are revoked" (g.n.). Ainda sobre a prevalência da substância sobre a forma, veja-se o seguinte trecho da *Revenue Ruling* 79-274: "Since transaction qualifies as a reorganization described in section 368(a)(1)(B) of the Code, section 306(c)(1)(B) is applicable to the transaction. If Z has earnings and profits at the end of the tax year in which this transaction was consummated, (1.306-3(a) of the regulations, 301(c)(1) and 316(a) of the Code) the voting preferred stock of Z received by A and B will be 'section 306 stock' since it is other than common stock, and because *it will be substantially the same as* the receipt of a stock dividend under the 'cash received in lieu of' test set forth in section 1.306-3(d) of the Income Tax Regulations. (See Example (1) of section 1.306-3(d)" (g.n.). Finalmente, veja-se a didática *Revenue Ruling* 77-220: "In Gregory *v.* Helvering 293 U.S. 465 (1935), it was contended on behalf of the taxpayer that since every element required by the statute involved was to be found in what was done, the tax result sought by the taxpayer had been effected, and that the motive of the taxpayer thereby to escape payment of a tax would not alter the result or make unlawful what the statute allowed. The Supreme Court of the United States pointed out that the whole undertaking, though conducted according to the terms of the statute, was in fact an elaborate and devious form of conveyance consummated solely for the purpose of tax avoidance. Accordingly, the Court ruled adversely to the taxpayer. In Higgins *v.* Smith, 308 U.S. (1940), The Supreme Court of the United States stated that the United States *Government may look at actualities in tax cases and*, upon determination that the form employed for doing business or carrying out the challenged tax event is unreal or a sham, *may sustain or disregards the effect of the fiction as best serves the purposes of the tax statute*. To hold otherwise would permit schemes of taxpayers to supersede legislation in the determination of the time and manner of taxation. Accordingly, in the instant case, since organizing three separate corporation instead of one corporation was for the principal

roupagem formal de natureza diversa — foi batizada de *business purpose test*.[17]

Anote-se que, independentemente da caracterização de fraude, o direito norte-americano permite a conclusão da existência de abuso de forma a partir da análise do objetivo econômico perseguido pelo particular.[18]

Ressalte-se que todas essas características do sistema americano (que aqui, repita-se, servem de técnica para ressaltar as peculiaridades características do sistema constitucional brasileiro e respectivo subsistema tributário) não diminuem o relevo e importância do papel da Constituição naquela sociedade. Essas características (que no Brasil implicariam total ofensa à Constituição) são admitidas como elementos harmônicos componentes de sistema dirigido por Constituição efetivamente respeitada e homenageada.[19]

---

purpose of being able to make the election under section [1362(a)] of the Code, solely for the purpose of making such election the three corporations will be considered to be a single corporation. As a single corporation there will be thirty shareholders and, therefore, any elections made by them will not be valid because the ten shareholder limitation of section 1371 will be considered to have been violated" (g.n.). *Apud* Bernard Wolfman, Harvard University, *Federal Income Taxation of Corporate Enterprise*, pp. 34, 469, 475 e 1.188.

17. Veja-se David A. Ward, *The Business Purpose Test and Abuse of Rights*.

18. Sobre os riscos dessa ampla possibilidade de verificação do propósito negocial subjacente, sob a justificativa de repressão aos abusos de forma, o Professor inglês Gutteridge já advertia, desde a década de 30: "(...) a drug which at first appears to be innocuous, but may be followed by very disagreeable after effects. Like all indefinite expressions of an ethical principle it is capable of being put to an infinite variety of uses, and it may be employed to invade almost any sphere of human activity for the purpose of subordinating the individual to the demands of the State" (*apud* David A. Ward, *The Business Purpose Test and Abuse of Rights*).

19. Este apreço pela coisa constitucional é bem traduzido nas palavras do famosíssimo Juiz da Suprema Corte, o constitucionalista Hugo Lafayette Black: "My experiences with and for our government have filled my heart with gratitude and devotion to the Constitution which made my public life possible. That Constitution is my legal bible; its plan of our government is my plan and its destiny my destiny. I cherish every word of it, from the first to the last, and I personally deplore even the slightest deviation from its

Detectadas estas tão grandes disparidades entre o modelo norte-americano e o brasileiro, passemos a procurar as causas para estas graves discrepâncias.

2.3 Causas para tão graves diferenças entre os sistemas brasileiro e americano

A Constituição dos EUA não é exaustiva nas suas prescrições; limita-se a estabelecer princípios estruturais de funcionamento do Estado.

Diz A. R. Sampaio Dória:[20] "A Constituição americana é um documento compacto. Registra apenas a súmula dos princípios considerados indispensáveis, pelos constituintes, à manutenção do regime político, que institui, e à preservação de direitos individuais, que explicitamente tutela".

Assim, estipula o poder de tributar, mas não exaure os condicionamentos para seu exercício; dispõe sobre o Poder Legislativo, prevendo estreita relação de assuntos de competência privativa do parlamento, sem exaurir suas características; e assim por diante.

O fechamento operacional do sistema é alocado no poder de revisão judicial, que controla os atos do Legislativo e do Executivo. É o Judiciário, no exercício do *judicial review*, do poder de revisão judicial, que vai estabelecendo, ao longo do tempo, os critérios para se aferir a adequação dos atos do Legislativo e do Executivo à Constituição.

Não há padrão apriorístico rígido no texto constitucional americano. O que nela se encontra são grandes indicações, sobre as quais obra o Executivo, para, em seguida, o Judiciário dizer da adequação — ou não — do ato à Constituição. Então, por exem-

---

least important commands. I have thoroughly enjoyed my small part in trying to preserve our Constitution with the earnest desire that it may meet the fondest hope of its creators, which was to keep this nation strong and great through countless ages" (*A Constitutional Faith*, p. 66).

20. *Princípios Constitucionais Tributários e a Cláusula "Due Process of Law"*, p. 41.

plo, em matéria de delegação, se o princípio da representatividade está respeitado — por meio de delegação do Legislativo — e se não se tratar de matéria expressamente atribuída ao parlamento pela Constituição, então eventual ato normativo inaugural do Executivo é admitido. O *judicial review* vai intervir para definir se a representatividade foi observada (delegação legislativa suficientemente esclarecedora dos limites de atuação da competência delegada) e se a Constituição não proibia expressamente a delegação.

Trata-se da substituição da "soberania do parlamento" pelo princípio da "revisão judicial", na tarefa de garantir a supremacia da Constituição. O fenômeno não passou despercebido a A. R. Sampaio Dória,[21] para quem, em contraposição ao extraordinário poder do parlamento inglês — cuja intensidade ele definiu servindo-se da famosa frase de De Lolme[22] ("Parliament can do anything but make a man a woman") — os EUA criaram a hegemonia do Judiciário, exercida por meio da *judicial review*.

É o que Pontes de Miranda[23] chamava de aristocracia da toga: "Nos Estados Unidos da América do Norte, a 'judicial oligarchy' ou aristocracia da toga, em que se concretiza a doutrina americana judicial, proveu, bem ou mal, à necessidade de obviar aos inconvenientes da constituição norte-americana (...)".

Daí Eduardo García de Enterría[24] ter dito que: "La 'judicial review' ha pasado a ser, pues, la clave de bóveda de la formidable construción histórica que han sido y siguen siendo los Estados Unidos de América".

É fácil perceber que, em face do caráter extraordinariamente detalhista da Constituição brasileira, sobretudo em matéria tributária, não há espaço para tanta liberdade de ação (ainda que sujeita a revisão judicial) por parte do Legislativo e do Executivo.

Aqui, no Brasil, de forma clara e exaustiva, a própria Constituição determina, peremptoriamente, que cabe à lei — e somente à lei — determinar que se faça ou deixe de fazer; e ao ato adminis-

---

21. *Princípios Constitucionais Tributários e a Cláusula "Due Process of Law"*, p. 39.
22. Ob. cit., p. 34.
23. *Systema de Sciencia Positiva do Direito*, v. I, p. 376.
24. *La Constitución como Norma y el Tribunal Constitucional*, p. 128.

trativo, implementar a fiel execução da lei — nada além e nada aquém.

A Constituição brasileira fez, portanto, suas opções estruturais acerca da repartição e modos de exercício do Poder estatal. Geraldo Ataliba[25] já sustentara que: "Em contraste com os sistemas constitucionais tributários francês, italiano ou norte-americano, por exemplo, o constituinte brasileiro esgotou a disciplina da matéria tributária, deixando à lei, simplesmente, a função regulamentar. Nenhum arbítrio e limitadíssima esfera de discrição foi outorgada ao legislador ordinário. A matéria tributária é exaustivamente tratada pela nossa Constituição, sendo o nosso sistema tributário todo moldado pelo próprio constituinte, que não abriu à lei a menor possibilidade de criar coisa alguma — se não expressamente prevista — ou mesmo introduzir variações não, prévia e explicitamente, contempladas. Assim, nenhuma contribuição pode a lei dar à feição do nosso sistema tributário. Tudo foi feito e acabado pelo Constituinte". (...) "Bem o contrário é o que ocorre nos demais sistemas, onde a lei ordinária tem as mais amplas possibilidades de concorrer para o delineamento das feições do próprio sistema tributário, onde a Constituição ficou no ditame de princípios genéricos mais amplos". (...) "O sistema constitucional tributário brasileiro é o mais rígido de quantos se conhece, além de complexo e extenso. Em matéria tributária tudo foi feito pelo constituinte, que afeiçoou integralmente o sistema, entregando-o pronto e acabado ao legislador ordinário, a quem cabe somente obedecê-lo, em nada podendo contribuir para plasmá-lo".

Àqueles que se curvam ao princípio do escalonamento hierárquico das normas jurídicas cumpre compreender e prestigiar a aplicação das normas constitucionais, sem pretender condicionar suas determinações ao questionamento dos motivos que levaram o constituinte a fazer esta ou aquela opção. Cumpre, portanto, conhecer a Constituição brasileira, em toda a sua amplitude e exaustividade, para ser possível interpretá-la de forma sistemática e harmônica.

Passemos a analisar alguns de seus aspectos, determinantes na compreensão de sua harmônica e sistemática unidade. E recordemos características próprias de outros sistemas — obtidas pelo

25. *Sistema Constitucional Tributário Brasileiro*, pp. 18, 21 e 27.

estudo do direito comparado — para enfatizar a importância das peculiares disposições do sistema brasileiro.

Preliminarmente, no entanto, algumas considerações metodológicas são necessárias, visando a organização das informações a serem posteriormente manipuladas, sob pena de perda das necessárias sistematicidade e objetividade.

3
SISTEMA CONSTITUCIONAL BRASILEIRO

3.1 Preliminares metodológicas: 3.1.1 Noção de sistema — 3.1.2 Unidade e harmonia do sistema — 3.1.3 Princípios — 3.1.4 Advertência relativa aos planos de abordagem. 3.2 Aspectos relevantes do sistema constitucional brasileiro: 3.2.1 A chamada separação de Poderes — 3.2.2 Legalidade: 3.2.2.1 Princípios implícitos — 3.2.2.2 Vedação implícita de delegação — 3.2.2.3 Conteúdo do princípio da legalidade — 3.2.2.4 Lei, no sistema brasileiro. 3.2.3 Função administrativa: 3.2.3.1 Na doutrina do direito administrativo — 3.2.3.2 No Direito Positivo brasileiro, à luz das implicações do sistema. 3.2.4 Exceções à legalidade. 3.2.5 Função regulamentar e inovação da ordem jurídica: 3.2.5.1 Regulamento autônomo — 3.2.5.2 Instruções ministeriais — 3.2.5.3 Interesse fazendário. 3.2.6 Princípios da legalidade e tipicidade em matéria tributária: 3.2.6.1 Tipicidade e plenitude lógica — 3.2.6.2 Legalidade tributária e consentimento. 3.2.7 Competência tributária impositiva: 3.2.7.1 Repartição de competências impositivas. 3.2.8 Caráter vinculado do lançamento: 3.2.8.1 Ato administrativo vinculado e discricionário: 3.2.8.1.1 Competência discricionária — 3.2.8.1.2 Ato de administração verificadora/ato vinculado — 3.2.8.1.3 Necessidade de motivação do ato administrativo. 3.2.8.2 Lançamento: ato administrativo vinculado: 3.2.8.2.1 Auto de infração e lançamento — 3.2.8.2.2 Obrigação tributária e deveres acessórios.

3.1 Preliminares metodológicas

3.1.1 Noção de sistema

Afirmamos em outro estudo[1] que sistema é um conjunto harmônico, ordenado e unitário de elementos reunidos em torno de um conceito fundamental ou aglutinante. Esse conceito aglutinante serve de critério unificador, na linguagem de Geraldo Ataliba,

---

1. *Isonomia na Norma Tributária*, p. 14.

atraindo e harmonizando, em um só sistema, os vários elementos de que se compõe.

Na feliz expressão de Juan Manoel Terán:[2] "Sistema es un conjunto ordenado de elementos según un punto de vista unitario".

O sistema jurídico compõe-se, pois, de elementos aglutinados em torno de um conceito fundamental. Trata-se da reunião harmônica, ordenada e unitária de princípios e regras em torno de um conceito fundamental, formando o sistema jurídico. Dentro desse sistema jurídico gravitam subsistemas erigidos a partir de seus próprios conceitos aglutinantes. No presente instante, interessa-nos, mais de perto, o (sub)sistema constitucional tributário brasileiro.

Para identificar esse objeto, precisamos detectar o seu conceito aglutinante, ou seja, o fulcro que dá forma e consistência àquilo que doravante chamaremos de subsistema constitucional tributário brasileiro. Esse sistema é formado pelos princípios e regras constitucionais que regem o exercício da tributação, função estatal de arrecadar dinheiro a título de tributo.

Muito se tem escrito a respeito da noção de sistema, impondo-se ressaltar que o termo não tem apenas um significado.[3]

2. *Filosofía del Derecho*, p. 146.
3. Como observa Norberto Bobbio, os autores servem-se do termo para atender às suas próprias conveniências (in *Teoria dell'Ordenamento Giuridico*, p. 76). Nesta obra, Bobbio relata três acepções básicas do termo sistema, a saber: (i) como conjunto das normas derivadas de certos princípios gerais; (ii) como ordenamento, por processo indutivo, de conceitos e classificações gerais sacados a partir do conteúdo das normas; e (iii) como princípio de relacionamento de compatibilidade entre as normas — excluindo-se, por eliminação, uma das duas (ou ambas) normas incompatíveis; Tércio Sampaio Ferraz Jr. ensina que: "Há no próprio termo 'sistema' uma pluralidade de sentidos que torna a investigação equívoca, se não for esclarecida de antemão" (in *Conceito de Sistema no Direito*, p. 8); J. J. Gomes Canotilho adverte sobre várias acepções do termo sistema na seguinte passagem: "(...) quando a moderna literatura jurídica e sociológico-jurídica caracteriza o direito como 'sistema' tem em vista uma nova 'galáxia' ou 'paradigma sistêmico' — o sistema auto-referencial ou autopoiético. Enquanto o sistema normativo de Kelsen e da Escola de Viena se concebia como um sistema piramidal de normas jurídicas positivas (a que não era alheia uma teoria do Estado primor-

Hans Kelsen[4] trata o sistema de normas como uma ordem na qual uma norma retira seu fundamento de validade de outra norma, e assim sucessivamente, até encontrar-se a norma fundamental, que funciona como vínculo e origem comum de todas as normas integrantes do sistema.

Geraldo Ataliba[5] explicitou: "O caráter orgânico das realidades componentes do mundo que nos cerca e o caráter lógico do pensamento humano conduzem o homem a abordar as realidades que pretende estudar, sob critérios unitários, de alta utilidade científica e conveniência pedagógica, em tentativa de reconhecimento coerente e harmônico da composição de diversos elementos de um todo unitário, integrado em uma realidade maior. A esta composição de elementos, sob perspectiva unitária, se denomina 'sistema'".

Esse reconhecimento coerente e harmônico de elementos para composição de um sistema unitário deve ser feito, antes de mais nada, pela detecção do que Tércio Sampaio Ferraz Jr.[6] denominou de "repertório" e "estrutura". Repertório é o conjunto de elementos que integram um determinado sistema; e estrutura é o conjunto de regras de relacionamento entre os elementos componentes do sistema. Ambos (repertório e estrutura) integram o sistema — que deles se compõe.

Já Carlos Maximiliano[7] assim se expressou: "O direito não é um conglomerado caótico de preceitos; constitui vasta unidade, organismo regular, sistema, conjunto harmônico de normas coordenadas, em interdependência metódica, embora fixada cada uma no seu lugar próprio. (...) De princípios jurídicos mais ou menos gerais deduzem corolários; uns e outros se condicionam e restrin-

---

dialmente estruturante), a idéia de *autopoiesis* prefere um sistema circular e contínuo — de *creatio continua* fala N. Luhmann — em que cada elemento recebe a sua qualidade normativa de um outro elemento, que, por sua vez, determina um outro sem que seja possível descortinar neste circuito 'auto-referencial' qualquer idéia de prioridade ou de primazia" (in *Direito Constitucional*, p. 49).

4. *Teoría General del Derecho y del Estado*, pp. 129 e ss.
5. *Sistema Constitucional Tributário Brasileiro*, p. 4.
6. *Introdução ao Estudo do Direito*, p. 165.
7. *Hermenêutica e Aplicação do Direito*, p. 128.

gem reciprocamente, embora se desenvolvam de modo que constituem elementos autônomos operando em campos diversos. Cada preceito, portanto, é membro de um grande todo (...)".

O inter-relacionamento ordenado de elementos foi, durante toda a sua extraordinariamente produtiva vida — tão prematura e dramaticamente interrompida —, sempre afirmado por Geraldo Ataliba:[8] "(...) os sistemas não são formados pela soma de seus elementos, mas pela composição hierárquica e sistemática das normas que o compõem".

Iniciar qualquer análise sem conscientização destas noções resulta na formação de amontoados desordenados de elementos, como adverte Tércio Sampaio Ferraz Jr.:[9] "(...) o resultado da prevalência dessa concepção será a desordem, a insegurança, a imprevisibilidade, a liberação do arbítrio. O estímulo à prepotência. Será a negação do direito, no que ele tem de mais essencial, que é sua 'significação normativa'".

Impõe-se, pois, definir a trilha a percorrer; o método. É que, colocadas adequadamente as premissas, decorrerá, tranqüila e serenamente, a conclusão. Esta a lição de Guibourg, Ghigliani e Guarinoni:[10] "Hemos dicho que la ciencia es una actividad 'metódica' (...) En efecto, cuando uno pretende obtener cierto resultado o alcanzar uno objetivo comienza por trazar planes o delinear el camino que lo llevará al fin deseado. La etimología de 'método' incluye el vocablo griego 'odós', que significa precisamente camino".

Pensamos que, contempladas todas essas diferentes abordagens do polissêmico conceito de sistema, justifica-se a escolha inicial pela definição de Terán, originalmente transcrita, que contém a essência do pensamento de todos esses grandes autores (conjunto ordenado de elementos segundo um ponto de vista unitário).

Todas essas considerações são feitas para que se recorde, a cada instante, que a solução para qualquer conflito somente será possível a partir da consideração sistemática dos elementos nor-

8. *Sistema Constitucional Tributário Brasileiro*, p. 20.
9. *Conceito de Sistema no Direito*, p. 173.
10. *Introducción al Conocimiento Científico*, p. 154.

mativos aplicáveis à questão. A desconsideração desta premissa metodológica conduz a um só resultado: "a desordem, a insegurança, a imprevisibilidade, a liberação do arbítrio", a que se referiu Tércio Sampaio Ferraz Jr.

Como veremos oportunamente, por exemplo, discutir norma pertinente à base de cálculo do imposto sobre a renda sem previamente estabelecer o conceito constitucional de renda é tomar o direito como "um conglomerado caótico de preceitos", é caminhar aleatoriamente, é atuar de forma inútil.

3.1.2 *Unidade e harmonia do sistema*

Toda e qualquer norma legal deve ser interpretada e aplicada em harmonia com o sistema como um *todo*, subordinando seu alcance e eficácia aos princípios maiores desse próprio sistema.[11]

11. É oportuno invocar advertência de José Afonso da Silva, que sublinha: "(...) os elementos da Constituição não têm valor isoladamente, pois, como se inserem num sistema, condicionam-se, reciprocamente, de sorte que não se pode interpretar uns sem ter presente a significação dos demais. Influenciam-se mutuamente e cada instituição constitucional concorre para integrar o sentido das outras, formando uma rede interpenetrante que confere coerência e unidade ao sistema, pela conexão recíproca de significados", *Aplicabilidade das Normas Constitucionais*, p. 169. Recordemos a lição de Carlos Maximiliano: "Não se encontra um princípio isolado, em ciência alguma; acha-se cada um em conexão íntima com outros (...)". "O hermeneuta eleva o olhar, dos casos especiais para os princípios dirigentes a que eles se acham submetidos; indaga-se, obedecendo a um, não viola outro; inquire das conseqüências possíveis de cada exegese isolada" (...). "A verdade inteira resulta do contexto, e não de uma parte truncada, quiçá defeituosa, mal redigida; examine-se a norma na íntegra e mais ainda: o Direito todo, referente ao assunto. Além de comparar o dispositivo com outros fins, que formam o mesmo instituto jurídico, e com os referentes análogos; força é, também, afinal pôr tudo em relação com os princípios gerais, o conjunto do sistema em vigor", *Hermenêutica e Aplicação do Direito*, pp. 161, 162 e 163. Ensina Francesco Ferrara: "Um princípio jurídico não existe isoladamente, mas está ligado por nexo íntimo com outros princípios. O direito objetivo, de facto, não é um aglomerado caótico de disposições, mas um organismo jurídico, um sistema de preceitos coordenados ou subordinados, em que cada um tem o seu posto próprio. Há princípios jurídicos gerais de que os outros são deduções e corolários, ou então vários princípios condicionam-se ou res-

Princípios e regras, organizados de forma sistemática, não brigam entre si. Um não exclui o outro. Pelo contrário, devem ser interpretados conjunta e harmonicamente.

Daí não ser possível considerar-se um comando legal isolado do contexto sistemático dos demais comandos legais correlatos e, especialmente, dos princípios que informam a matéria; e tudo considerado de forma harmônica, orgânica, organizada, hierarquizada e vocacionada à coerência — enfim, tudo considerado de forma sistemática. O raciocínio sistêmico afasta o caos, a parcialidade e o arbítrio.

Para composição de um sistema — já o vimos — deve-se primeiramente hierarquizar os seus elementos, apartando os princípios das meras regras, para nelas reconhecer adequadamente suas funções sistemáticas, de acordo com certas regras de estrutura.

3.1.3 Princípios

Para Paulo de Barros Carvalho,[12] no direito: "Utiliza-se o termo 'princípio' para (...) apontar normas que fixam importantes

tringem-se mutuamente, ou constituem desenvolvimentos autônomos em campos diversos. Assim todos os princípios são membros dum grande todo. Desta conexão cada norma particular recebe luz. O sentido duma disposição ressalta nítido e preciso, quando é confrontada com outras normas gerais ou supra-ordenadas, de que constitui uma derivação ou aplicação ou uma exceção, quando dos preceitos singulares se remonta ao ordenamento jurídico no seu todo. O preceito singular não só adquire individualidade mais nítida, como pode assumir um valor e uma importância inesperada caso fosse considerado separadamente, ao passo que em correlação e em função de outras normas pode encontrar-se restringido, ampliado e desenvolvido", *Interpretação e Aplicação das Leis*, p. 143. É, também, oportuna a citação de Eduardo García de Enterría, que ensinou: "Es, en efecto, el principio de unidad del ordenamiento, supuesta su estructura yerárquica, y la situación superior que en el seno de esa estructura corresponde a la Constitución, la que dá primacía necesaria a ésta en la integración del ordenamiento entero y, por tanto, en su interpretación, como operación previa a cualquier aplicación del mismo. No se trata ya, pues, de simples necesidads o conveniencias técnicas de la Justicia Constitucional y de su papel efectivo, sino de algo bastante más general e importante", *La Constitución como Norma y el Tribunal Constitucional*, p. 97.

12. *Curso de Direito Tributário*, p. 90.

critérios objetivos, além de ser usado, igualmente, para significar o próprio valor, independentemente da estrutura a que está agregado e, do mesmo modo, o limite objetivo sem a consideração da norma. Assim, nessa breve reflexão semântica, já divisamos quatro usos distintos: a) como norma jurídica de posição privilegiada e portadora de valor expressivo; b) como norma jurídica de posição privilegiada que estipula limites objetivos; c) como os valores insertos em regras jurídicas de posição privilegiada, mas considerados independentemente das estruturas normativas; e d) como o limite objetivo estipulado em regra de forte hierarquia, tomado, porém, sem levar em conta a estrutura da norma". E Paulo de Barros Carvalho[13] sugere sua definição: "(...) 'princípios' são 'normas jurídicas' carregadas de forte conotação axiológica. É o nome que se dá a regras do direito positivo que introduzem valores relevantes para o sistema, influindo vigorosamente sobre a orientação de setores da ordem jurídica".

É clássica a citação de Celso Antônio Bandeira de Mello:[14] "Violar um princípio é muito mais grave que transgredir uma norma qualquer. A desatenção ao princípio implica ofensa não apenas a um específico mandamento obrigatório mas a todo o sistema de comandos. É a mais grave forma de ilegalidade ou inconstitucionalidade, conforme o escalão do princípio atingido, porque representa insurgência contra todo o sistema, subversão de seus valores fundamentais, contumélia irremissível a seu arcabouço lógico e corrosão de sua estrutura mestra. Isto porque, com ofendê-lo, abatem-se as vigas que o sustêm e alui-se toda a estrutura nelas esforçada".

Esta extraordinária importância dos princípios também é ressaltada por Eduardo García de Enterría:[15] "Recuperamos así un tema con el que comenzamos este estudio: el valor específico de la Constitución no como una norma cualquiera, de cualquier contenido, sino precisamente como portadora de unos determinados valores materiales. Estes valores no son simples retórica, no son — de nuevo de impregnar esta falaz doctrina, de tan fuerza inercial entre nosotros — simples principios "programáticos", sin

---

13. "Sobre Princípios Constitucionais Tributários", in *RDT* 55/147.
14. *Curso de Direito Administrativo*, p. 546.
15. *La Constitución como Norma y el Tribunal Constitucional*, p. 98.

valor normativo de aplicación posible; por el contrario, son justamente la base entera del ordenamiento, la que ha de prestar a éste su sentido propio, la que ha de presidir, por tanto, toda su interpretación y aplicación".

Todas as vezes que utilizamos o termo *princípio*,[16] desejamos recorrer à inteireza dessa carga significativa, denotativa da extraordinária relevância que emprestamos à sua noção — de princípio — no contexto dos sistemas, assim normativo como descritivo.

3.1.4 *Advertência relativa aos planos de abordagem*

Impõe-se uma última advertência metodológica. Conforme veremos oportunamente, a confusão dos planos (i) fenomênico,

16. Veja-se também: Roque Antônio Carrazza para quem o sistema jurídico: "Ergue-se como um vasto edifício, onde tudo está disposto em sábia arquitetura. Contemplando-o, o jurista não só encontra a ordem, na aparente complicação, como identifica, imediatamente, alicerces e vigas mestras. Ora, num edifício tudo tem importância: as portas, as janelas, as luminárias, as paredes, os alicerces etc. No entanto, não é preciso termos conhecimentos aprofundados de Engenharia para sabermos que muito mais importantes que as portas e janelas (facilmente substituíveis) são os alicerces e as vigas mestras. Tanto que, se de um edifício retirarmos ou destruirmos uma porta, uma janela ou até mesmo uma parede, ele não sofrerá nenhum abalo sério em sua estrutura, podendo ser reparado (ou até embelezado). Já, se dele subtrairmos os alicerces, fatalmente cairá por terra. De nada valerá que portas, janelas, luminárias, paredes etc. estejam intactas e em seus devidos lugares. Com o inevitável desabamento, não ficará pedra sobre pedra. Pois bem, tomadas as cautelas que as comparações impõem, estes 'alicerces' e estas 'vigas mestras' são os princípios jurídicos, ora objeto de nossa atenção. Mas, em termos mais técnicos, que vem a ser, afinal, um princípio jurídico? Será que a noção é tão vaga que somos incapazes de traduzi-la em linguagem mais rigorosa? Estamos que não". "Segundo nos parece, princípio jurídico é um enunciado lógico, implícito, que, por sua grande generalidade, ocupa posição de preeminência nos vastos quadrantes do Direito e, por isso mesmo, vincula, de modo inexorável, o entendimento e aplicação das normas jurídicas que com ele se conectam" (*Curso de Direito Constitucional Tributário*, pp. 30-31). Veja-se também Geraldo Ataliba: "Princípios são linhas mestras, os grandes nortes, as diretrizes magnas do sistema jurídico. Apontam os rumos a serem seguidos por toda a sociedade e obrigatoriamente perseguidos pelos órgãos do governo (poderes constituídos). Eles expressam a substância última do querer popular, seus objetivos e desígnios, as linhas mestras da legislação, da administração e da jurisdição. Por estas não podem ser contrariados; têm que ser

(ii) normativo e (iii) científico é fonte de intermináveis problemas interpretativos, sucessivos engodos intelectuais.

É que as regras que regem o funcionamento de cada um desses planos são diferentes, os regimes são diversos. Ora é relevante a "causalidade", ora a "imputação"; ora a "validade", ora a "falsidade"; e assim por diante.

No que diz respeito aos planos normativo e descritivo, recordemos os esclarecimentos de Paulo de Barros Carvalho:[17] "Muita diferença existe entre a realidade do direito positivo e a da Ciência do Direito. São dois mundos que não se confundem, apresentando peculiaridades tais que nos levam a uma consideração própria e exclusiva. São dois corpos de linguagem, dois discursos lingüísticos, cada qual portador de um tipo de estrutura e de uma organização lógica" (p. 1). (...) "O direito positivo está vertido numa linguagem, que é seu modo de expressão. E essa camada de linguagem, como construção do homem, se volta para a disciplina do comportamento humano, no quadro de suas relações de intersubjetividade" (p. 2). (...) "O objeto da Ciência do Direito há de ser precisamente o estudo desse feixe de proposições, vale dizer, o contexto normativo que tem por escopo ordenar o procedimento dos seres humanos, na vida comunitária. (...) ao transmitir conhecimentos sobre a realidade jurídica, o cientista emprega a linguagem e compõe uma camada lingüística, que é, em suma, o discurso da Ciência do Direito. (...) Tal discurso, eminentemente descritivo, fala de seu objeto — o direito positivo — que, por sua vez, também se apresenta como um extrato de linguagem, porém de cunho prescritivo" (pp. 2 e 3). (...) "Entre outros traços que separam as duas estruturas de linguagem pode ser salientada a circunstância de que a cada qual corresponde uma lógica especí-

---

prestigiados até as últimas conseqüências" (*República e Constituição*, p. 6). E, para arrematar, Eros R. Grau ressalta a importância dos princípios, de forma categórica: "A importância dos *princípios 'positivados' ou positivos* — abandono, como se vê, o uso da expressão 'princípios jurídicos que constituem regras jurídicas' — e dos *princípios gerais do direito* é extrema. Tamanha que, da inserção deles no nível constitucional resulta, nitidamente, a ordenação dos preceitos constitucionais segundo uma estrutura hierarquizada. Isso, no sentido de que a interpretação das regras contempladas na Constituição é determinada pelos princípios" (*A Ordem Econômica na Constituição de 1988, Interpretação e Crítica*, p. 78).

17. *Curso de Direito Tributário*, pp. 1-3.

fica: ao direito positivo, a lógica deôntica (lógica do dever-ser, lógica das normas); à Ciência do Direito, a lógica apofântica (lógica das ciências, lógica clássica). Em função disso, as valências compatíveis com a linguagem das normas jurídicas são diversas das aplicáveis às proposições científicas. Das primeiras, dizemos que são válidas ou não-válidas, vigentes ou não-vigentes, eficazes ou não-eficazes. Quanto aos enunciados da ciência, usamos os valores da verdade e falsidade. As proposições que o jurista formula sobre o direito positivo podem ser verdadeiras ou falsas. É inadmissível, portanto, misturar conceitos dessas duas regiões do universos jurídico, que têm métodos próprios e distintos esquemas de pesquisa e compreensão" (p. 3).

Lourival Vilanova[18] advertira: "Assim sendo, a linguagem da ciência natural põe-se imediatamente diante de seu objeto de conhecimento: denota diretamente o seu domínio de conhecimento. No caso da ciência do direito, os enunciados científicos se deparam com uma camada intercalar de enunciados, nos quais se exprimem normas, que fazem parte do objeto de conhecimento. Entrepondo-se assim, a linguagem da ciência jurídica inevitavelmente passa a ser linguagem sobre outra linguagem, tomando a linguagem do direito positivo como linguagem objeto. (...) seu propósito é exibir em linguagem apofântica a linguagem deôntica do direito positivo, recolhendo, pois, tanto normas quanto as condutas normativamente qualificadas".

Não se perca, portanto, de vista que são inconfundíveis os planos (i) dos fenômenos naturais (eventos econômicos) em si mesmos considerados, (ii) dos conceitos que os descrevem, (iii) das normas jurídicas e (iv) da ciência do direito, que sobre aquelas elabora proposições descritivas.

3.2 Aspectos relevantes do sistema constitucional brasileiro

3.2.1 A chamada separação de Poderes

Não foi por capricho ou vontade de complicar as coisas que se adotou o princípio da chamada separação de Poderes. Foi por

18. *Apostila* do *Seminário sobre Teoria Geral do Direito*, IBET — Instituto Brasileiro de Estudos Tributários, p. 7.

absoluta necessidade de evitar-se a concentração, num só órgão, das formidáveis competências legislativa, executiva e judiciária. Tudo tendo em mira assegurar a liberdade e a igualdade diante do Estado. A proteção a esses valores básicos é que explica a função da Constituição, a noção de constitucionalismo, e justifica a separação do Poder em funções.

Uma das razões de ser dessa separação é, exatamente, impedir que o Executivo restrinja a liberdade dos particulares ou lhes dispense tratamento desigual.[19]

Nesse sentido, a separação de funções postula que norma com força de lei, ou seja, que possua a virtude de criar, modificar ou extinguir direitos, só pode emanar do Legislativo. As exceções a este postulado são limitadas, estritas e taxativamente postas, merecendo interpretação restritiva.

Normas infraconstitucionais, cujo conteúdo implique criar, modificar ou extinguir direitos, no plano abstrato, só são válidas e vinculantes se veiculadas por lei.

3.2.2 Legalidade

3.2.2.1 Princípios implícitos

Os princípios podem ser explícitos ou implícitos, conforme estejam ou não, respectivamente, traduzidos em construções literais expressas do texto normativo.

Advirta-se que esta distinção entre normas implícitas e explícitas é aqui adotada somente com o intuito didático de contornar a necessidade de esclarecimento de outra preliminar metodológica inafastável (e que demandaria novo desvio de nosso objetivo principal). É que, na verdade, toda norma jurídica encontra-se "implícita" resultando de processo intelectual de apreensão (ou criação, como preferem alguns) do significado dos símbolos lingüísticos utilizados pelo veículo de comunicação normativa (lei, decreto etc.). A norma não se confunde com o suporte lingüístico que a veicula. Daí que é o veículo que pode estar, ou não, explícito em

---

19. Ensinava o saudoso Geraldo Ataliba: "Restringir a liberdade só a lei pode; violar a isonomia, nem a lei pode".

símbolos lingüísticos, encontrando-se a norma, sempre, inexoravelmente implícita (em singela formulação lingüística ou em intrincada inter-relação de enunciados, de diversas naturezas — diversas formulações simbólicas, diversas normas já adrede apreendidas, ou a mistura de umas e outras).

Todavia, não há nenhuma hierarquia entre princípio explícito e princípio implícito; ambos têm a mesma relevância para o sistema; ambos têm eficácia equivalente.[20] As manifestações doutrinárias nesse sentido são abundantes.

José Souto Maior Borges[21] escreveu: "O princípio implícito não difere senão formalmente do expresso. Têm ambos o mesmo grau de positividade, não há uma positividade 'forte' (a expressa) e outra 'fraca' (a implícita). Um princípio implícito pode muito bem ter eficácia (= produzir efeitos) muito mais acentuada do que um princípio expresso".

Aliomar Baleeiro[22] dedicou nada menos que um capítulo (o décimo) de seu clássico *Limitações Constitucionais ao Poder de Tributar* aos princípios implícitos. Sob a rubrica "A eficácia dos princípios implícitos é equiparável à das regras expressas", ensinou: "É no próprio texto expresso da Constituição que, por vezes, en-

---

20. Veja-se Otto Bachof (in *Normas Constitucionais Inconstitucionais?*), sustentando que os "princípios constitutivos menos patentes do sentido da Constituição", apesar de configurarem direito constitucional não escrito, não podem ser contrariados, nem mesmo por outras normas constitucionais. Diz ele: "Já não estão, porém, senão muito condicionadamente — se é que em alguma medida o estão — ao dispor dos órgãos do poder 'constituído'. Estes princípios não podem ser modificados à vontade, seguindo o caminho do processo de revisão regulado pela lei constitucional: a faculdade de revisão 'não pode romper o quadro da regulamentação legal-constitucional em que assenta'" (p. 65). Cita, como exemplo, o princípio federativo, que se desdobra na máxima, não escrita — no sistema alemão — que proíbe comportamentos contrários à Federação. Vejam-se, ainda, Pontes de Miranda, *Comentários à Constituição Federal de 1946*, v. IV, p. 451 ("(...) ao mesmo tempo se alude a ser sistema, ser todo, a Constituição — ser forma escrita de princípios que perpassam por tôda ela"); e Antão de Souza Moraes, "Jocquei Club de São Paulo", in *RT* 276/56.

21. "Princípio da Segurança Jurídica na Criação e Aplicação do Tributo", in *RDT* 63/207; no mesmo sentido, do mesmo autor, veja-se *Lei Complementar Tributária*, p. 12.

22. *Limitações Constitucionais ao Poder de Tributar*, p. 249.

contramos o prestígio atribuído ao que nela está implícito ou resulta da extensão e compreensão de suas disposições. (...) Ao lado dos princípios expressos de tributação, vigoram sobre o campo desta outros princípios constitucionais inerentes ao regime e considerados garantias individuais".

Também é esta a opinião de Ruy Barbosa:[23] "A Constituição, como qualquer outro texto de lei, não estatui somente o que reza em termos explícitos o seu texto, senão o que nele implicitamente se abrange e o que necessariamente se segue da essência das suas disposições. (...) dizem os juízes americanos, que 'o que está implícito numa norma legislativa, dela tão realmente é parte, quanto o que na sua letra está expresso'".

3.2.2.2 Vedação implícita de delegação

A advertência — relativa à força dos preceitos implícitos — é oportuna em face da retirada, do texto expresso da Constituição, da vedação à delegação de competência.

Deveras, na Constituição de 1967, tal como emendada em 1969, encontrávamos a seguinte disposição:

"Art. 6º. São Poderes da União, independentes e harmônicos, o Legislativo, o Executivo e o Judiciário.

23. "Questão Minas-Werneck", *apud* A. de Sampaio Dória, *Direito Constitucional — Comentários à Constituição de 1946*, v. IV, p. 701. No mesmo sentido, A. R. Sampaio Dória: "Em verdade, é incontroverso que princípios implícitos possuem a mesma força operante que os expressos", *Princípios Constitucionais Tributários e a Cláusula "Due Process of Law"* (p. 15). Também é essa a percepção de Carlos Maximiliano: "A Constituição é a ossatura de um sistema de governo, um esqueleto de idéias e princípios gerais, que forma o núcleo, o credo, o dogma fundamental de um regime, o decálogo político de um povo (...). Portanto, não é constitucional apenas o que está escrito no estatuto básico, e, sim, o que se deduz do sistema por ele estabelecido, bem como o conjunto de franquias aos indivíduos e dos povos universalmente consagradas. (...) Por isso, os dispositivos asseguradores de prerrogativas e regalias não diminuem o valor nem a estima de outras, sobre as quais silenciou a Constituinte apesar de serem peculiares ao regime triunfante". E arremata: "Hoje é constitucional tudo o que se compreende no texto do estatuto supremo, expressa ou implicitamente" (*Comentários à Constituição Brasileira — 1946*, v. III, p. 175).

"Parágrafo único. *Salvo as exceções previstas nesta Constituição, é vedado a qualquer dos Poderes delegar atribuições; quem for investido na função de um deles não poderá exercer a de outro*" (g.n.).

Na Constituição de 1988 tal preceito não encontra paradigma expresso, literal. Então — e invocando o notável sarcasmo de Geraldo Ataliba[24] —, considerando que, a partir da promulgação da Carta de 1988, a anterior tem tanta relevância jurídica quanto as Ordenações Filipinas ou Manoelinas, poderia algum intérprete mais apressado concluir que o princípio que veda a delegação teria sido retirado do sistema ou, em alguma medida, intencionalmente enfraquecido.

Tal, todavia, não se dá. Todo o arcabouço de rígida repartição de competências entre os chamados Poderes da República continua íntegro e vigoroso na sistemática da Constituição de 1988. Aliás, apenas a título de argumento de reforço, é oportuno correr os olhos pelo art. 25 do Ato das Disposições Constitucionais Transitórias, anexo à Constituição de 1988: "Art. 25. Ficam revogados, (...), todos os dispositivos legais que atribuam ou deleguem a órgão do Poder Executivo competência assinalada pela Constituição ao Congresso Nacional, especialmente no que tange a: I — ação normativa; (...)". Em face do teor da norma transcrita, nem mesmo aqueles que sustentavam — indevidamente[25] — que, sob a sistemática anterior, era possível a delegação poderão pretender fazê-lo agora.

24. "Efeitos da Nova Constituição", in *Suplemento AASP* 2.311, de 23.11.88.
25. É interessante notar que as delegações normativas feitas sob a Constituição de 1967/69, contra expressa disposição do art. 6º, são exemplos dos fenômenos que atormentam os estudiosos de filosofia do direito, e que levam, na busca de respostas, esses cientistas a afirmar que "norma inválida pertence ao sistema até dele ser expulsa" (ver Marcelo Neves, *Teoria da Inconstitucionalidade das Leis*, pp. 52 e 79, dentre outras). Para os que não admitem a sobrevivência de normas inválidas no sistema, esse artigo do ADCT refere-se às delegações consentidas pela Constituição anterior (leis delegadas, etc.), entendimento esse que perfilhamos. Esclareça-se, entretanto, que essa divergência denota diferença de premissas adotadas para estudo do direito; aqui, interessa-nos a dimensão sintática do sistema constitucional tributário, ao passo que o referido autor aborda o sistema jurídico em geral, e também nas suas dimensões semântica e pragmática.

A vedação está implícita na sistemática da Constituição e explícita (*a contrario*) no texto do Ato das Disposições Constitucionais Transitórias.

Em matéria de competência para expedição de norma inovadora, como teremos oportunidade de exaustivamente demonstrar, a Constituição de 1988 não admite delegação fora das hipóteses nela própria expressamente autorizadas.[26] E, perceba-se, ao explicitar essas ressalvas, fornece-se todo o arsenal necessário à sustentação da inteligência segundo a qual, mesmo na ausência de vedação explícita, a delegação de competência normativa é incompatível com a sistemática da tripartição de Poderes adotada pela Constituição de 1988.[27]

3.2.2.3 Conteúdo do princípio da legalidade

Nenhum preceito de lei pode excluir o próprio princípio da legalidade. Por exemplo — ao tema voltaremos com mais vagar —, as referências ao arbitramento feitas pelo art. 148 do código tributário nacional, e por qualquer outra norma que exista ou possa vir a existir,[28] não poderão ser tomadas como derrogadoras das garantias constitucionais decorrentes do princípio da legalidade.

26. Aliás, comentando o art. 6º da Constituição anterior, até mesmo a parcela da doutrina mais identificada com as interpretações centralizadoras e serviçais a certas forças de dominação prevalecentes na história recente do país, tratava de opor severas reservas à delegação. Veja-se, a propósito, Manoel Gonçalves Ferreira Filho: "A permissão, ainda que excepcional, de delegações rompe com a fórmula da 'separação de poderes'. Constitui entorse a esta. De fato, a delegação quebra o equilíbrio entre os Poderes, confundindo num mesmo órgão duas funções, mormente a de legislar e a de executar as leis, gera o perigo de arbítrio" (*Comentários à Constituição Brasileira*, p. 65).
27. Veja-se interessante trabalho de Enzo Lignola sobre o tema da delegação, no direito positivo italiano, *La delegazione legislativa*.
28. A título de exemplo adicional, vejam-se as ridículas disposições da Lei n. 8.846, de 21.1.94, especialmente: "Art. 6º. Verificada por indícios a omissão de receita, a autoridade tributária poderá, para efeito de determinação da base de cálculo sujeita à incidência dos impostos federais e contribuições sociais, arbitrar a receita do contribuinte, tomando por base as receitas apuradas em procedimento fiscal, correspondentes ao movimento diário das vendas, da prestação de serviços, e de quaisquer outras operações. § 1º.

Nada há, no plano constitucional, que possa induzir tão grave exceção ao princípio básico do que a Constituição nos define — e o Judiciário deve assegurar seja eficaz — como um Estado de Direito.

Pelo contrário, qualquer norma infraconstitucional insere-se no contexto sistemático do nosso direito constitucional positivo, com todas as implicações — especialmente as decorrentes dos princípios — que dessa inserção advêm. Inteligência no sentido da exceção ao princípio da legalidade exige explicitude inconteste, clareza solar e incisividade explícita do próprio texto constitucional.

Restrições à legalidade não se compadecem com o nosso sistema constitucional — encimado pelo amplo enunciado do art. 1º da Constituição. Exceções às exigências do sistema — sublinhadas e enfatizadas por preceitos explícitos e cheios de significado — não podem decorrer de interpretação administrativa, e nem mesmo legal.

Quanto à legalidade ser princípio constitucional, não há dúvida. Quanto ao significado e força dos princípios, a doutrina é rica. Já demonstramos acima o acerto dessa assertiva. No nosso regime, só a lei pode obrigar, dado que ninguém pode ser constrangido senão pela lei (art. 5º, II).

Para efeito de arbitramento da receita mínima do mês, serão identificados pela autoridade tributária os valores efetivos das receitas auferidas pelo contribuinte em três dias alternados desse mesmo mês, necessariamente representativos das variações de funcionamento do estabelecimento ou da atividade. § 2º. A renda mensal arbitrada corresponderá à multiplicação do valor correspondente à média das receitas apuradas na forma do § 1º pelo número de dias de funcionamento do estabelecimento naquele mês. § 3º. O critério estabelecido no § 1º poderá ser aplicado a, pelo menos, três meses do mesmo ano-calendário. § 4º. No caso do parágrafo anterior, a receita média mensal das vendas, da prestação de serviços e de outras operações correspondentes aos meses arbitrados será considerada suficientemente representativa das receitas auferidas pelo contribuinte naquele estabelecimento, podendo ser utilizada, para efeitos fiscais, por até doze meses contados a partir do último mês submetido às disposições previstas no § 1º. § 5º. A receita arbitrada a ser considerada nos meses subseqüentes deverá ser atualizada monetariamente com base na variação da UFIR. (...) Art. 7º. Presumem-se rendimentos pagos aos sócios, acionistas ou titular de firma individual as importâncias tributadas na forma do artigo anterior, deduzidas dos tributos e das contribuições sociais sobre elas incidentes...".

É claro que a lei pode estabelecer critérios básicos gerais e deferir discrição ao administrador. Mas desde que a discrição deferida não diga respeito à criação e quantificação de tributo devido (ressalvadas as expressas exceções constitucionais). Lei nenhuma pode permitir ao Executivo arvorar-se em legislador, pretendendo onerar a propriedade, como se não tivéssemos Constituição. Não há competência tributária à margem da legalidade, sob pena de ofensa ao magno princípio da chamada separação de Poderes.

Nenhum preceito legal ou — e muito menos — administrativo pode derrogar os mais básicos princípios constitucionais e excluir a aplicação de toda a Constituição, harmônica e sistematicamente considerada.

3.2.2.4 Lei, no sistema brasileiro

A lei capaz de obrigar, nos termos do art. 5º, II, da Constituição, é o preceito editado pelo legislador contendo norma inaugural, suprema (abaixo da Constituição), genérica e abstrata, criando, modificando ou extinguindo direito. Só a lei inova o sistema normativo infraconstitucional. É isso que significa afirmar que a lei é fonte primária do direito.

A Constituição outorgou, com exclusividade ao legislador, em toda e qualquer matéria, competência para criar, modificar e extinguir direitos. Conseqüentemente, nenhum outro órgão estatal pode fazê-lo. Se o ato não provém do Legislativo, não é lei e não obriga. Norma inaugural editada pelo Executivo, fora das exceções constitucionalmente previstas, é inexistente.

Discorrendo sobre atos do Poder Executivo, M. Seabra Fagundes[29] sustenta: "Se estes atos revestem os caracteres de *generalidade* e *coatividade*, falece-lhes, no entanto, o de *novidade*. Não acarretam, não podem acarretar qualquer modificação à ordem jurídica vigorante. Hão de restringir-se a interpretá-la com finalidade executiva. O conterem disposições de sentido geral não basta, pois a *generalidade*, sendo característica da lei, não o é somente dela" (p. 32). (...) "Entre os italianos, Ranelleti, além de outros,

---

29. *O Controle dos Atos Administrativos pelo Poder Judiciário*.

entende que o caráter específico da lei, no sentido material, está na *novidade* ou *modificação* (*novità*), não na *generalidade*, se bem que seja esta uma característica habitual, trazida à ordem jurídica" (p. 33). (...) "Sob a vigente EC n. 1, como sob as Constituições de 1891, 1934, 1946 e 1967, o regulamento não apresenta o feitio de lei no sentido material. Prende-se em essência ao texto legal" (p. 35). (...) "Não lhe cabe alterar situação jurídica anterior, mas, apenas, pormenorizar as condições de modificação originária doutro ato (lei). Se o fizer, exorbitará, significando uma invasão pelo Poder Executivo da competência legislativa do Congresso. É o que resulta do sistema de divisão dos Poderes, traduzido genericamente no art. 6º, que somente comporta as exceções constitucionalmente previstas, e, de modo específico, do art. 81, II, onde se define o âmbito do poder regulamentar" (p. 35). (...) "Por outro lado, sendo a função administrativa, que constitui o objeto das atividades da Administração Pública, essencialmente realizadora do direito, não se pode compreender seja exercida, sem que haja texto legal autorizando-a ou além dos limites deste" (p. 101).

No mesmo sentido, veja-se Alberto Xavier:[30] "O princípio da reserva de lei, na acepção mais ampla que comporta, exprime —

---

30. *Os Princípios da Legalidade e da Tipicidade da Tributação*. Ainda mais específico, Juarez Freitas: "A limitação dos direitos individuais, sob pena de se converter em condenável abuso de poder, precisa cingir-se à legalidade, jamais ultrapassando os limites razoáveis de uma intervenção que se quer proporcional. Esta é a razão para que se deva controlar (interna e externamente) tais restrições, que se impõem aos particulares, não apenas sob o ângulo da legalidade, senão que também sob o da moralidade, o da economicidade e dos demais princípios que ocupam o ápice da hierarquia constitucional. Com efeito, o exercício do poder de polícia deve significar uma intervenção reguladora, nunca mutiladora dos direitos em sua essência" (*Estudos de Direito Administrativo*, pp. 51-52). Veja-se, também, a lição de Celso Antônio Bandeira de Mello: "Forsthoff encarece as relações entre o princípio da legalidade e liberdade individual ao considerar que na lei se assenta a garantia da liberdade individual, o que se verifica por uma dupla maneira: por um lado através do expresso reconhecimento de liberdades determinadas, tanto pela própria Constituição quanto através da legislação ordinária; por outro lado graças ao princípio da legalidade da Administração 'que não admite maiores intervenções na liberdade e propriedade além das que se acham legalmente permitidas. Este princípio se baseia na divisão de poderes e pressupõe que a Administração age embasada na lei (...)' (*Tratado de Derecho Administrativo*, pp. 252 e 253)".

já o vimos — a necessidade de que toda a conduta da Administração tenha o seu fundamento positivo na lei, ou, por outras palavras, que a lei seja o pressuposto necessário e indispensável de toda a atividade administrativa" (p. 17). (...) "Todavia, em matéria de limitações à liberdade, a reserva de lei do Direito brasileiro é mais apertada do que a que vigora em muitos outros ordenamentos" (p. 30).

Essas noções relativas ao conteúdo e alcance do princípio da legalidade não podem ser menosprezadas — como freqüentemente acontece — no trato de questões relacionadas ao imposto sobre a renda (como, de resto, em matéria tributária em geral). O vício de tomar o regulamento (para não referir as chamadas portarias, instruções normativas, pareceres normativos, etc.) como ponto de partida da análise de questões relativas ao imposto sobre a renda é freqüente. O recurso à lei ordinária é raro; a referência ao texto constitucional chega a causar surpresa.

Convém, portanto, recordar os limites do âmbito da função administrativa, para colocá-la no seu devido escaninho sistemático.

3.2.3 Função administrativa

3.2.3.1 Na doutrina do direito administrativo

A busca de critérios científicos para a definição de função administrativa é tarefa complexa, que tem atormentado os administrativistas.

As críticas de Francis-Paul Bénoît[31] ao modelo triádrico de Montesquieu — que, para ele, não passava de manifesto político

---

(...) "Enquanto na administração particular é lícito fazer tudo o que a lei não proíbe, na Administração Pública só é permitido fazer o que a lei autoriza. Esta última frase sintetiza, excelentemente, o conteúdo do princípio da legalidade".(...) "A atividade administrativa deve não apenas ser exercida sem contraste com a lei, mas, inclusive, só pode ser exercida nos termos de autorização contida no sistema legal. A legalidade, na Administração, não se resume à ausência de oposição à lei, mas pressupõe autorização dela, como condição de sua ação. Administrar é 'aplicar a lei, de ofício'" (*Curso de Direito Administrativo*, pp. 33-34).

31. "La Fonction Administrative", in *Le Droit Administratif Français*, pp. 27 e ss.

nascido na conjuntura de combate à monarquia absolutista, configurando visão artística que só teve utilidade enquanto instrumento de propaganda política — conduzem ao método de deduzir do sistema normativo a distribuição de funções entre diversos órgãos do Estado, com o quê afastar-se-ia a arte da ciência, passando-se da valoração e da vontade — ontologicamente presentes na atividade artística — para a descrição imparcial das normas do direito positivo — postura científica. Para ele, é possível identificar no direito positivo, basicamente, por um lado, missões insubordinadas e tendentes a incrementar a emissão de normas primárias (inaugurais) e, por outro lado, missões subordinadas e tendentes a incrementar a prestação de serviços, a política e a gestão. Nesta categoria estaria alocada a função administrativa; naquela, a legislativa.

Renato Alessi[32] diz que a função administrativa refere-se à atuação concreta e positiva tendente à implementação dos fins do Estado (que para ele se confunde com o ordenamento jurídico). Relembrando, sempre, que os chamados *Poderes* do Estado devem ser considerados *deveres* para o agente deles investido, e só existem para viabilizar a realização dos interesses coletivos, Alessi descreve a função administrativa como sendo aquela que tem por objeto os atos de produção jurídica complementares e auxiliares aos primários (atos de edição jurídica primária, fundamentados diretamente na soberania estatal — característicos da função legislativa). Outrossim, refere-se à subordinação da função administrativa à função legislativa, em face do princípio (da legalidade) que submete a atividade administrativa à lei.

Otto Mayer[33] enfatiza o caráter de submissão da função administrativa à ordem jurídica posta, servindo-se do critério de exclusão (atividade estatal não compreendida pelas atividades de legislar e julgar) para defini-la como a atividade estatal que visa à concreção dos interesses do povo que forma o Estado para a consecução dos seus fins. De suas lições depreende-se que a função — e respectiva atividade — (i) legislativa dá-se *sobre* a ordem jurídica; (ii) judiciária, *para* a ordem jurídica; e (iii) administrativa, *debaixo* da ordem jurídica.

---

32. *Sistema Istituzionale di Diritto Amministrativo.*
33. *Derecho Administrativo Alemán.*

Por sua vez, Agustín Gordillo[34] também estudou a questão e enfrentou as dificuldades inerentes à busca de uma conceituação precisa de função administrativa. Invoca meditações de Montesquieu acerca da problemática da separação dos Poderes, acentuando que toda preocupação nasce da constatação de que todo aquele que tem poder tende a abusar dele. Daí a concepção da teoria da separação de Poderes, de modo a dividir as atribuições do Estado entre diversos órgãos distintos, de modo que um controlasse o outro. Entende que as atribuições são distribuídas de maneira distinta dentro da organização estatal, procurando-se preservar, no entanto, a idéia básica que consiste em aquele que legisla não julgar nem executar, e assim por diante. Surgem, assim, os conceitos de Administração, Legislação e Justiça. Adverte que não se deve falar de separação de Poderes, na medida em que o Poder é uno, mas sim em separação de funções. Acentua que a separação de funções deve existir conjuntamente com a sua atribuição a pessoas diferenciadas. Surgem, assim, os órgãos que, respectiva e precipuamente, caracterizam-se por: Legislativo — representatividade; Executivo — subordinação; Judiciário — independência.[35]

34. *Tratado de Derecho Administrativo*, v. I, cap. VII.
35. No desenvolvimento de suas considerações, Gordillo afirma que não existe critério científico eficaz para delimitar com segurança cada uma das funções do Estado, pois, na verdade, as funções nunca estão divididas em blocos estanques, o que leva a uma certa confusão, ou fusão, que confunde a precisa delimitação do que é o quê e de quem faz o quê. Constatando esta confusão, lembra ele que a doutrina já tentou disseminar a noção de função atípica. Assim, o que estivesse límpido e claro seria típico e o que nublasse seria atípico. Não serve à análise científica esta categoria, pois a materialidade, e substância de certos atos atípicos do Executivo são as mesmas de atos típicos do Legislativo, o que faz com que os regimes jurídicos também sejam os mesmos. Logo, se são objetos materialmente iguais e submetidos ao mesmo regime jurídico, deveriam estar incluídos na mesma classificação científica. O mesmo se dá com a tentativa de utilizar o *critério orgânico*. Dizer que é função administrativa aquilo que é praticado pelo Executivo (e assim por diante) não resolve, pois é sabido que o Judiciário e o Legislativo também praticam atos que essencialmente são iguais aos administrativos e, por isso, são regidos pelo mesmo regime jurídico. Também é insuficiente, segundo ele, o *critério negativo*. Dizer que função administrativa é tudo o que não for legislação ou jurisdição deixa grande margem de dúvidas, pois não raramente existem atos que não são facil-

Ao cabo de longas considerações, Gordillo define função administrativa como aquela que compreende: (i) toda a atividade que realizam os órgãos administrativos; (ii) toda a atividade do órgão Legislativo, excluída a "função legislativa" (em sentido material e orgânico); e (iii) toda a atividade do órgão jurisdicional, excluída a "função jurisdicional" (em sentido material e orgânico). Em outras palavras, seria função administrativa toda a atividade realizada pelos órgãos administrativos, somada à atividade realizada pelos órgãos legislativos e judiciais, excluindo-se, respectivamente, os atos destes que sejam materialmente legislativos e judiciais.

mente excluíveis das noções de jurisdição e legislação, gerando incerteza na delimitação da abrangência do conceito de função administrativa. O *critério material*, também não se apresenta suficiente. Dizer que função administrativa é a atividade que busca concretizar o interesse coletivo, o interesse público, por meio de atos concretos diretos e imediatos também não resolve, pois o poder regulamentar não se encaixa nela, muito embora, na concepção do autor, seja tipicamente exercício de função administrativa. Sugere, então, que se procure um *critério misto*, pois só assim ele será cientificamente útil, ainda que menos elegante (é interessante ressaltar a constante preocupação deste doutrinador com a relevância operativa da ciência (lembre-se da lição de Alf Ross, *Sobre el Derecho y la Justicia*, p. 310, com a utilidade da classificação científica). Como proposta metodológica, o autor sugere que se adote uma *fusão dos critérios* orgânico e material, passando a tentar aplicá-los a diversas funções do Estado, a começar pela legislativa. Sob o prisma do regime jurídico aplicável, constata que o regime jurídico legislativo só se aplica a atos *materialmente* legislativos e *organicamente* emanados do ente legislativo. Define, então, função legislativa como sendo a edição de normas jurídicas gerais feita pelo Congresso, onde estão presentes os dois critérios, orgânico e material. Passa, em seguida, à análise da função jurisdicional, afirmando que o regime jurídico próprio da função jurisdicional (decisão definitiva, produzida por entidade imparcial e independente) não se aplica aos atos dos chamados Poderes Executivo e Legislativo, pois eles não são imparciais e independentes. Afirma que só temos jurisdição do ponto de vista jurídico se conseguirmos reunir os dois critérios: (i) material — solução definitiva de conflito; e (ii) orgânico — feita pelo órgão independente e imparcial autorizado a tanto. E define função jurisdicional como sendo a de decidir com força de verdade legal controvérsias, desempenhada por órgão imparcial e independente (na qual, novamente, estão presentes os dois critérios: material e orgânico). Já no que diz respeito à função administrativa, explica que, na procura de sua delimitação, devemos abandonar o critério misto

Celso Antônio Bandeira de Mello[36] ressalta o caráter indissociavelmente subordinado do próprio termo "função", o que ajuda a alocar, com adequação, a função administrativa no sistema constitucional brasileiro.

(orgânico-material) útil e bastante para a caracterização das outras funções do Estado. A conclusão de que ele (critério misto) não resolve a questão advém da constatação de que há atos praticados pelo Judiciário e pelo Legislativo sob regime jurídico administrativo. Propõe, então, a utilização do critério de exclusão, segundo o qual função administrativa é composta por todos os atos praticados pelo Judiciário e pelo Legislativo, que não sejam "função judicial" e "função legislativa" (por não preencherem o quesito material do critério misto orgânico-material), acrescidos dos atos praticados pelo Executivo (que não preenchem o quesito orgânico do critério misto orgânico-material).

36. É a seguinte sua lição: "*Onde há função*, pelo contrário, *não há autonomia* da vontade, nem a liberdade em que se expressa, nem a autodeterminação da finalidade a ser buscada, nem a procura de interesses próprios, pessoais. Há adscrição a uma finalidade previamente estabelecida e, no caso de função pública, *há submissão da vontade ao escopo pré-traçado na Constituição ou na lei* e há o dever de bem curar um interesse alheio que, no caso, é o interesse público; vale dizer, da coletividade como um todo e não da entidade governamental em si mesma considerada. Aliás, exatamente porque são discerníveis o interesse público e o interesse meramente das pessoas estatais (ora coincidentes, ora antagônicos), os autores italianos fazem acepção entre interesse público propriamente dito, também denominado interesse primário, e interesse secundário" (g.n.). (...) "Com efeito, por exercerem função, os sujeitos de Administração Pública têm que buscar o atendimento do interesse alheio, qual seja, o da coletividade, e não o interesse de seu próprio organismo, *qua tale* considerado e muito menos o dos agentes estatais. Visto que na idéia de função o dever é que é predominante; visto que o poder a ela ligado cumpre papel *instrumental, ancilar*, percebe-se também que os "poderes" administrativos, em cada caso, não têm por que comparecer além da medida necessária para o suprimento da finalidade que os justifica". (...) "Em suma: os 'poderes' administrativos — na realidade deveres-poderes — só existirão e portanto só poderão ser validamente exercidos na extensão e intensidade *proporcionais* ao que seja irrecusavelmente requerido para o atendimento do escopo legal a que estão vinculados. Todo excesso, em qualquer sentido, é extravasamento de sua configuração jurídica. É, a final, extralimitação da competência (nome que se dá, na esfera pública, aos 'poderes' de quem titulariza função). É abuso, ou seja, uso além do permitido, e como tal, comportamento inválido que o Judiciário deve fulminar a requerimento do interessado" (*Curso de Direito Administrativo*, pp. 55-56).

Lucia Valle Figueiredo[37] oferece a sua definição, que adotamos, nos seguintes termos: "A função administrativa consiste no dever de o Estado, ou de quem aja em seu nome, dar cumprimento fiel, no caso concreto, aos comandos normativos, de maneira geral ou individual, sob o regime prevalente de direito público, por meio de atos e comportamentos controláveis internamente, bem como externamente pelo Legislativo (com o auxílio dos Tribunais de Contas), atos, estes, revisíveis pelo Judiciário".

No que diz respeito ao tema aqui abordado, importa recolocar claramente que não há estudo sério que não submeta rigidamente a função administrativa ao quanto disposto *em lei*. A administração pública, nos termos da lei, cuida do que não é seu; não tem vontade própria, senão aquela contida em lei. A administração pública aplica a lei de ofício; não inova inauguralmente a ordem jurídica; implementa, dá praticidade, esclarece comando legal prévio. Está, enfim, para usar a figura de linguagem proposta por Otto Mayer, *debaixo da lei*. E não há matéria na qual esta singela premissa é tão esquecida quanto na tributária em geral, e acerca do imposto sobre a renda em particular. Retomemos a questão no contexto da administração tributária.

3.2.3.2 No Direito Positivo brasileiro, à luz das implicações do sistema

Em matéria tributária, os órgãos administrativos têm, em geral, atribuições de fiscalizar e controlar o cumprimento das normas tributárias (confira-se, a propósito, exemplificativamente, o art. 194 do código tributário nacional). Fiscalizar e controlar; só isso, e nada além disso. Daí o despropósito de qualquer pretensão de inferir que "fiscalizar e controlar" implicam dar ao Executivo competência para legislar. O que o sistema normativo prescreve é, simplesmente, que *fiscalizar* e *controlar* sejam atividades de órgão do Poder Executivo. Vejamos o que significam esses termos.

Fiscalizar é típica atividade de averiguar se certas situações, fatos ou comportamentos estão conformes a um padrão. A Cons-

37. *Curso de Direito Administrativo*, p. 33.

tituição emprega o termo diversas vezes: arts. 21, VI e VIII; 23, XI; 29, XI; 31; 49, X; 70; 71, V e VI; 140; 163, V; 197 e 200, V e VII. Basta correr os olhos sobre estes dispositivos para ver que o significado jurídico do termo, em todas essas menções, é nuclearmente igual e, invariavelmente, (a) significa confrontar situações concretas com normas e (b) põe o sujeito ativo como aplicador da lei e jamais como formulador da regra. Portanto, lógica e cronologicamente, o ato de fiscalizar pressupõe norma posta à qual o ato fiscalizado será confrontado.

Ademais, não há no sistema constitucional brasileiro nenhum caso de um órgão ser fiscal e, ao mesmo tempo, ser o elaborador das regras que aplica (salvo no que pertine a regras não inaugurais, meramente regulamentares).[38]

O mesmo se dá com a expressão "controle". A palavra deriva-se de *contra-rol*. Indica o confronto entre um rol e uma situação de fato, para averiguar da adequação desta ao critério normativo em que o rol se consubstancia. Controlar é, também, verificar a

---

38. De Plácido e Silva escreveu: "*Fiscal*. Derivado do latim *fiscalis*, de *fiscus*, é vocábulo que nos vem do Direito Romano com a significação de *relativo ao fisco* ou *ligado ao fisco*, em que continua a ser tido, tomado adjetivamente. Como substantivo, designa a pessoa a quem se comete a função ou atribuição de *vigiar* ou *zelar* o cumprimento ou a execução de certas leis, preceitos ou regulamentos de ordem fiscal ou tributária, ou para *empenhar-se* pelo cumprimento de regras jurídicas e disciplinares, em certos estabelecimentos públicos ou particulares e para manter a regularidade na exação de certos atos de negócios, que devem ser executados ou praticados por outrem. O *fiscal*, em quaisquer desses sentidos, é um *fiel vigilante* da regular execução dos atos ou negócios que devam ser praticados por outras pessoas, em obediência às regras legais ou aos deveres que lhes cabem no desempenho de certos misteres. Do vocábulo, formam-se o verbo *fiscalizar*, com o sentido de *examinar*, *vigiar*, *controlar* negócios ou atos de outrem ou o cumprimento de leis, regulamentos ou obrigações, que devem ser observados, e *fiscalização*, que mostra o cargo ou função de fiscal" (v. II, p. 703). (...) "*Fiscalização*. Derivado de *fiscalizar*, serve para designar o cargo ou função de *fiscal*, ou seja, a *inspeção* a que, em caráter permanente, se submetem certos negócios ou operações, realizadas ou promovidas por determinados estabelecimentos civis ou comerciais. Em sentido genérico, pois, *fiscalização* quer significar toda *vigilância* e *controle* acerca de determinados fatos administrativos, designando, ao mesmo tempo, o próprio *órgão colegial* ou o *aparelhamento administrativo* a quem são atribuídas as funções ou os encargos de fiscalizar" (*Vocabulário Jurídico*, v. II, p. 703).

conformidade de uma situação com um critério normativo anterior. A Constituição emprega o vocábulo em inúmeras passagens (três vezes em conjunto com fiscalizar, como nos preceitos dos arts. 49, X, 197 e 200, VII), a saber: arts. 21, XI; 22, XXVII; 31, § 1º; 49, X; 71, *caput*; 74, *caput* e incisos III e IV; 129, VII; 197; 200, VII, e 225, V. Em todos os casos, o controlador[39] contrasta fatos ou comportamentos com padrão normativamente estabelecido. Em nenhum caso esse padrão é estabelecido inauguralmente pelo próprio controlador. Só o que este pode, quando pertinente, é regulamentar normas legais.

É útil observar que, se se quiser reunir as abundantes normas constitucionais concernentes às relações funcionais entre os Poderes Executivo e Legislativo, de um lado, e o Judiciário, de outro, dever-se-á empregar o termo "controle", posto que a função predominante e precípua do Judiciário é "controlar" (a) a constitucionalidade das leis e (b) a legalidade dos atos administrativos. Essa observação auxilia a compreensão do sentido que o texto constitucional dispensa ao termo "controle" (aferição da compatibilidade de conduta com regra posta).

Seabra Fagundes[40] que estudou exaustivamente a questão, demonstrou que o Judiciário *controla* o Estado obrigando o Legislativo a conformar-se à Constituição e o Executivo à lei. Ensina o mestre: "Onde existe um direito subjetivo (nas hipóteses figuradas, o direito à igualdade), há de existir, indispensavelmente, a possibilidade da afirmação da sua sobrevivência, pela ação auto-

---

39. De Plácido e Silva (idem, ibidem, p. 436) assim se manifesta: "*Controle*. Derivado do francês *controler* (registrar, inspecionar, examinar) ou do italiano *controllo* (registro, exame), admitiu-se o vocábulo na técnica comercial para indicar a *inspeção* ou *exame*, que se processa nos papéis ou nas operações, registradas a cada instante, nos estabelecimentos comerciais. Significa, assim, a *fiscalização organizada* dentro do próprio estabelecimento para *controlar* todos os negócios que se vão realizando, seja por meio das conferências imediatas, seja por meio de registros especiais, que vão anotando tudo o que se vai fazendo. Também se aplica o vocábulo para indicar a *fiscalização geral* e periódica, promovida na escrita ou contabilidade de um estabelecimento, por meio de técnicos ou contadores vindos de fora, a pedido do próprio comerciante, ou por imposição de seus credores ou banqueiros. Extensivamente, diz-se que tal estabelecimento está sob *controle* de determinada organização de técnicos ou contabilistas".

40. *O Controle dos Atos Administrativos pelo Poder Judiciário*, p. 209.

coercitiva do próprio Estado. E em nosso regime constitucional é ao Poder Judiciário que se confia a tarefa de, conclusivamente, protegê-lo. O controle jurisdicional, instrumento da atuação dos direitos públicos subjetivos, surge dentro do nosso sistema político, como corolário da própria existência desses direitos".

Observe-se, todavia, que, no sistema constitucional brasileiro, nem mesmo ao supremo controlador — o Judiciário — foi dado o poder de formular as regras que servem de base e padrão à sua função — controladora —, especialmente em matéria tributária.

3.2.4 Exceções à legalidade

Há exceções à legalidade, é verdade; mas esses casos de exceção são poucos, circunscritos e excepcionais, e só existem quando expressamente autorizados pelo próprio texto constitucional. A regra geral é que não há — salvo explícita norma constitucional excepcionadora — matéria que possa escapar de disciplina estabelecida mediante *lei*.

São as seguintes as exceções abertas pela Constituição à legalidade: (i) o *caput* do art. 48 prevê que não serão objeto de lei as matérias de competência exclusiva do Congresso listadas no art. 49; da Câmara relacionadas no art. 51; e do Senado conforme art. 52, cujos veículos normativos são os decretos legislativos e as resoluções (art. 59, VI e VII); (ii) a medida provisória, que tem força de lei (art. 62), mas que perde a eficácia se não convertida em lei em trinta dias (parágrafo único), só podendo ser editada em caso de urgência e relevância; e (iii) a lei delegada, que, todavia, depende de resolução do Congresso (art. 68 e § 2°), que lhe fixará o "conteúdo e os termos do seu exercício".

A referência a estas exceções completa o quadro de normas infraconstitucionais criadoras, modificadoras e extintivas de direito, possíveis no sistema brasileiro.

3.2.5 Função regulamentar e inovação da ordem jurídica

O sistema constitucional positivo brasileiro posto é claro e peremptório: no exercício da função regulamentar, o Executivo não pode inovar de forma inaugural a ordem jurídica. Atua no plano infralegal. Não tem nenhuma competência para criar, modificar ou extinguir direitos. Sua contribuição para a ordem jurídica esgota-se na participação de seu órgão de cúpula (o Chefe do Executivo) na elaboração legislativa (sanção ou veto) e no exercício da função regulamentar, e dos ministros de Estado, seus auxiliares (art. 76 da Constituição).

Dispõe o art. 84 da Constituição: "Compete privativamente ao Presidente da República: (...) IV — expedir decretos e regulamentos para sua fiel execução; (...)". A função regulamentar, no Brasil, à luz da Constituição de 1988, não só é subordinada à lei, como é condicionada à própria existência da lei. Se não há lei, não há função regulamentar. O Executivo não pode — por nenhum de seus órgãos — expedir regulamentos sem lei que o requeira ou enseje. A função regulamentar não é autônoma. Só tem lugar seu exercício válido diante de lei, após a lei e para a fiel execução da lei.

O inolvidável mestre Geraldo Ataliba[41] escreveu sobre o assunto, nos seguintes termos: "Não tolera a nossa Constituição, em princípio, que o Executivo exerça nenhum tipo de competência normativa inaugural, nem mesmo em matéria administrativa. Essa seara foi categoricamente reservada aos órgãos da representação popular. E a sistemática é cerrada, inflexível. Se a tal conclusão não for levado o intérprete, pela leitura das disposições que delineiam a competência regulamentar, certamente esbarrará no princípio da legalidade, tal como formulado: ninguém, nenhuma pessoa, nenhum sujeito de direito poderá ser constrangido por norma que não emane do legislador" (p. 106). (...) "Os atos do executivo (com a estrita exceção do decreto-lei e da lei delegada) não obrigam senão aos subordinados hierárquicos da autoridade que os emanou. Tal sistema completa a tripartição do Poder e fixa os confins — para reforçá-la — de sua eficácia, precisamente porque sublinha e reforça a legalidade, no sentido de legalitariedade, tal como exposta por Pontes de Miranda. O último *desideratum* do constituinte, nesse passo, foi o de assegurar a liberdade, pondo-a a salvo, fora do alcance do Executivo. Assim, as diversas projeções da liberdade jurídica — tal como omnimodamente garantida pela Constituição — ficam resguardadas contra os atos admi-

---

41. *República e Constituição*.

nistrativos, que se hão de limitar à fiel, estrita, rigorosa e exata aplicação da lei" (pp. 106-107). (...) "A redação dada — consoante com a tradição do nosso direito constitucional — patenteia, evidencia e explicita a visceral subordinação do regulamento à lei. Por isso assinalou Celso Antônio Bandeira de Mello: 'Seu objetivo precípuo — conatural às conquistas políticas que se substanciam no Estado moderno — é precisamente o de impedir que o Executivo possa estabelecer, por ato seu, restrições à liberdade e à propriedade dos indivíduos' (*RDP* 53-54/44)" (p. 108).

Contêm o âmbito dos atos do Poder Executivo nos mesmos parâmetros Oswaldo Aranha Bandeira de Mello,[42] Carlos M. Velloso,[43]

42. "Por conseguinte, a novidade é uma propriedade da lei. Mas, não é a única. Além dela e antes dela está a generalidade. Essa orientação é defendida por Seabra Fagundes (cf. *O Controle dos Atos Administrativos pelo Poder Judiciário*, pp. 33-34, n. 9, 3ª ed., Forense, 1957), ao considerar como características da lei a generalidade e a modificação da ordem jurídica preexistente" (p. 220). (...) "Mas, ainda essa característica não basta para distinguir a lei do regulamento, pois este também pode inovar na ordem jurídica. Ocorre, entretanto, uma diferença: *a inovação deste sempre cumpre ser nos termos da lei*. Conseqüentemente, *a inovação legal, ao contrário da regulamentar, é original, primária, absoluta*. Destarte, pode-se concluir que para o direito *a lei é a regra coercitiva, geral, abstrata e impessoal, que inova, originariamente na ordem jurídica*" (g.n.) (p. 220). (...) "Em conseqüência, *não cabe aos regulamentos*, por iniciativa própria e sem texto legal, prescrever penas, seja qual for a espécie; *estabelecer restrições à igualdade, à liberdade* e à propriedade ou alterações ao estado das pessoas" (g.n.) (p. 319). (...) "Quando as atribuições conferidas ao Executivo deixam a ele discrição para praticá-las segundo a conveniência e oportunidade públicas, cabe-lhe autolimitar-se, mediante regulamento, condicionado o exercício dessa discrição administrativa, por parte dos seus órgãos, traçando comportas aos agentes públicos" (p. 319) (*Princípios Gerais de Direito Administrativo*, v. 1).

43. "O *regulamento é*, pois, de regra, *um ato normativo secundário* geral. Assim o é, no sistema constitucional brasileiro. Por ser secundário, *não pode* o Executivo, ao exercer a função regulamentar, criar direitos ou obrigações novas, ou, numa palavra, inovar na ordem jurídica" (g.n.) (p. 41). (...) "A democracia liberal proclama, como dogma, a separação dos poderes. E porque cabe ao Legislativo, na doutrina de Montesquieu, fazer a lei, o regulamento, ato normativo secundário, obra do Executivo, deve submeter-se à lei" (p. 41). (...) "Relembre-se, em conclusão, que as técnicas de delegação legislativa adotadas pela Constituição brasileira de 1967, com a EC 1, de 1969 — o decreto-lei (CF, art. 55) e a lei delegada (CF, arts. 52 a 54) — não se confundem com o poder regulamentar. Aquela, é atividade legislativa; este, atividade administrativa" (p. 45) ("Do Poder Regulamentar", in *RDP* 65).

Celso Antônio Bandeira de Mello,[44] Ruy Cirne Lima[45] e Roque Carrazza, dentre outros.[46]

Nossa melhor doutrina é sólida a esse respeito. Nessa matéria é fundamental recordar que o recurso à realidade alienígena tem como função essencial enfatizar as peculiaridades do nosso sistema. É que a doutrina estrangeira — que admite a figura do regulamento autônomo — é imprópria, diante da peculiar rigidez da nossa Constituição, nessa matéria. Daí a importância de meditarmos sobre as peculiaridades do sistema constitucional norte-americano (ou francês, e assim por diante) para exaltarmos a rigidez peculiar do regime nacional, na matéria.

44. "Vale dizer, não lhe é possível expedir regulamento, instrução, resolução, portaria ou seja lá que ato for para coartar a liberdade dos administrados, salvo se, *em lei*, já existir delineada a contenção ou imposição que o ato administrativo venha a minudenciar" (g.n.) (p. 59). (...) "Portanto, *a função do ato administrativo só poderia ser a de agregar à lei nível de concreção*; nunca lhe assistirá instaurar originariamente qualquer cerceio a direitos de terceiros" (g.n.) (p. 59). (...) "De acordo com ele, compete ao Presidente da República 'sancionar, promulgar e fazer publicar as leis, bem como expedir *decretos e regulamentos para sua fiel execução*'. Evidencia-se, dessarte, que mesmo os atos mais conspícuos do Chefe do Poder Executivo, isto é, os decretos, inclusive quando expedem *regulamentos*, só podem ser produzidos para ensejar *execução fiel da lei*. Ou seja: *pressupõem sempre uma dada lei* da qual sejam os *fiéis executores*" (g.n.) (p. 60) (*Curso de Direito Administrativo*).
45. "Inoperante *contra legem* ou sequer *praeter legem*, o regulamento administrativo endereçado, como vimos, à generalidade dos cidadãos, *nenhuma importância como direito material possui*" (g.n.) (p. 40) (*Princípios de Direito Administrativo*).
46. "No Brasil, o regulamento deve veicular somente as normas imprescindíveis à execução prática da lei tributária não bastante em si, à qual se refere. Não pode, pois, conter normas inovadoras às albergadas na lei, ainda que esta seja por demais ampla e se limite a enunciar princípios fundamentais. Se o legislador, por ignorância ou açodamento, produzir uma lei tributária incompleta e, por isso mesmo, inaplicável, ele que recomece, o quanto antes, sua tarefa. O que se nos afigura inadmissível é que o Executivo, a pretexto de sanar um erro, cometa, editando um regulamento *praeter legem*, outro muito pior, a dizer, se aposse de funções legislativas que a Constituição não lhe conferiu expressamente. Entre nós, visto está, a faculdade regulamentar sofre ingentes limitações: seu exercício deve ter em conta a lei tributária não auto-aplicável (que viabilizar) e as que regulam matérias análogas. Semelhante ao que se verifica com o ato administrativo *stricto sensu*, nosso ordenamento jurídico exige que *o regulamento se sujeite inteiramente ao*

No Brasil, o decreto obra *sob* a lei; transbordados seus estreitos limites, o Judiciário reconhecerá sua invalidade[47] (podendo, também, ser ele sustado pelo Congresso Nacional, nos termos do art. 49, V, da Constituição Federal).

3.2.5.1 Regulamento autônomo

Nossa Constituição veda a possibilidade de regulamento autônomo. A função regulamentar só se instaura diante da (e após a) lei; existindo única, precisa e exclusivamente para assegurar "sua fiel execução" (art. 84, IV).

Em outros sistemas jurídicos é admitido o regulamento autônomo; no brasileiro, todavia, não. Tudo decorre da lei, nos precisos termos do art. 5°, II, da Constituição, segundo o qual: "ninguém será obrigado a fazer ou deixar de fazer alguma coisa senão em virtude de lei".[48]

---

princípio da relação de administração (Ruy Cirne Lima), sob pena de invalidade" (g.n.) (*Regulamento no Direito Tributário Brasileiro*, p. 131).

47. Sobre a ampla possibilidade de revisão, pelo Judiciário, do conteúdo dos decretos, para verificação de sua conformidade com a Constituição e com a lei, veja-se Hugo de Brito Machado, *Os Princípios Jurídicos da Tributação na Constituição de 1988*, p. 26.

48. Geraldo Ataliba advertiu, severa e sarcasticamente: "Todas as contribuições do direito comparado são inservíveis, porque essa competência, em cada estado, é regulada de um modo; em cada contexto tem uma dimensão. A divulgação inadvertida que aqui se tem feito da doutrina estrangeira só tem contribuído para baralhar os espíritos e fomentar os abusos, excessos e arbitrariedade do Estado" (p. 111). (...) "Só quem haja estudado muito o Direito persa ou paquistanês; só quem se haja embebido embriagadoramente das instituições islâmicas; só quem nunca tenha perpassado os olhos pelas Constituições brasileiras, desde 1824, pode invocar o Corão como regra positiva, entre nós, ou as diretrizes de Alah ou de Maomé, para o exercício das funções políticas, constitucionalmente reguladas. Quem entende possível regulamento autônomo, no Brasil, ignora o nosso Direito Constitucional. Aprendeu Direito estrangeiro e não soube perceber diferenças. Estudou Direito Comparado e não soube digerir as lições. Pontes de Miranda, censurando acremente essa postura tão comum entre nós, escrevia que os autores equilibrados e cultos 'não se deixavam levar pelo primeiro livro francês, que *en passant*, compravam nas livrarias' (*Comentários à Constituição de 1967, com a Emenda 1/69*, t. III, p. 546). Antes já censurara 'juristas brasileiros que mais têm os olhos nos li-

Até mesmo a competência outorgada ao Presidente da República para "dispor sobre a organização e funcionamento da administração federal" (art. 84, VI), será exercida "na forma da lei" (sic) (art. 88).

vros franceses, italianos e argentinos, que lêem, do que no Texto da Constituição Brasileira (...)' (ob. cit., p. 457). (...) São censuras precisas para quem, no Brasil, sustenta a possibilidade de regulamento autônomo (p. 122). (...) Diante de um Texto Constitucional que prescreve que o regulamento só se justifica para a fiel execução das leis (art. 81, III, 2ª parte), mencionar a idéia de regulamento autônomo é gesto de desprezo pela Constituição. Cogitar disso, no Brasil, principalmente de 1891 para cá, é destruir, arrasar, negar a tripartição do poder. É recusar-lhe o reconhecimento de seu cunho de pedra basilar, ou chave de abóboda do sistema. Os regulamentos autônomos (ou independentes) '(...) correspondem ao exercício de prerrogativa de legislar a eles reconhecida, com base no direito constitucional', na autorizada exposição de Oswaldo Aranha Bandeira de Mello (*Princípios Gerais de Direito Administrativo*, Forense, Rio, p. 303), tratando em tese do tema. Só quem desconheça o que significa legislar, só quem ignore que, no Brasil, o Executivo não tem essa faculdade (com as ressalvas dos arts. 52 e 55, que, por excepcionais, confirmam a regra); só quem não faça a mais remota idéia do conceito de Constituição pode ler textos de doutrina estrangeira (especialmente francesa) com a pretensão de expô-la aqui. Na Carta Magna vigente, o princípio da legalidade (art. 153, § 2º) tem 'não apenas o caráter de preceito impositivo mas também o de esteio para a contenção de intemperanças estatais' (Celso Antônio Bandeira de Mello, in *RDP* 53-54/44), as quais o próprio texto não quis deixar para o intérprete deduzir, não! Já deixou, dito de modo explícito no art. 81, III, 2ª parte: 'regulamento para a sua (da lei) fiel execução'. Há diferença entre lei e regulamento, no Brasil. 'A distinção segundo a matéria', diz o citado mestre, 'está em que a lei inova originariamente na ordem jurídica, enquanto o regulamento não a altera' (...) É fonte primária do Direito, ao passo que o regulamento é fonte secundária inferior, segundo Celso Antônio Bandeira de Mello (in *RDP* 53-54/44)". (...) "Entre nós 'evidentemente, o regulamento mais não poderá fazer além de expedir comandos *infra legem*, pois nem *contra*, nem *extra*, nem *praeter*, nem *ultra legem* caber-lhe-á introduzir qualquer determinação. Sobretudo, no Direito brasileiro — ante os preceptivos reiteradamente citados — é evidente tal limitação' (Celso Antônio Bandeira de Mello, in *RDP* 53-54/44). No Brasil, na verdade, os administrados só são obrigados a fazer ou não fazer em virtude de lei (art. 5º, II). E só devem obediência a regulamento que disponha medida tendente a garantir, a assegurar a fiel observância da lei (art. 84, IV). Fiel quer dizer fidedigna, estrita, leal, correta, absoluta. É que '(...) ao Executivo incumbe atuar nos estritos limites da legalidade. É o legislador que fornece as balizas de sua conduta', na lição de Michel Temer ("O veto parcial no sistema constitucional brasileiro", in *Revista da Procuradoria-Geral do Estado de São Paulo*, v. 12). Não bastasse a conatural superioridade hierárquica da lei sobre os

Celso Antônio Bandeira de Mello[49] ensina: "Nos dois versículos mencionados estampa-se, pois, e com inobjetável clareza, que administração é atividade subalterna à lei; que se subjuga inteiramente a ela; que está completamente atrelada à lei; que sua função é tão-só a de fazer cumprir lei preexistente e, pois, que *regulamentos independentes, autônomos ou autorizados são visceralmente incompatíveis com o direito brasileiro*" (g.n.) (p. 60). (...) "É preciso cuidado, pois, para não incidir no equívoco — freqüente entre nós — de falar do direito alienígena, abeberado em doutrinadores europeus, imaginando que as lições neles ensinadas à vista dos respectivos sistemas constitucionais têm aplicação possível em nosso direito e — mencionando-o ou não — transplantar conceitos exógenos que não se afinam com a Lei Magna do País. É o que, lamentavelmente, se passa, *exempli gratia*, quando aqui se faz menção a regulamentos independentes, autônomos ou expedidos para execução de *leis em geral* e não de uma dada e específica lei" (pp. 60-61). (...) "Ali se estatui que o Chefe do Executivo pode 'dispor sobre a organização e o funcionamento dos órgãos da Administração Federal, nos termos da lei'. Além da restrição expressa — 'nos termos da lei' — há de se entender que a disciplina resultante do exercício desta competência não poderá implicar imposição a terceiros de obrigações de fazer ou deixar de fazer, pois a tanto se oporia o art. 5º, II, já mencionado" (p. 60, nota 8). Carlos Mário Velloso,[50] Victor Nunes

---

atos normativos menores, aí está o texto expresso da Constituição, a prescrever que o regulamento só se valida, como meio de assegurar a fiel aplicação da lei (excelente exposição do tema se contém na obra de Roque Carrazza, *O Regulamento no Direito Tributário Brasileiro*, Ed. RT, S. Paulo, 1980) (p. 125)" (p. 122-123) (*República e Constituição*).

49. *Curso de Direito Administrativo*, p. 60 e nota 8.

50. "O sistema constitucional brasileiro desconhece, em verdade, a figura do regulamento autônomo, que a Constituição francesa admite. Fomos buscar, aliás, na Constituição da França de 1958, justamente no regulamento autônomo, inspiração para a instituição, na Constituição brasileira de 1967, do decreto-lei (CF, art. 55). O decreto-lei, todavia, já ficou claro, não se confunde com o decreto regulamentar. No Brasil, o regulamento é simplesmente de execução (CF, art. 81, III)" (p. 46). (...) "Em suma, *o regulamento pressupõe uma lei*, uma lei que comporte regulamentação (...)" (g.n.) (p. 50) ("Do Poder Regulamentar", in *RDP* 65).

Leal[51] e Roque Carrazza[52] seguem a mesma linha de argumentação.

Regulamento não inova; não cria; não modifica; e não extingue direitos. Limita-se o regulamento — no Brasil — a dispor *como* os órgãos do Executivo irão proceder para assegurar a eficácia de leis cuja execução seja de responsabilidade do Presidente (art. 85, VII) e dos Ministros (art. 87, II).

3.2.5.2 Instruções ministeriais

O mesmo — e com muito mais razão — ocorre com as indevidamente chamadas portarias. Nos termos do art. 87, ao auxiliar do Presidente da República — o Ministro — incumbe: "II — expedir *instruções*, para a execução das leis, decretos e regulamentos".

A Constituição batiza os atos conclusivos do julgamento pelos juízes de sentenças; e pelos tribunais, de decisões ou julgados (arts. 95, I, e 100); os atos normativos do Congresso, de leis, decretos legislativos e resoluções (art. 59); os atos do Presidente, de decretos (art. 84); e os atos normativos dos Ministros, de instru-

---

51. "Em primeiro lugar, se a matéria, por força de preceito constitucional, deve ser regulada por lei, o regulamento autônomo não a pode suprir" (p. 85). (...) "Carlos Maximiliano, consubstanciando esses mesmos princípios e observações de outros autores (Esmein, Goodnow, Raciopi, Brunialti, Duguit, Barbalho, Filinto Bastos, Ribas, Rodrigues de Sousa), apresenta o seguinte quadro de limitações do poder regulamentar: 'O seu dever' (do executivo) 'é cumprir, e não fazer a lei. Daí se deduzem, quanto ao poder regulamentar, várias restrições: a) Não cria direitos nem obrigações não estabelecidas implícita ou explicitamente em lei; b) Não amplia, restringe ou modifica direito, nem obrigações. Apenas desenvolve e completa em particularidade as regras estabelecidas pelo Congresso. Se o executivo transgredir qualquer das regras aqui enunciadas, o regulamento não terá força obrigatória e será repelido pelos tribunais'" (*Problemas de Direito Público*, pp. 86-87).

52. "Em doutrina, os regulamentos se classificam em: a) independentes (que alguns juristas chamam de autônomos); b) delegados (também conhecidos como autorizados); c) de necessidade (ou de urgência); e d) executivos (ou de execução). Estes últimos são os únicos que podem vicejar à sombra de nosso Código Máximo. (...) De se remarcar que os regulamentos independentes, posto sejam muito difundidos na Europa, sobretudo em França, não existem no Brasil" (*O Regulamento no Direito Tributário Brasileiro*, pp. 11 e 12).

ções (art. 87, II). As advertências de Víctor Nunes Leal,[53] bem demonstram a inafastabilidade de um mínimo de formalismo, como condição de segurança jurídica, ao estudar as diferenças nominais e, sobretudo, conceituais entre decreto-lei e decreto, para mostrar os desdobramentos disso em termos de conseqüências jurídicas. Daí a necessidade de referir-se ao ato normativo dos ministros como "instruções", e não como "portarias".

Portaria é determinação que se dá ao porteiro, na feliz e sarcástica lembrança de Pontes de Miranda:[54] "Não se falou de instruções, nem de avisos, nem de portarias. Com as instruções só se pode instruir. Com os avisos só se pode avisar. A portaria lembra a ordem ou mando ao porteiro, ou aos porteiros". E uma determinação ao porteiro nada tem que ver com a função regulamentar que a Constituição reserva ao Ministro de Estado (art. 87, II), para "execução das leis, decretos e regulamentos".

A exemplo do que ocorre com o regulamento, e pelas mesmas razões, a instrução ministerial não inova a ordem jurídica.[55] O regime das instruções ministeriais é igual ao dos decretos regu-

53. *Problemas de Direito Público*, pp. 57 e ss.
54. *Comentários à Constituição de 1967*, v. V, p. 3.
55. Ruy Cirne Lima a ela se refere nos seguintes termos: "*Instruções*. Clássica é a definição delas enunciada pelo Conselheiro Ribas: — 'são regras dadas à autoridade pública, prescrevendo-lhes o modo por que devem organizar e pôr em andamento certos serviços, e quase sempre se referem aos que são de novo criados ou reformados e vão começar a funcionar'. Na igualmente conhecida definição de Pimenta Bueno, se ajunta mais um traço ao conceito de instruções: — 'são atos ministeriais'. Atos ministeriais expedidos 'para boa execução das leis, decretos e regulamentos', eis o que são as instruções, segundo a tradição jurídica e o direito vigente (Constituição Federal de 1946, art. 91, II)" (p. 41) (*Princípios de Direito Administrativo*). San Tiago Dantas escreve: "A portaria é ordem de administrador a administrador ou funcionário. Não cria nem tolhe direitos de terceiros; não pode impor deveres jurídicos a particulares" (p. 230) ("Normas de Direito Singular e sua Revogação. Lei e Regulamento", in *Problemas de Direito Positivo*). E invoca Orozimbo Nonato, que disse, as portarias: "(...) apenas se dirigem aos funcionários administrativos, traçando-lhes esclarecimentos e orientações". Daí concluir o lúcido San Tiago Dantas, que portaria: "(...) não pode impor a terceiros deveres e obrigações" (p. 231). Alberto Xavier leciona: "(...) princípio da legalidade em sentido restrito, fórmula positiva, ou regra da compatibilidade, surgiu originariamente com o sentido de que cada ato concreto

lamentares, com a diferença de que — quando eles existem — é a eles subordinado; seu alcance é limitado à área de competência do Ministro (art. 87, I); não têm força inovadora; não criam; não modificam; e não extinguem direitos. Logo, também, não obrigam os cidadãos, mas só os subordinados hierárquicos do Ministro.

Explicita Oswaldo Aranha Bandeira de Mello:[56] "Distinguem-se dos regulamentos porque, enquanto estes ligam à observância das suas previsões não só órgãos da Administração Pública como os cidadãos em geral, isto é, os administrados, aquelas [as portarias] prendem nos seus comandos tão-somente os órgãos da Administração Pública" (p. 324). Será nula, portanto, qualquer instrução que pretenda ser inaugural, característica que a Constituição reserva à lei. E tudo que aqui se diz das instruções ministeriais é aplicável — ainda com maior intensidade — a todo e qualquer ato de qualquer outro agente público, tais como as instruções normativas, os pareceres normativos, os atos declaratórios, os comunicados etc. Sustentar o contrário resulta no que Tércio Sampaio

da administração que intervém na liberdade ou propriedade do cidadão — a chamada *Freiheit-und-Eigentum Klause* — carece de autorização de uma lei material (...)" (p. 14) (*Os Princípios da Legalidade e da Tipicidade da Tributação*), que Xavier entende dever ser contida, no Brasil, em lei formal (ob. cit. p. 17). E prossegue: "O princípio da reserva de lei, na acepção mais ampla que comporta, exprime — já o vimos — a necessidade de que toda a conduta da Administração tenha o seu fundamento positivo na lei, ou, por outras palavras, que *a lei seja o pressuposto necessário e indispensável de toda a atividade administrativa*" (g.n.) (p. 17). "Todavia, em matéria de *limitações à liberdade, a reserva de lei do Direito brasileiro é mais apertada* do que a que vigora em muitos outros ordenamentos" (g.n.) (p. 30). "Tais atos são, porém, privativos do Chefe do Executivo, única autoridade para editar atos 'com eficácia externa', não detendo entre nós os Ministros poder regulamentar. *As instruções,* essas sim, *não vinculam os particulares* nem o Poder Judiciário pois *são,* na feliz expressão de Hely Lopes Meirelles, *'atos ordinatórios' dos Ministros* individualmente considerados — que, tendo por fundamento o poder hierárquico *'só atuam no âmbito interno das repartições* e só alcançam os servidores hierárquicos à chefia que os expediu. Não obrigam aos particulares, nem aos funcionários subordinados a outras chefias. São atos inferiores à lei, ao decreto, ao regulamento e ao regimento. Não criam, normalmente, direitos ou obrigações para os administradores, mas geram deveres e prerrogativas para os agentes administrativos a que se dirigem" (g.n.) (pp. 33 e 34).
56. *Princípios Gerais de Direito Administrativo*, v. 1.

Ferraz Jr.[57] denominou de "implosão" da estrutura hierárquica das fontes do direito, estrutura esta expressamente adotada pelo sistema constitucional brasileiro.

3.2.5.3 Interesse fazendário

É oportuno aproveitar o ensejo para dissipar um equivocado pressuposto, fartamente invocado quando ocorrem abusos de autoridade. Trata-se da confusão entre interesse público e interesse fazendário. Perante o texto constitucional, o interesse fazendário é subordinado e inferior ao interesse público.

Doutrinariamente, esse necessário discernimento foi feito por Celso Antônio Bandeira de Mello,[58] que propôs distinção entre interesse público primário e secundário: "Interesse público ou primário é o pertinente à sociedade como um todo e só ele pode ser validamente objetivo, pois este é o interesse que a *lei* consagra e entrega à compita do Estado como representante do corpo social. Interesse secundário é aquele que atina tão-só ao aparelho estatal enquanto entidade personalizada e que por isso mesmo pode lhe ser referido e nele encarnar-se pelo simples fato de ser pessoa". (...) "Para exemplificar o importante discrímen entre um e outro, comparem-se as seguintes hipóteses. Se o Estado causar danos a terceiros e indenizá-los das lesões infligidas estará revelando-se obsequioso ao *interesse público*, pois é isto o que determina o art. 37, § 6º, da Constituição. Se tentar evadir-se a este dever de inde-

---

57. "Na verdade, o advento e o crescimento do Estado-gestor tornou muito mais complexa a legislação como fonte do direito. Se no início ela pôde se restringir à produção de leis, hoje abarca um rol enorme de atos, como resoluções, regimentos, instruções normativas, circulares, ordens de serviço etc. que, em tese (liberal) deveriam estar subordinadas às leis enquanto expressão da vontade do povo, mas que, na prática, implodem a chamada estrutura hierárquica das fontes", in *Introdução ao Estudo do Direito*, p. 212. E note-se que essa observação teórica deve ser conjugada à opção "liberal" expressamente adotada pelo sistema constitucional positivo brasileiro, de forma tal que, se no plano teórico é possível existir espaço para a discussão do assunto, no plano do direito positivo brasileiro o mesmo não se dá; a Constituição tratou de exercer sua opção soberana pela tese "liberal" a que se refere o Professor Ferraz.

58. *Curso de Direito Administrativo*, pp. 55-56.

nizar (mesmo consciente de haver produzido os danos) estará *contrariando o interesse público*, no afã de buscar um interesse secundário, concernente apenas ao aparelho estatal: interesse de subtrair-se a despesas (conquanto devidas) para permanecer mais 'rico', menos onerado patrimonialmente, lançando, dessarte, sobre ombros alheios os ônus que o Direito pretende sejam suportados por todos. Tal conduta não é de interesse público, pois interesses secundários só podem ser satisfeitos quando coincidirem com interesses primários".

Daí o afirmar-se que o mero interesse arrecadatório, como interesse secundário, não pode sobrepor-se à legalidade, à isonomia e aos direitos individuais.[59] E nenhuma justificativa do plano extrajurídico — tão em voga nestes tempos de crise fiscal do Estado, conforme preambularmente salientado — poderá servir de fundamento válido para a subversão dos princípios mais básicos do sistema constitucional brasileiro, iluminados todos eles pelo princípio da legalidade.[60]

59. José Juan Ferreiro Lapatza confere, didaticamente, a noção de fazenda pública nos seguintes termos: "Tal actividad se caracteriza por el sujeto que la realiza (el Estado y demás entes públicos); por el objeto sobre el que recae (los ingresos y gastos públicos o, si se quiere, los medios dinerários en que éstes se materializam) y por su carácter instrumental. La actividad financiera no constituye, en efecto, un fin en sí misma" (p. 17). (...) "En sentido subjetivo hace referencia a Estado y los demás entes públicos en cuanto desarrollan la actividad financiera. A los sujetos de la actividad financiera. La Hacienda pública, en este sentido, es el Estado y los demás entes públicos en cuanto obtienen ingresos y realizan gastos". (...) "En sentido objetivo la expresión Hacienda pública se refiere a la actividad financiera en sí misma considerada. La Hacienda pública se identifica en este sentido con la actividad de los entes públicos dirigida a obtener ingresos y a realizar gastos". (...) "También en sentido objetivo, estático y patrimonial, la expresión Hacienda pública puede y suele referirse al conjunto de bienes, derechos y obligaciones de titularidad estatal. Se alude así a la Hacienda del Estado del mismo modo en que vulgarmente se habla de la 'hacienda' de um particular" (p. 18) (*Curso de Derecho Financiero Español*).

60. Veja-se Xavier, cogitando das razões pelas quais talvez fosse desejável alargar o campo de atuação dos agentes do Executivo: "Com efeito, num sistema econômico que tenha como princípios ordenadores a livre iniciativa, a concorrência e a propriedade privada torna-se indispensável eliminar, no maior grau possível, todos os fatores que possam traduzir-se em incertezas econômicas suscetíveis de prejudicar a expansão livre da empresa, de-

Nesse sentido é a lição de Pontes de Miranda,[61] para quem, qualquer que seja a justificativa[62] que se adote para a ação do Executivo: "Onde estabelecem, alteram ou extinguem direitos, não há regulamentos, há abusos do poder regulamentar, invasão de competência do Poder Legislativo" (p. 62). Não se pode invocar interesse fazendário, predominância do interesse público, ou seja lá o nome que se queira dar, para justificar qualquer iniciativa, assim no plano normativo como no plano de atuação direta e concreta, que não se contenha estritamente dentro das bitolas rigidamente fixadas pelo texto constitucional brasileiro.

signadamente a insegurança jurídica. E isto era o que inevitavelmente sucederia se ao domínio claro da lei se sucedesse o 'voluntarismo' da Administração". (...)"Ora, os referidos objetivos de política econômica requereriam que os responsáveis pela sua consecução tivessem ampla liberdade de movimentos, que lhes permitisse adaptarem-se às contínuas alterações que sofrem os mercados. A agilidade e a comodidade na manipulação dos instrumentos jurídicos da política econômica (...) dificilmente se harmonizaria com a sua rígida previsão em diplomas dotados de força de lei e que (...) retiram à Administração a flexibilidade imposta pelas rápidas variações da conjuntura. Uma ampla margem de livre apreciação e decisão, ou seja, um alargamento dos poderes discricionários em matéria fiscal, seria assim exigido pelos princípios em que assentam a *fiscal policy* e as 'finanças funcionais': sacrifica-se, certo, a segurança jurídica e a certeza do direito, mas obter-se-iam, em contrapartida, resultados como o acréscimo do rendimento nacional, o pleno emprego e a estabilização das flutuações econômicas — que compensam largamente tal sacrifício" (*Os Princípios da Legalidade e da Tipicidade da Tributação*, pp. 50 e 51).

61. "Pesos e medidas e invólucros e envoltórios. Pressupostos de índole constitucional para legislação ordinária sobre o assunto", in *RT* 356.

62. A propósito, é esclarecedora, também, a lição de Cleide Previtalli Cais: "As garantias constitucionais, refletindo em matéria processual, visam limitar o exercício do poder de tributar à lei e à Constituição. O interesse público deve regular a atividade tributante, se de um lado tem notável relevância, não chega e nem pode chegar, como afirma Arruda Alvim por definição e por natureza, num Estado-de-Direito, ao ponto de lesar direitos subjetivos, dos particulares. *Predominância de interesse público não é lesão de direitos*. Se é verdade que a nossa civilização ocidental anseia por uma maior concretização dos ideais de Justiça, na ordem social, com os olhos voltados para o futuro, de outra parte, todavia, não se pode esquecer do passado, cujas lutas resultam nos princípios cristalizados no presente, conquistas essas que se constituem, hoje, patrimônio comum e inalienável de nossa civilização" (*O Processo Tributário*, p. 90).

Oportuna a advertência de Pontes de Miranda:[63] "Um dos maiores males do nosso tempo é a pressa, a adesão de última hora, com que os espíritos reacionários se açodam, e a sem-cerimônia, com que a meia ciência jurídica, em vez de enfrentar e resolver, tecnicamente, os problemas, dinamita conceitos e princípios jurídicos, alguns fundamentais — sem perceberem que o seu terror pânico e a sua mediocridade científica estão a destruir construção de vinte e tantos séculos de civilização".

Daí a fundamental importância de compreensão e domínio da sistemática constitucional tributária, que contém e amarra (i) o legislador ordinário — a materialidades postas (ou pressupostas), sujeições passivas e bases de cálculo pressupostas — e (ii) o Executivo — ao fiel cumprimento da lei e à prática de atos administrativos vinculados. É que não há nenhum interesse maior, mais supremo, do que o respeito às exigências sistemáticas da ordem constitucional.

3.2.6 Princípios da legalidade e tipicidade em matéria tributária

No Brasil vigoram os princípios constitucionais da legalidade e da tipicidade da tributação. O art. 5° da Constituição Federal, tratando dos direitos e garantias individuais, dispõe que: "Ninguém será obrigado a fazer ou deixar de fazer alguma coisa senão em virtude de lei".

Atento à importância do princípio da legalidade, o legislador constituinte ainda fez questão de enfatizá-lo no art. 150, que dispõe: "Sem prejuízo de outras garantias asseguradas ao contribuinte, é vedado à União, aos Estados, ao Distrito Federal e aos Municípios: I — Exigir ou aumentar tributo sem lei que o estabeleça". Explicitando a disposição constitucional, o código tributário nacional, no art. 97, esclarece que: "Somente a lei pode estabelecer: I — a instituição de tributos ou a sua extinção (...); III — a definição do fato gerador da obrigação principal (...) e do seu sujeito passivo; IV — a fixação de alíquota do tributo e da sua base de cálculo (...)".

Vemos, pois, que a criação, e, portanto, a cobrança de tributo, deve *sempre* estar *calcada em lei*. Por outro lado, a lei em questão

---

63. *Tratado de Direito Privado*, v. III, p. 451.

deve tipificar *taxativamente* o tributo criado, vale dizer, deve descrever a materialidade da sua hipótese de incidência, a definição do sujeito passivo, a fixação de sua alíquota e base de cálculo etc. Isso significa que, para que se possa falar em tributação, no Brasil, é necessária a presença desses dois requisitos inafastáveis, quais sejam, a legalidade e a tipicidade tributárias.

Daí porque, como veremos a seu tempo, a fiscalização só pode reclamar tributo criado por lei que contenha todos os seus elementos essenciais, devendo procurar nesta mesma lei a medida e o alcance de sua pretensão arrecadatória.

Adverte A. R. Sampaio Dória:[64] "O princípio da legalidade dos tributos, inscrito pela primeira vez na Magna Carta inglesa de 1215, é postulado cardeal dos sistemas fiscais modernos, e já hoje não se poderia negar o caráter jurídico da norma tributária, pela objetividade que ganhou com a supressão do arbítrio real, e sua substituição por um Poder Executivo balizado pela lei".

Oportuna, também, pela extraordinária autoridade, a citação de Renato Alessi:[65] "Le Costituzioni moderne contegono di solito la ennunciazione di principi fondamentali in materia de imposizione tributaria, diretti alla salvaguardia dei cittadini: non foss'altro che il fondamentale principio della riserva di legge formale in materia tributaria, conquista e reazione contro la possibilità di una inposizione libera al arbitrio dell'Esecutivo, caratteristica di pregresse forme di Governo".

Albert Hensel[66] ensinou: "In ogni collettività ordinata 'come Stato di diritto' esso viene integrato col 'seguente principio giuridico fondamentale: ogni prelevamento d'imposta può essere effecttuato soltanto in base ad una legge'. (...) il legislatore deve giudicare quali fatti della vita siano passibile d'imposta e deve esprimere la sua voluntà d'imposizione attraverso la 'creazione di norme'. Un sistema tributario ordinato sul concetto dello stato di dirritto, dovrebbe realizzare in modo assoluto e da ogni punto di vista il principio: 'nessuna imposizione senza legge', ove si

---

64. *Princípios Constitucionais Tributários e a Cláusula "Due Process of Law"*, p. 12.
65. *Istituzioni di Diritto Tributario*, p. 10.
66. *Diritto Tributario*, p. 50.

voglia seguire stretamente il concetto tradizionale dello stato di diritto".

Também nesse sentido, Alberto Xavier[67] ensina que, no direito tributário: "O princípio da legalidade revestiu sempre um conteúdo bem mais restrito. Com vista a proteger a esfera de direitos subjetivos dos particulares do arbítrio e do subjetivismo do órgão de aplicação do direito — juiz ou administrador — e, portanto, a prevenir a aplicação de 'tributos arbitrários', optou-se neste ramo do Direito por uma formulação mais restrita do princípio da legalidade, convertendo-o numa reserva absoluta de lei, no sentido de que a lei, mesmo em sentido material, deve conter não só o fundamento da conduta da Administração, mas também o próprio critério da decisão no caso concreto. Se o princípio da reserva de lei formal contém em sua exigência *lex scripta*, o princípio da reserva absoluta coloca-nos perante a necessidade de uma *lex stricta*: a lei deve conter em si mesma todos os elementos da decisão no caso concreto, de tal modo que não apenas o fim, mas também o conteúdo daquela decisão sejam por ela diretamente fornecidos".

Daí por que Roque Carrazza[68] censura: "Laboram em equívoco, portanto, os que sustentam que o Chefe do Executivo, no que tange à tributação, pode terminar a obra do legislador, regulamentando tudo o que ele apenas descreveu com traços largos. Na verdade, a faculdade regulamentar serve para ressaltar alguns conceitos menos claros contidos na lei, mas não para agregar-lhes novos componentes ou, o que é pior, para defini-los do nada".

3.2.6.1 Tipicidade e plenitude lógica

Afirmamos, no passado,[69] que a tipicidade se dá pela submissão completa do fato à prescrição legislativa que veicula o tipo formulado e que consiste na descrição de toda a regra-matriz de incidência tributária. Destarte, antecedente e conseqüente normativos já contêm, em si mesmos, todos os parâmetros necessários ao nascimento e regular adimplemento da obrigação tributária.

67. *Os Princípios da Legalidade e da Tipicidade da Tributação*, p. 37.
68. *Curso de Direito Constitucional Tributário*, p. 170.
69. *Isonomia na Norma Tributária*, pp. 37-40.

Peculiaridade importante do direito tributário brasileiro, e que deve ser ressaltada, é a característica seletiva da tipologia. Na formulação do tipo tributário, o legislador deve (i) selecionar as situações tipificáveis que pretende inserir em antecedentes de normas de tributação e (ii) descrevê-las exaustivamente em normas jurídicas. Essa seletividade — exigência constitucional e sistemática de utilização de um método de descrição legislativa casuístico — resulta na existência daquilo que Alberto Xavier denomina de "catálogo de fatos tributáveis", que pode ser consultado pelo contribuinte, dando-lhe a devida segurança. Não há, portanto, no nosso sistema, nenhuma possibilidade de existir cláusula geral de tributo, norma aberta de tributação ou qualquer outra denominação que se lhe queira dar.[70]

A tipicidade taxativa no direito tributário brasileiro implica, pois, a definição de um tipo específico veiculado por lei que contenha a descrição completa de todos os critérios necessários e bastantes à tributação, encerrando em si mesmo uma valoração — um processo decisório — definitiva, que exclui, cabal e completamente, a interferência de valorações ulteriores. Daí a irrelevância da vontade dos órgãos de aplicação do direito na implementação prática do processo arrecadatório. A vontade do aplicador, em resumo, está definitiva e expressamente proscrita desta seara do direito. A descrição completa e acabada da regra-matriz de incidência tributária é tarefa soberana e exclusiva do Poder Legislativo

70. Veja-se a lição de Alberto Xavier: "O momento primário do processo de tipificação no Direito Tributário — comum, de resto, a toda a tipologia — é a seleção. O princípio da capacidade contributiva fornece ao legislador o quadro geral das situações tipificáveis, ao estabelecer que só as situações da vida reveladoras de capacidade econômica são suscetíveis de tributação. Cumpre, de seguida, ao legislador recortar, dentro do quadro assim definido, aquelas manifestações de capacidade contributiva que repute deverem ficar sujeitas a imposto. A tipicidade repele assim a tributação baseada num conceito geral ou cláusula geral de tributo ainda que referida à idéia de capacidade econômica, da mesma forma que em Direito Criminal não é possível a incriminação com base em conceito ou cláusula geral de crime. Ao invés do que sucede, p. ex., com o ilícito disciplinar, os crimes e os tributos devem constar de uma tipologia, ou seja, devem estar descritos em tipos ou modelos, que exprimam uma escolha ou seleção do legislador no mundo das realidades passíveis, respectivamente, de punição ou tributação" (*Os Princípios da Legalidade e da Tipicidade da Tributação*, p. 83).

competente, não podendo ser suprida ou complementada por titular de função administrativa.

Dino Jarach[71] sustenta a inconstitucionalidade da faculdade do Poder Executivo de *completar* a lei tributária substantiva, exemplificando a hipótese com a lei que prevê a tributação sobre o patrimônio líquido e "deixa" para o Executivo a tarefa de definir o que se entenderá por ativo e passivo.

A função administrativa é regida pela total submissão à lei. Daí dizer-se que administrar é aplicar a lei de ofício. A autoridade administrativa não detém nenhuma parcela de competência que não encontre fundamento de validade na lei, sendo certo que deve exercê-la nos limites definidos pela lei. Ela — autoridade administrativa — não tem competência para a prática de nenhum ato que extrapole ou modifique a prescrição contida em lei, devendo — pela própria natureza de sua atividade — submeter-se rigorosamente aos preceitos legais que lhe compete aplicar. E não se cogite da hipótese de delegação. É que, já o demonstramos, da análise científica da sistemática do texto constitucional brasileiro não se pode, com honestidade de propósitos, deixar de concluir pela absoluta impossibilidade de ocorrer delegação ou usurpação de competência entre os chamados Poderes da República — ao menos em matéria tributária. Não há, pois, a menor possibilidade de sustentar a constitucionalidade de nenhuma delegação de competência impositiva — função legislativa —, ao menos a partir da análise de nosso texto constitucional e no que se refere a matéria tributária.[72]

Definida a total independência e harmonia das funções dos chamados três Poderes, tal como delineadas pela Constituição Federal, não se pode admitir a existência de norma tributária aberta, de norma tributária em branco, pois a função consistente em descrever legislativamente a regra-matriz de incidência tributária coube, por expressa opção constitucional, única e tão-somente

---

71. *Curso Superior de Derecho Tributario*, t. I, p. 101.
72. Em sentido distinto, para o que o próprio autor denomina de "legalidade flexível", veja-se Horacio A. García Belsunce, "La Delegación Legislativa", in *Estudios de Derecho Constitucional Tributario en Homenaje al Prof. Dr. Juan Carlos Luque*, pp. 1 e ss., especialmente pp. 37 a 40.

ao Legislativo, não podendo o Executivo alterar-lhe o produto de sua tarefa ou suprir-lhe as eventuais faltas e omissões.

Temos, destarte, que o administrador recebe a regra-matriz de incidência tributária elaborada pelo Legislativo e deve aplicá-la, consistindo nisto a sua atividade. Se, por hipótese, a norma assim recebida, do legislador pelo Executivo, não está apta a produzir efeitos jurídicos, compete a este deixar de aplicá-la. Jamais procurar integrá-la visando a suprir sua eventual deficiência estrutural, para posterior aplicação. A integração da norma tributária pelo aplicador implicaria interferência de sua vontade na dinâmica do processo de criação de norma jurídica inaugural, e isso é defeso no nosso ordenamento jurídico.

O Poder constituinte originário exercitou sua vontade ao definir soberanamente — por meio de tarefa valorativa — que deveria vigorar a repartição das funções entre os chamados Poderes da República. A partir do instante em que a Constituição está posta, o que era vontade, o que era valor, passa a ser norma jurídica, configuradora, no caso, de princípio constitucional geral e vetor de todo o sistema.

O legislador ordinário, por sua vez — já com sua atividade delineada e regrada pelo princípio constitucional posto —, exerce, por autorização constitucional, sua vontade e seleciona certa atividade ou estado para convertê-lo em critério material de regra-matriz de incidência tributária. Deste momento em diante não há, no direito tributário brasileiro, oportunidade para qualquer outra manifestação de vontade. Não pode o Executivo, portanto, "completar" regra-matriz de incidência tributária, nem tampouco presumir a prática de certos atos, e muito menos recorrer à analogia para reputar ocorrido o fato imponível e nascida a obrigação tributária correspondente.

A mesma convicção — e decorrente da anteriormente assinalada — temos ao afirmar que, em matéria de instituição e arrecadação de tributos, não se pode cogitar da existência de lacunas no direito brasileiro.[73]

---

73. Veja-se a lição de Alberto Xavier, esclarecendo: "É que a tipologia taxativa, como a tributária, opera, no seu âmbito, como uma plenitude lógica da ordem a que se refere, tornando-a, do mesmo passo, completamente livre

Admitida a tipologia taxativa do direito tributário brasileiro, devemos — por questão de simples coerência — admitir que existe plenitude lógica nesta matéria, o que nos leva a concluir que não há intenção de regulamentação totalizante, considerando-se juridicamente relevante tão-só o que tenha sido transformado em lei, material e formal. Só são — para a ciência do direito tributário — juridicamente relevantes, portanto, os fatos ou estados incluídos no catálogo de tributação resultante da atividade seletiva e tipificadora do legislador ordinário (este já pautado pelo catálogo constitucional, no Brasil). Não há mesmo, portanto, possibilidade de o chamado Poder Executivo participar na integração de regra-matriz de incidência tributária mutilada, incompleta.

Pode-se, portanto, afirmar que, seja do ponto de vista estrutural (rígida repartição de atribuições e funções, harmônicas, incomunicáveis e indelegáveis), seja do ponto de vista lógico (não há pretensão de regulamentação totalizante, havendo, pois, plenitude lógica), norma que pretenda instituir tributo deve descrever legislativa e exaustivamente toda a regra-matriz de incidência, não podendo ser considerada perfeita e aplicável enquanto não estiver completamente acabada — por obra do próprio legislador, e somente dele.

Toda essa rigidez que o sistema constitucional reservou ao princípio da legalidade e ao princípio da chamada separação de Poderes não é gratuita; não é capricho formalista. É, isto sim, decorrência direta e inexorável da sistemática republicana, que exige o tão maltratado e esquecido princípio do consentimento, sobre o qual discorreremos a seguir.

3.2.6.2 Legalidade tributária e consentimento

Essas exigências e restrições, decorrentes da adoção, pelo constituinte de 1988, dos princípios da legalidade e tipicidade,

de lacunas". (...) "Para nós, só pode falar-se de lacunas nos setores da ordem jurídica onde exista uma intenção de regulamentação totalizante. Nos setores dominados pelo princípio da tipicidade, tal intenção não existe, não cabendo pois falar de lacunas", in *Os Princípios da Legalidade e da Tipicidade da Tributação*, pp. 83 a 85.

encontram como pano de fundo o chamado princípio do consentimento.[74]

Esse princípio — do consentimento — é aquele que exige que o particular *consinta* (i) em concorrer para os gastos públicos e (ii) em que medida o fará.[75] E esse consentimento é expressado por intermédio dos representantes do povo no Legislativo. Ao aprovar a lei que institui ou majora tributo, o parlamentar está expressando o consentimento do eleitor em contribuir, nos termos da lei aprovada, para o custeio dos gastos públicos.[76]

    74. Cuidadoso relato histórico sobre as origens do princípio do consentimento, desde a Carta Magna de 1215, foi feito por José Osvaldo Casás sob o título "Estudio Preliminar Sobre los Aspectos Introductorios al Principio de Reserva de Ley en Materia Tributaria", in *Estudios de Derecho Constitucional Tributario en Homenaje al Prof. Dr. Juan Carlos Luque*, pp. 111 e ss.
    75. "(...) el Estado no puede penetrar a su arbitrio en los patrimonios particulares para sacar de ellos una tajada a su placer", diz Dino Jarach, *Curso Superior de Derecho Tributario*, t. I, p. 94.
    76. Ferreiro Lapatza escreveu: "El rango de la Ley, la fuerza de la Ley, en nuestro ordenamiento, como en todos aquellos que tratan de organizar una democracia pluralista de acuerdo con el principio de la división de poderes, deriva, insistimos, de que ella es la expresión más genuina y representativa de la voluntad popular. La Ley representa la voluntad de autonormación de una colectividad que no reconoce otros poderes que los que emanan del conjunto de los ciudadanos que forma parte de ella. Refleja las normas que la comunidad se da a sí misma a través de sus representantes y debe contener, por tanto, el entramado básico del sistema jurídico, aquel en que se basa y encuentra apoyo el resto de la normativa que configura el ordenamiento. Pues sólo reservando a la ley tal entramado básico el sistema garantiza la primacia de la voluntad popular. El principio de legalidad, según el cual la Ley y sólo la Ley ha de regular ciertas materias, precisamente aquellas que garantizan una organización social basada en la libertad individual, incorpora, esencialmente, la idea de que en una sociedad libre sólo la comunidad puede darse a sí misma, a través de sus representantes, normas sobre tales materias. La idea de autonormación se incorpora así a la Ley y le atribuye una de sus características esenciales, nucleares, sustantivas: la que mejor permite diferenciarla del resto de las fuentes del Derecho. Pues si la Ley sirve también a otros valores (igualdad, unidad del ordenamiento, seguridad jurídica, etc.) tal función puede ser desempeñada también por otras normas (por ejemplo, reglamentarias) que no son la expresión directa de la voluntad del pueblo manifestada a través de sus representantes. Por ello el principio de legalidad surge en la historia ligado, básicamente, a dos materias en las que se revela, mejor que en cualquier otra, la condición de súbditos e

Sobre o necessário consentimento, Giuliani Fonrouge[77] assim se manifesta: "Arranca desde épocas lejanas por la exigencia de que las contribuciones sean consentidas por los representantes del pueblo" (...) "pues en la organización democrática refirma el concepto de que sólo el parlamento, como representante del pueblo, pueda crear contribuciones".

Recorra-se, também, à autoridade de Baleeiro:[78] "Depois que os Estados passaram a adotar Constituições escritas, algumas regras de tributação figuram nos próprios textos da Lei Suprema. A legalidade dos impostos é uma delas, porque assegura *princípio político fundamental nos países de organização democrática* — a votação de impostos pelos representantes dos contribuintes" (g.n.).

O necessário consentimento, em face do regime republicano, é tão óbvia e inafastavelmente posto pela sistemática constitucional (republicana), que Antonio Berliri,[79] com ironia, sugere que se vá logo à questão de saber qual é o órgão mais qualificado para implementar o consentimento popular; diz ele: "In regime repu-

ciudadanos libres de los miembros de una comunidad: la definición de delitos y penas (principio de legalidad penal) y el establecimiento de tributos (principio de legalidad tributaria). En una sociedad libre sólo la comunidad puede imponerse a sí misma las normas que definen delitos y penas y *sólo la comunidad puede imponerse a sí misma las normas que determinan los tributos*, es decir, *la cantidad con que cada uno de sus miembros ha de sostener los gastos de la colectividad*. Este es, a nuestro juicio, el significado último, sustantivo y esencial del principio de legalidad. Principio que si bien en ciertas épocas apareció exageradamente ligado a la defensa de la propiedad privada, como garantia de que ésta no se limitaria en forma alguna (por ejemplo, por medio del tributo) sino a través de la Ley, debe ser entendido hoy como garantia esencial de la libertad en todos sus aspectos, también en su aspecto de libertad de creación y disposición de un patrimonio propio" (g.n.) (pp. 1 e 2). (...) "El principio de legalidad, ya lo hemos dicho, trata de garantizar esencialmente la exigencia de autonormación. En el campo tributario trata de garantizar esencialmente la exigencia de autoimposición, es decir, el que sean los propios ciudadanos a través de sus representantes quienes determinen el reparto de la carga tributaria y, en consecuencia, los tributos que a cada uno de ellos se le pueden exigir" (p. 10) ("El Principio de Legalidad y La Reserva de Ley", in *RDT* 50).

77. *Derecho Financiero*, v. I, pp. 312 e 313.
78. *Uma Introdução à Ciência das Finanças*, p. 199.
79. "Appunti sul Fondamento e il Contenuto dell'art. 23 della Costituzione", in *Studi in Onore di Achille Donato Giannini*, p. 149.

blicano *l'unico problema che può sussistere* è quello di sapere quale sia l'organo meglio qualificato affinchè il popolo possa consentire l'istituzione e la riscossione delle imposte (...)" (g.n.).

Daí por que não se pode admitir o descumprimento dos princípios da legalidade e da tipicidade. A omissão do legislador e a indevida ação do Executivo podem comprometer este tão básico postulado.[80] É que à margem do Legislativo — foro próprio da representação popular — não há como satisfazer as exigências do princípio do necessário consentimento, assegurado que é pelos princípios da legalidade e tipicidade taxativa. A república é a coisa do povo. O gasto público tem que ser (i) feito para atender ao interesse do povo, conforme esse venha a indicar, e (ii) custeado pelo povo, quando, e na medida em que, este consentir.

3.2.7 Competência tributária impositiva

Competência é, na lição de Oswaldo Aranha Bandeira de Mello,[81] "quantidade de poder" que, constitucional ou legalmente, é conferida a alguém.

Paulo de Barros Carvalho[82] aplica-a à noção de competência legislativa: "Competência legislativa é a aptidão de que são dotadas as pessoas políticas para expedir regras jurídicas, invocando o ordenamento positivo. Opera-se pela observância de uma série de atos, cujo conjunto caracteriza o procedimento legislativo (...). No plexo das faculdades legislativas que o constituinte estabeleceu figura a de editar normas que disciplinem a matéria tributária, desde a que contempla o próprio fenômeno da incidência (...). A competência tributária, em síntese é uma das parcelas entre as prerrogativas legiferantes de que são portadoras as pessoas políticas, consubstanciada na faculdade de legislar para a produção de normas jurídicas sobre tributos".

---

80. Para exemplos diversos de desvios vejam-se: Geraldo Ataliba e J. A. Lima Gonçalves, "Carga Tributária e Prazo de Recolhimento de Tributos", in *RDT* 45/24; Roque Carrazza, *Curso de Direito Constitucional Tributário*, pp. 290 e ss.
81. *Princípios Gerais de Direito Administrativo*, v. I, p. 441.
82. *Curso de Direito Tributário*, p. 116.

Roque Antônio Carrazza,[83] define a competência tributária como: "a habilitação (...) a faculdade potencial, que a Constituição confere a determinadas pessoas (as pessoas jurídicas de direito público interno) para, por meio de lei, que tributem", evidentemente editando, primeiramente, lei descritiva das hipóteses de incidência (art. 150, I da Constituição Federal). E analisa suas características: *privatividade, irrenunciabilidade* e *facultatividade*. Desta, diz: "As pessoas políticas, conquanto não possam delegar suas competências tributárias, por força da própria rigidez de nosso sistema constitucional tributário, são livres para dela se utilizarem, ou não. Donde haveremos de concluir, forçosamente, que, podendo o mais (não criar o tributo), *podem o menos, isto é, ou usar, apenas em parte, suas competências tributárias*, ou, até, transferir, mediante lei, o direito subjetivo à prestação tributária (capacidade tributária ativa) (...). Transparece, pois, em observação ligeira, que nada impede que a pessoa política deixe de exercitar, no todo ou em parte, sua competência tributária"[84] (g.n.).

Enfatiza-se essa característica atinente à facultatividade — tão desprezada pela doutrina — do exercício da competência impositiva, pois, em matéria de imposto sobre a renda, ela é importante instrumento de solução de aparentes contradições sistemáticas, como veremos oportunamente.

3.2.7.1 Repartição de competências impositivas

Já tivemos a oportunidade de nos manifestar[85] a respeito da repartição de competência tributária impositiva, relembrando que a Constituição toma o espectro total das possibilidades de criação de tributos e o reparte em três compartimentos estanques e inconfundíveis, segundo critérios material e territorial, outorgando-os à União, Estados, Distrito Federal e Municípios. Assim, cada uma das pessoas políticas recebe competência impositiva, podendo dela utilizar-se ou não, sem interferência das demais pessoas políticas.

83. *Princípios Constitucionais Tributários*, p. 146.
84. *Princípios Constitucionais Tributários*, pp. 196 e 197.
85. *Isonomia na Norma Tributária*, pp. 23-24.

O principal critério utilizado pelo constituinte para proceder à repartição de competências impositivas é o material, ou seja, o que leva em conta a materialidade da hipótese de incidência dos diversos impostos possíveis de serem criados. Separam-se, assim, as matérias passíveis de tributação, entregando parcelas, em caráter exclusivo, às diversas pessoas políticas (União, Estados, Distrito Federal e Municípios).

Encontramos, destarte, no texto constitucional, referência às materialidades das hipóteses de incidência de diversos tributos, tais como, por exemplo, importação e exportação (art. 153, I e II); propriedade (arts. 153, VI, e 156, I); renda e proventos de qualquer natureza (art. 153, III); operações de crédito, câmbio e seguro ou relativas a títulos ou valores mobiliários (art. 153, V); transporte intermunicipal (art. 155, II); transmissão de imóveis (arts. 155, I, e 156, II); operações relativas à circulação de mercadorias (art. 155, II) etc. Cada um desses fatos ou atos foi incluído na competência impositiva de uma pessoa política, podendo sobre eles incidir tributo criado pela pessoa competente e só por ela, uma vez que a competência é exclusiva de cada ente político.

Em matéria de impostos,[86] todas as competências tributárias impositivas estão expressamente previstas no texto constitucional. Algumas delas perfeitamente identificadas por meio da menção das materialidades das respectivas hipóteses de incidência, como, por exemplo, nos arts. 153, 155 e 156 da Constituição. As demais encontram-se albergadas pela chamada competência residual, a que faz menção o art. 154, I, da Constituição, e que foi outorgada à União.

Essa repartição constitucional de competências impositivas é rígida e exaustiva, outorgando a cada pessoa política amplos

86. No que se refere aos tributos vinculados, e por eles terem sempre a materialidade da hipótese de incidência relacionada a uma atuação pública, o critério material atua da seguinte maneira: é competente para adotar como materialidade da hipótese de incidência de tributos vinculados a pessoa política competente para o exercício da atuação estatal a que se refere tal materialidade. Assim, quem é titular da competência para prestação de determinado serviço público, para exercício de certa parcela de atividade de polícia, ou quem realiza determinada obra pública, é competente para descrever legislativamente a hipótese de incidência do tributo vinculado respectivo.

poderes legislativos nos seus respectivos compartimentos. Não pode haver distorção, alteração ou diminuição desses compartimentos por meio de norma infraconstitucional, pois afetados estariam os princípios da Federação e da autonomia municipal, estabelecidos na própria Constituição. Destarte, só as regras estabelecidas na própria Constituição — e, mesmo assim, com os cuidados hermenêuticos necessários (por exemplo, interpretação sistemática do conjunto de preceitos) — podem delimitar o alcance dessa repartição constitucional de competências impositivas.

Definidas as questões básicas relativas aos princípios do consentimento, legalidade, tipicidade e repartição de competência impositiva, voltemos nossa atenção para a atividade executiva, definindo os contornos sistemáticos que delimitam sua atuação concreta.

3.2.8 Caráter vinculado do lançamento

3.2.8.1 Ato administrativo vinculado e discricionário

Ato administrativo é aquele praticado no exercício concreto da função administrativa.[87]

O ato administrativo é composto de determinados elementos, e é envolvido por pressupostos. Assim o são, dentre outros, a forma, o objeto, a finalidade e o motivo. Este último é que, neste momento, mais de perto nos interessa.

O motivo do ato administrativo é o pressuposto de fato e de direito que lhe serve de fundamento.[88] Pressuposto de fato corresponde ao conjunto de circunstâncias ou acontecimentos que,

---

87. Régis Fernandes de Oliveira define-o como "Declaração unilateral do Estado, ou de quem faça suas vezes, no exercício da função administrativa, que produza efeitos jurídicos individuais e imediatos" (*Ato Administrativo*, p. 44). E Celso Antônio Bandeira de Mello assim o conceitua: "declaração do Estado (...) no exercício de prerrogativas públicas, manifestada mediante providências jurídicas complementares da lei a título de lhe dar cumprimento, e sujeitas a controle de legitimidade por órgão jurisdicional" (*Curso de Direito Administrativo*, p. 215).
88. Ver Maria Sylvia Zanella Di Pietro, *Direito Administrativo*, p. 159.

constatados como ocorridos no mundo fenomênico, levam a administração à prática do ato; pressuposto de direito é a própria norma, o dispositivo legal em que se baseia o ato administrativo.[89]

O motivo é a resultante da tradução de evento que se encontra no mundo empírico (fático) e que coincide com a hipótese normativa abstratamente prevista, servindo de fundamento ao ato administrativo, como condição de sua validade.[90]

O motivo é, portanto, requisito de validade do ato administrativo.

No exercício de suas funções, a administração pública dispõe de poderes, que são limitados pelo ordenamento jurídico. Em certos casos, a própria lei determina o comportamento que deve assumir a administração perante o particular; diante do caso concreto, ela deve agir de tal ou qual forma. Tem-se, aí, o *ato administrativo vinculado*, no qual não há margem de liberdade por parte da administração pública no que tange ao comportamento a ser adotado, porque a lei não lhe dá tal opção.

Outras hipóteses há, contudo, em que a lei concede à administração certa margem de liberdade (dentro de certos limites) de decisão diante do caso concreto. Tem-se, então, o ato discricionário, exercido segundo critérios de conveniência e oportunidade da administração (dada sua liberdade de atuação, dentro dos parâmetros legais).

89. Celso Antônio Bandeira de Mello conceitua o motivo nos seguintes termos: "*Motivo* é o pressuposto de fato que autoriza ou exige a prática do ato. (...) Logo, é externo ao ato. Inclusive o antecede. Por isso não pode ser considerado como parte, como elemento do ato". E em seguida distingue o motivo do ato, do motivo legal: "Cumpre distinguir o motivo do ato do motivo *legal*. Enquanto este último é a previsão *abstrata* de uma situação fática, empírica, *o motivo do ato é a própria situação material*, empírica, que efetivamente serviu de suporte real e objetivo para a prática do ato. É evidente que o ato será viciado toda vez que o motivo de fato for descoincidente com o motivo legal" (*Curso de Direito Administrativo*, p. 225).

90. Sobre o tema, Régis Fernandes de Oliveira esclarece: "Ora, se o motivo está fora do ato, não pode ser elemento seu. É, sim, condição de validade. Fala-se em nulidade do ato por falta de motivo quando este não existe. Inocorreu a circunstância do mundo empírico a ensejar a incidência normativa (...)" (*Ato Administrativo*, p. 58).

3.2.8.1.1 Competência discricionária — Assim define-os Celso Antônio Bandeira de Mello:[91] "Atos discricionários (...) seriam os que a administração pratica com certa margem de liberdade de *avaliação* ou *decisão* segundo critérios de conveniência e oportunidade formulados por ela mesma, *ainda que adstrita à lei reguladora da expedição deles*". E, distinguindo-os dos atos vinculados, escreve: "A diferença nuclear entre ambos residiria em que, nos primeiros (*atos vinculados*), a Administração não dispõe de liberdade alguma, posto que a lei já regulou antecipadamente em todos os aspectos o comportamento a ser adotado, enquanto que nos segundos (*atos discricionários*) a disciplina legal deixa ao administrador certa liberdade para decidir-se em face das circunstâncias concretas do caso, impondo-lhe e simultaneamente facultando-lhe a utilização de critérios próprios para avaliar ou decidir quanto ao que lhe pareça ser o melhor meio de satisfazer ao interesse público que a norma legal visa realizar".

E agrega: "Em suma: discricionariedade é liberdade *dentro da lei*, nos limites da norma legal, e *pode ser definida como*: "A margem de liberdade conferida pela lei ao administrador a fim de que este cumpra o dever de integrar com sua vontade ou juízo a norma jurídica, diante do caso concreto, segundo critérios subjetivos próprios, a fim de dar satisfação aos objetivos consagrados no sistema legal" (ob. cit., p. 251). "Em rigor, não há, realmente, ato algum que possa ser designado, com propriedade, como ato discricionário, pois nunca o administrador desfruta de liberdade total. O que há é *exercício de juízo discricionário*, quanto à ocorrência ou não de certas situações que justificam ou não certos comportamentos e *opções* discricionárias quanto ao comportamento mais indicado para dar cumprimento ao interesse público *in concreto*, dentro dos limites em que a lei faculta a emissão deste *juízo* ou desta *opção*" (ob. cit., p. 251).

Assentada a distinção entre atos administrativos vinculados e discricionários, relembremos, agora, a categoria dos atos de administração verificadora — categoria essa que tem sido largamente

---

91. *Curso de Direito Administrativo*, p. 249. Para uma visão diferente, veja-se Eros Roberto Grau, "Crítica da Discricionariedade e Restauração da Legalidade", in *Perspectivas de Direito Público, Estudos em homenagem a Seabra Fagundes*, Ed. Del Rey.

desprezada pela maioria dos estudiosos do direito tributário —, que são muito freqüentes em matéria tributária, sendo quase sempre expedidos de forma inválida, especialmente em questões relacionadas ao imposto sobre a renda.

3.2.8.1.2 Ato de administração verificadora/ato vinculado — Celso Antônio Bandeira de Mello,[92] discorrendo sobre os atos administrativos propõe a sua classificação "quanto à natureza da atividade", subdividindo-os em: (*a*) atos de administração ativa; (*b*) atos de administração consultiva; (*c*) atos de administração controladora ou atos de controle; (*d*) *atos de administração verificadora*; e (*e*) atos de administração contenciosa.

Acerca dos *atos de administração verificadora* diz que são: "(...) os que visam *apurar* ou documentar a *preexistência de uma situação de fato* ou de direito. Ex.: os chamados atos de *accertamento* na Itália (como o exame para apurar se um funcionário está ou não doente, para obter licença; se um candidato a motorista sabe ou não ler e escrever, para obter a carteira de habilitação; se uma árvore está ou não atacada de cancro cítrico, para ser abatida; se um indivíduo é ou não diplomado em curso superior, para poder exercer certa atividade) (...)" (g.n.).

E, para aplicá-la aos atos de administração verificadora, retoma a noção de motivo de fato e diz: "De acordo com esta teoria, os motivos que determinaram a vontade do agente, isto é, os *fatos que serviram de suporte à sua decisão, integram a validade do ato*. Sendo assim, a invocação de 'motivos de fato' *falsos, inexistentes, ou incorretamente qualificados vicia o ato* mesmo quando, conforme já se disse, a lei não haja estabelecido, antecipadamente, os motivos que ensejariam a prática do ato. Uma vez enunciados pelo agente os motivos em que se calçou, ainda quando a lei não haja expressamente imposto a obrigação de enunciá-los, o ato só será válido se estes realmente ocorreram e o justificavam" (g.n.) (idem, pp. 229-230).

A prática de atos administrativos de administração verificadora em matéria tributária é freqüente, especialmente no pertinente ao imposto sobre a renda (é o que ocorre na mensuração de qualquer evento fenomênico, tais como a inflação e sua intensida-

92. *Curso de Direito Administrativo*, p. 244.

de, a obsolescência, o desgaste decorrente de processo industrial etc., em relação aos quais a administração não tem que — não pode — manifestar opinião ou vontade, limitando-se a expedir ato enunciativo de uma da realidade preexistente, e em perfeita sintonia com essa realidade).

Por exemplo, os atos administrativos enunciativos da intensidade do fenômeno inflacionário, para fins tributários, são atos de administração verificadora e, portanto, severa e inquestionavelmente vinculados. Efetivamente, servem exclusivamente à *apuração*, averiguação e documentação de uma *preexistente situação de fato* (de um evento, na linguagem de Tércio Sampaio Ferraz Jr.).

Dentro desse contexto, cada ato administrativo pode, e deve, ter sua regularidade aferida por meio do cotejo entre seu "motivo" ("realidade objetiva e externa ao agente. (...) antecedente, exterior ao ato, que transcorre na realidade empírica, servindo de suporte à expedição do ato") e o "motivo legal" que enseja a sua prática ("previsão abstrata de uma situação fática"). Descoincidentes o "motivo do ato" e o "motivo legal", irremediavelmente viciado será o ato.

Se o ato for viciado, seu conteúdo ("aquilo que o ato dispõe, (...) enuncia, certifica, (...)") será imprestável — no caso: a enunciação de certo grau de inflação, para fins de correção monetária. Assim, até mesmo diante de prescrição legal que determine a realização de correção monetária de acordo com certa e determinada metodologia, tem cabimento a verificação da adequação, ou não, do "motivo do ato" com o "motivo legal do ato", a fim de aferir-se a sua validade.

Contra eventual desconformidade pode o particular insurgir-se, fazendo prevalecer seu direito (reconhecido e assegurado diretamente pela Constituição, e eventualmente explicitado por lei) violado pelo ato administrativo viciado.[93]

---

93. Foi o que ocorreu, por exemplo, ao longo do ano de 1990 durante o qual — não obstante houvesse disposição legal expressa determinando a aplicação de determinada metodologia de correção monetária — foram editados diversos atos administrativos cujo conteúdo (enunciação) evidenciava que o motivo do ato (realidade objetiva) havia sido desconsiderado, descumprindo-se, assim, o respectivo motivo legal (previsão abstrata). Em

Recorde-se que estamos abordando a questão da correção monetária como mero pretexto didático, sendo certo que todas estas noções são aplicáveis, indiscriminadamente, a qualquer hipótese de enunciação, pela administração, de descrição de evento do mundo fenomênico.

É que, nestas hipóteses, já o dissemos em outra oportunidade,[94] "entre o 'evento' e o direito (aqui tomado como norma) que a ele quer referir-se, existe uma 'passagem' que torna aquele 'algo concreto' para transformá-lo em 'elemento lingüístico', em conceito significante de uma realidade (evento), que é o fato jurídico.

"Esta tradução do 'evento' em 'fato' é feita por meio de ato jurídico administrativo praticado por um agente competente, assim designado e apoderado pelo sistema normativo.

parecer — não publicado — elaborado à época em que a correção monetária das demonstrações financeiras das sociedades era efetuada com base na variação do Bônus do Tesouro Nacional, José Luiz Bulhões Pedreira enfrentou a problemática da relação entre o princípio da legalidade e a determinação de aplicação de correção monetária para cálculo da base do imposto de renda da seguinte maneira: "A interpretação do regime legal do BTN que pretende reconhecer à SRF competência para fixar seu valor diário sem observar a regra legal de 'projeção da evolução da taxa mensal de inflação' implica afirmar que a legislação tributária teria *delegado à autoridade administrativa competência para definir*, através do referencial de correção monetária, *a base de cálculo* de diversas incidências do imposto sobre a renda e o valor atualizado de todos os tributos. Essa interpretação é improcedente porque a lei que atribuiu à autoridade administrativa competência para criar, sem nenhum regramento legal, normas da legislação tributária que definam a base de cálculo do imposto sobre a renda, *viola o princípio da legalidade* dos tributos, que reserva à lei a definição da sua base de cálculo. A tributação do lucro das pessoas jurídicas serve para demonstrar a proposição. *O lucro real, que é a base de cálculo do imposto, é determinado segundo regime pormenorizadamente definido pela lei tributária, com centenas de normas (...). Esse regime compreende o procedimento de correção monetária das demonstrações financeiras, regulado pela lei em todos os seus aspectos, inclusive do referencial que serve de base à correção, como série de valores cuja atualização, segundo critérios também estabelecidos pela lei*, é atribuída — pelas razões já expostas — à autoridade administrativa (...). Essas considerações evidenciam que *todo o regime de correção monetária das demonstrações financeiras*, inclusive as normas sobre fixação do valor do BTN fiscal criado pela lei para servir de base a essa correção, *é matéria que a Constituição reserva à lei, tal como qualquer outra norma sobre definição da base de cálculo do imposto das pessoas jurídicas*" (g.n.).

94. "Lançamento — Meditação Preliminar".

"Essa '*passagem*' do plano fenomênico para o plano normativo, esse 'travestir' o evento em fato, esse juridicizar o fenômeno, é atividade da mais alta relevância, conferida pelo direito ao Poder Executivo, que deve desempenhá-la dentro de parâmetros muito claramente delimitados.

"Lembre-se, aqui, a advertência do filósofo Sampaio Ferraz Jr.[95] no sentido de que a manipulação do elemento 'é fato que' depende de uma *disciplina de uso*. Não pode ser admitida sua manipulação aleatória. É exigência lingüística que seu uso — do elemento 'é fato que' — só tenha lugar *quando a asserção for verdadeira*. A realidade é '*função da verdade*', e afere-se pelo teste segundo o qual 'sempre que qualquer um que conheça a língua, com os mesmos instrumentos, seja levado a usar a língua de determinado modo'.

"O lançamento tributário, como ato jurídico que é, labora sobre fatos, conceitos legais, situa-se no plano normativo. Toma, por assim dizer, como matéria-prima o resultado de uma atividade administrativa já previamente desenvolvida, de juridicização de eventos, transformando-os em fatos.

"E o mais grave desta constatação é que é nesta etapa que incidem valiosos princípios constitucionais, cuja eficácia não pode ser garantida em etapa posterior, salvo se por meio da repetição da tarefa. Explicitemos melhor essa preocupação.

"É que, já vimos, a tradução dos 'eventos' em 'fatos' é tarefa preliminar, lógica e cronologicamente anterior e necessária para que se possa cogitar de lançamento — que é fenômeno normativo, adiáforo às circunstâncias fenomênicas, indiferente ao plano dos eventos, regido por lógica própria e por princípios fundantes peculiares — o da imputação, em contraposição ao da causalidade.

"E essa tarefa deve submeter-se a regras estruturais de organização da linguagem, dentre as quais destaca-se, neste momento, por ser a que mais nos preocupa agora, a de que a 'asserção seja verdadeira'.

"A tradução do 'evento' em 'fato' gerando-se um conceito de 'fato', que não respeite essa regra estrutural de organização da linguagem, desprezando a exigência de que a 'asserção seja ver-

---

95. *Introdução ao Estudo do Direito*, p. 253.

dadeira', implica implosão da linguagem; acarreta desorganização do código criado para viabilizar a comunicação interpessoal.

"E ao implodir a linguagem, destruindo sua estrutura, compromete sua própria — da linguagem — razão de ser: viabilizar a comunicação interpessoal, assim para prescrever — coativamente ou persuasivamente, não importa — como para descrever.

"A manipulação aleatória — descomprometida com a regra de estrutura lingüística segundo a qual só se usa 'é fato que' quando a 'asserção for verdadeira' — dos elementos lingüísticos compromete a função executiva competente para tradução de 'eventos' em 'fatos' — que são tomados para fins de lançamento como 'asserções verdadeiras' —, transformando-a em verdadeiro instrumento de arbítrio.

"Para conter essa deformação, o sistema jurídico dispõe de um arsenal de remédios dentre os quais destacamos aqui (i) o princípio da ampla defesa, e (ii) a subordinação do processo tributário à descoberta da verdade material.

"A verdade material consistiria, nesse sentido, na exigência de que haja absoluta identidade ('a asserção seja verdadeira') entre o conceito (fato) e o evento do mundo fenomênico por ele significado.

"Constitui, assim — a verdade material —, comando limite para quem desempenha a função administrativa de traduzir em linguagem, por meio da utilização de símbolos lingüísticos, os eventos pesquisados que entram no sistema jurídico como fatos.

"E o sistema jurídico presume a legitimidade e a veracidade ('a asserção seja verdadeira') do ato que processa essa tradução do evento em fato, por meio de linguagem do agente competente. Trata-se da presunção de veracidade do ato administrativo, que — na ocorrência de defeito — pode ser destruída, para ser refeita, no curso do devido processo legal, implementador do direito à ampla defesa, com todos os recursos a ela inerentes".

Retomemos. Todo ato que tenha a virtude de ampliar a base de cálculo de um tributo, ou de qualquer forma aumentar o montante do tributo devido, deve ser veiculado por lei ou, quando muito — como é o caso da correção monetária, cuja dinâmica é incompatível com o processo legislativo —, deve ter na Constituição ou na lei sua fonte suprema e exaustiva.

Nesta hipótese, este ato administrativo será plenamente vinculado ("de administração verificadora"), com fundamento de validade e precisa delimitação de conteúdo na lei ou na Constituição.

Se a sistemática constitucional não determina, ou se a lei for omissa, incompleta ou inexistente, não está o particular obrigado a adotar comportamento que lhe seja mais gravoso.

Tal conclusão decorre, dentre outros, dos princípios da legalidade e da tipicidade da tributação, tal como consagrados no sistema constitucional tributário brasileiro. Do mesmo modo, se o ato de administração verificadora é viciado, não está o particular obrigado a respeitá-lo.

3.2.8.1.3 Necessidade de motivação do ato administrativo — Em matéria de fiscalização tributária, a questão da motivação dos atos administrativos é tão importante quanto desprezada. Recordemos, por sua extraordinária relevância, noções básicas a ela aplicáveis.

Veja-se Hely Lopes Meirelles:[96] "Tratando-se de atos vinculados ou regrados, impõe-se à administração o dever de motivá-los, no sentido de evidenciar a conformação de sua prática com as exigências e requisitos legais que constituem pressupostos necessários de sua existência e validade".

E adiante repisa a assertiva, concluindo o cerne do seu raciocínio: "*A motivação, portanto, deve apontar* a causa e os elementos determinantes da prática do ato administrativo bem como *o dispositivo legal em que se funda*" (g.n.).

A desconformidade entre os pressupostos de fato (motivo do ato: situação material, evento concreto, do mundo físico exterior) e os de direito (motivo legal: previsão abstrata da situação material, fato jurídico, prevista pela norma jurídica) conduz à nulidade do ato administrativo, por ausência de fundamentação (motivo), dado o caráter vinculado que lhe atribui o direito positivo. Daí sustentarmos que a motivação expressa é necessária para a validade de todo e qualquer ato administrativo que envolva matéria tributária.

---

96. *Direito Administrativo Brasileiro*, pp. 150 e 181.

Lucia Valle Figueiredo[97] sustenta que a motivação é princípio constitucional implícito e que, como tal deve ser rigorosamente observado pela administração: "De há muito tal entendimento está afastado. Se, antes do Estado burguês, o que ao príncipe agradava, lei era, o administrador, depois disso, nada mais é do que servo da lei. Bem por isso, administrativistas da maior suposição já afirmavam *ser obrigatória a motivação, mesmo à míngua de texto constitucional expresso*" (g.n.).

Consideramos, portanto, imprescindível a motivação — explicitação do motivo — do ato administrativo como condição de sua validade.[98]

3.2.8.2 Lançamento: ato administrativo vinculado

O lançamento é o ato administrativo por meio do qual constitui-se o crédito tributário. Não cria o tributo, mas declara o montante do respectivo crédito.[99]

É, na lição de Roque Antonio Carrazza,[100] um ato administrativo de aplicação da norma tributária material ao caso concreto. Gilberto de Ulhoa Canto[101] o conceitua como "Ato através do qual se procede à verificação da ocorrência do fato gerador do imposto, à respectiva avaliação e conseqüente criação do débito fiscal individualizado". Paulo de Barros Carvalho,[102] da mesma

---

97. *Controle da Administração Pública*, p. 7.
98. A questão não passou despercebida a Tércio Sampaio Ferraz Jr., que propôs a sua positivação pelo texto constitucional: "A arbitrariedade administrativa tem um meio de controle, que, se não a elimina, torna fácil a sua diminuição; *a indispensabilidade da motivação dos atos administrativos*. Ou seja, não pode haver ato administrativo, quando seja ferido interesse legítimo, que não declare o seu suposto fático e a sua correlação com o pressuposto legal; isto é, inclusive, condição básica para seu controle 'a posteriori' pelo poder judiciário. A exigência de motivação é medida importante e relativamente simples de implantar-se" (g.n.) (*Interpretação e Estudos da Constituição de 1988*, p. 101).
99. Para diversas espécies de lançamento e a polêmica envolvendo os regimes jurídicos aplicáveis a cada uma, veja-se Marco Aurélio Greco, *Dinâmica da Tributação e Procedimento*, Ed. RT, 1979.
100. *Curso de Direito Constitucional Tributário*, p. 382.
101. *Temas de Direito Tributário*, v. I, p. 171.
102. *Curso de Direito Tributário*, p. 259.

forma, entende ser o lançamento ato administrativo. É sua a definição: "Lançamento é o ato jurídico administrativo da categoria dos simples, modificativos ou assecurativos e vinculados, mediante o qual se declara o acontecimento do fato jurídico tributário, se identifica o sujeito passivo da obrigação correspondente, se determina a base de cálculo e a alíquota aplicável, formalizando o crédito e estipulando os termos de sua exigibilidade".

Acentue-se, nesse passo, que o lançamento é ato vinculado. Ainda é Paulo de Barros Carvalho[103] quem elucida: "O ato jurídico administrativo do lançamento é vinculado, o que significa que se coloca entre aqueles para a celebração dos quais *não atua o agente com qualquer grau de subjetividade*. Há de ater-se ao único e objetivo caminho que o tipo legal prescreve, não lhe sendo outorgada margem de liberdade para sopesar, avaliativamente, os dados concretos de que dispõe, decidindo sobre a conveniência ou oportunidade da celebração do ato. Pelo contrário, o agente público, nos atos vinculados, há de pautar sua atuação nos estritos termos que a lei estipula, guardando-lhe plena e integral aderência. Exatamente assim o ato de lançamento tributário, onde não se permite atuação discricionária" (g.n.).

O caráter vinculado do ato administrativo de lançamento foi didaticamente reconhecido pelo parágrafo único do art. 142 do código tributário nacional: "*A atividade administrativa de lançamento é vinculada e obrigatória, sob pena de responsabilidade funcional*" (g.n.).

E, falando do lançamento tributário, rápida referência aos autos de infração é oportuna.

3.2.8.2.1 *Auto de infração e lançamento* — Para fins de equalização de linguagem, para nós, o documento vulgarmente conhecido como auto de infração é o suporte físico de vários atos administrativos. Um deles (ao lado do próprio lançamento, quando for o caso, e da intimação) é o ato administrativo por meio do qual a administração pública impõe uma sanção em face de infringência a disposição normativa em vigor. Trata-se de ato — administrativo — punitivo, que, segundo Hely Lopes Meirelles,[104] "são os que contêm uma sanção imposta pela Administração àque-

---

103. *Curso de Direito Tributário*, p. 284.
104. *Direito Administrativo Brasileiro*, p. 177.

les que infringem disposições legais, regulamentares ou ordinárias dos bens ou serviços públicos. Visam a punir e reprimir as infrações administrativas ou a conduta irregular dos servidores ou dos particulares perante a Administração".

Assim, por se tratar de ato administrativo punitivo, de caráter sancionatório, caracteriza-se como *ato vinculado* da administração, ou seja, a lei prevê taxativamente as hipóteses em que a infração se dá por ocorrida, ensejando, assim, a prática do ato punitivo. Não há discricionariedade; o ato administrativo é plenamente vinculado, de forma tal que, ou (i) se verifica no caso concreto a hipótese prevista na lei como infração e então o ato é praticado, ou (ii) tal não se dá e a administração não pode atuar.

Tem-se, destarte, que o ato punitivo é ato administrativo vinculado e, como tal, para ter validade também há que ser devidamente motivado, isto é, seu pressuposto de fato deve corresponder ao seu pressuposto de direito (o motivo do ato deve identificar-se com o motivo legal). Do contrário, será nulo.

O chamado auto de infração também pode conter um lançamento tributário quando dele constar, desde logo, a formalização da exigência tributária, hipótese na qual é denominado de lançamento direto ou de ofício. O lançamento, nunca é demais repetir, é ato administrativo plenamente vinculado, sob pena de responsabilidade funcional do agente administrativo. Desdobremos, para cabal esclarecimento, esta noção. Ato administrativo vinculado, como já vimos, é aquele que deve ser praticado pelo agente público se e quando — e na forma em que — a lei o determinar.

Celso Antônio Bandeira de Mello[105] ensina: "Atos vinculados — os que a administração pratica sem margem alguma de liberdade para decidir-se, pois a lei previamente tipificou o único possível comportamento diante de hipótese prefigurada em termos objetivos. (...) seriam aqueles em que, por existir prévia e objetiva tipificação legal do único possível comportamento da administração em face de situação igualmente prevista em termos de objetividade absoluta, a administração ao expedi-los não interfere com apreciação subjetiva alguma. (...) a administração não dis-

---

105. *Curso de Direito Administrativo*, pp. 245 e 249.

põe de liberdade alguma, posto que a lei já regulou antecipadamente em todos os aspectos o comportamento a ser adotado (...)".

À luz destas seguras lições é que se deve entender a afirmação — decorrente das exigências sistemáticas de nossa Constituição e explicitadas por expressa disposição legal (art. 142, parágrafo único do código tributário nacional) —, no sentido de que o ato administrativo de lançamento tributário é plenamente vinculado.

Na elaboração do ato de lançamento, a autoridade administrativa não dispõe de nenhuma liberdade, "posto que a lei já regulou antecipadamente em todos os aspectos o comportamento a ser adotado (...)". É que, "por existir prévia e objetiva tipificação legal do único possível comportamento da administração em face de situação igualmente prevista em termos de objetividade absoluta, a administração ao expedi-los não interfere com apreciação subjetiva alguma".

Assim, diante de certo evento, verificado como ocorrido no mundo das circunstâncias fenomênicas, está a autoridade administrativa inexoravelmente vinculada às disposições legais respectivas, ou seja, se e quando constatada a ocorrência de fato imponível tributário, deve a fiscalização verificar a regular apuração e recolhimento do tributo devido, nos termos em que previsto na legislação em vigor.

E quando se diz que devem ser verificados a apuração e o recolhimento do tributo devido estamos, obviamente, nos referindo à obrigação tributária principal, de conteúdo patrimonial.

A vinculação do ato administrativo de lançamento refere-se, primeiramente, à aplicação da lei naquilo que diga respeito à obrigação tributária principal. O recurso aos deveres acessórios será meio, instrumento de verificação da efetiva adequação do comportamento do particular às disposições peremptórias da lei tributária. Recordemos essas noções.

3.2.8.2.2 *Obrigação tributária e deveres acessórios* — Obrigação tributária principal e dever tributário acessório não são a mesma coisa; cada qual tem natureza e regime jurídico próprios.

Constatado no mundo fenomênico o fato ou conjunto de fatos abstratamente descritos na hipótese da norma tributária, dá-se a incidência do conseqüente da norma jurídica, instaurando-se a relação jurídico-tributária.

Paulo de Barros Carvalho[106] define a relação jurídica tributária como "vínculo abstrato, mediante o qual uma pessoa, por via de regra o Estado, tem o direito subjetivo público de exigir de outra pessoa, pública ou privada, física ou jurídica, o cumprimento de certa prestação, por virtude do acontecimento de um fato previsto na norma de natureza tributária". Dentro deste gênero, identifica o referido autor espécies, conforme o conteúdo da relação jurídica seja ou não patrimonial: "Segundo tais parâmetros, teríamos a obrigação tributária como veículo de objeto patrimonial por excelência, constituído pela própria pecúnia, a mais viva e eloqüente forma de expressão econômica. Ao lado dela, outras relações jurídico-tributárias, de conteúdo não patrimonial, consubstanciadas num fazer, não fazer ou tolerar, sempre identificadas pela impossibilidade de transformação do objeto em valores pecuniários".

Para fins de perfeita identificação dos objetos analisados, denominaremos a relação jurídico-tributária com conteúdo patrimonial de *obrigação tributária* e a relação sem conteúdo patrimonial de *dever instrumental* ou *dever acessório*.

Dentre as duas espécies referidas, é intuitivo que a obrigação tributária principal, pelo conteúdo patrimonial do seu objeto — dever de efetuar o pagamento do tributo devido —, tem primazia sobre a espécie dos deveres instrumentais. É que estes — os deveres instrumentais—, como o próprio nome diz, são meros recursos acessórios de reconhecimento da ocorrência e das características do fato imponível tributário. As espécies, portanto, não se confundem. A obrigação tributária veicula o próprio dever de recolher o tributo, ao passo que o dever acessório limita-se a fornecer os meios materiais para viabilizar ou facilitar o reconhecimento da ocorrência e das características do fato imponível. Daí concluir-se que a relação jurídica de dever acessório ou instrumental não tem conteúdo patrimonial, seu objeto não é passível de tradução em quantidade de moeda.

106. "Decadência e Prescrição", *Cadernos de Pesquisas Tributárias*, n. 1, v. 2, p. 9.

Sobre o dever acessório, Paulo de Barros Carvalho[107] escreveu: "Nem todas as relações jurídico-tributárias, porém, revestem essência obrigacional. Ao lado da obrigação tributária, que realiza, na plenitude, os anseios do Estado, enquanto entidade tributante, dispõe a ordem jurídica sobre comportamentos outros, positivos ou negativos, consistentes num fazer, não fazer ou tolerar, que se não explicam em si mesmos, mas visam a tornar possível o conhecimento, o controle e a própria arrecadação da importância devida a título de tributo. Tais relações são conhecidas pela designação imprópria de 'obrigações acessórias', nome impreciso, uma vez que não apresentam a estrutura interior de liame obrigacional, inexistindo nelas prestação suscetível de dimensão econômica. São laços erigidos para veicular deveres do cidadão ou de pessoa jurídica para com a administração pública, no sentido de tornar efetiva a percepção dos tributos. (...) no campo das imposições tributárias são estabelecidos inúmeros deveres, que possibilitam o controle, pelo Estado, sobre a observância do cumprimento das obrigações estatuídas com a decretação dos tributos. Tais deveres são, entre muitos outros, escriturar determinados livros, prestar informações, fazer declarações, expedir notas fiscais, promover levantamentos físicos, econômicos ou financeiros, manter dados e documentos à disposição das autoridades administrativas, suportar fiscalização etc. *Tudo para que possa a entidade tributante estabelecer a desejada verificação do adequado cumprimento da obrigação tributária*" (g.n.).

É inequívoca, portanto, a vocação acessória do dever instrumental, cuja criação e observância têm o fim único de assegurar o reconhecimento e quantificação do fato imponível. Seu único compromisso, portanto, é com o atingimento dessa sua finalidade — de instrumento tendente a possibilitar o reconhecimento do fato imponível e exata verificação das características da obrigação tributária nascida da sua ocorrência.

A existência e caracterização próprias da espécie "deveres instrumentais" não é questão cogitada isoladamente pela doutrina brasileira, tendo, na doutrina italiana, Renato Alessi manifestado sua opinião no mesmo sentido.[108]

107. Idem, ibidem, p. 16.
108. Renato Alessi abordou a questão nos seguintes termos: "Si è detto più sopra che difronte ad una potestà tributaria di carattere finale, potestà

Já está consolidada na doutrina essa diferenciação entre obrigação tributária e deveres acessórios, sendo freqüentes as manifestações no sentido de que os deveres acessórios prestam-se exclusivamente à tarefa instrumental de reconhecimento do fato imponível e colaboração na definição das características da obrigação tributária.

Entidades distintas que são, têm — a obrigação tributária e os deveres acessórios — regimes jurídicos distintos, próprios e inconfundíveis, especialmente no que diz respeito às conseqüências normativamente impostas à sua eventual inobservância.

di imposizione sostanziale, (...) sta una folla di potestà di contorno, che si possono qualificare anch'esse, in definitiva come tributarie, in quanto in ultima analisi sono intese sia pure mediatamente ed indirettamente all'attuazione del prelievo tributario, ma che si presentano tuttavia come potestà accessorie e strumentali rispetto alla potestà sostanziale di prelevare il tributo; ad es.: potestà di vigilare, di perquisire, di esaminare libri contabili, locali, merci; potestà di convocare in ufficio contribuenti e terzi; potestà di ordinare l'esibizione di documenti contabili, ecc.; potestà molte delle quali, pertanto, possono essere considerate come rientranti nell'àmbito della potestà di polizia, in quanto dirette (finalità della polizia) ad un danno sociale nella specie rapresentato dall'evasione fiscale; potestà integranti, pertanto, la c. d. potestà di polizia tributaria. Ora, se di fronte all'esplicazione della potestà tributaria principale sorge, in concreto, nel modo che vedremo, quella che abbiamo qualificato come l'obbligazione tributaria, vale a dire l'obbligo di carattere tributario essenziale e principale (quello, per intenderci, di adempiere alla contribuzione coattiva), non altretanto è a dirsi per quanto riguarda le varie potestà secondarie e segnatamente quelle di polizia tributaria: di fronte ad esse sorgono soltanto meri doveri giuridici, di carattere secondario e strumentale, al pari delle potestà che ad essi danno luogo. (...) si pone la domanda: di fronte a questa folla di doveri giuridici configurabili in materia tributaria, sino a che punto può essere configurato un vero e proprio rapporto tributario? Possiamo rispondere: a) anzitutto escludendo della nozione e dall'àmbito di rapporto tributario quelli che abbiamo visto essere mere soggezioni e meri doveri di polizia tributaria, sia che si basino direttamente su norme giuridiche e sia che derivino da atti di esplicazione di potestà tributarie (di polizia tributaria); (...) d) infine, tenendo presente che debbono rientrare nell'àmbito dei meri rapporti giuridici tributari essendo per converso escluse dall'àmbito dei rapporti di obbligazione tributaria, quelle situazioni, sopra illustrate, nelle quali la coattività della imposizione si traduce in un mero onere di contribuzione per chi voglia raggiungere un certo risultato (godimento di prestazione, compimento di atti giuridichi, emanazione di atti amministratici e così vi)" (*Istituzioni di Diritto Tributario*, p. 41).

Deveras, o descumprimento da obrigação tributária consiste na própria falta de recolhimento do tributo devido, o que acarreta a necessidade de sua cobrança forçada, ao passo que o descumprimento de dever acessório dá lugar, apenas, à imposição da multa prevista em lei (quando for o caso), não se podendo cogitar, em princípio, de falta de recolhimento do tributo (pela simples razão de que não existe fato imponível, necessário à caracterização da subsunção normativa, com a conseqüente incidência da norma de tributação e nascimento da obrigação tributária respectiva).

Até do ponto de vista lógico é impossível confundir as duas hipóteses (descumprimento de obrigação tributária e de dever acessório), posto que a obrigação tributária decorre de ato/fato lícito, ao passo que o descumprimento de dever acessório já é juridicamente ilícito por sua própria natureza, contrário, portanto — o descumprimento —, ao direito. Assim, descumprimento de dever acessório não dá nascimento a obrigação tributária — que só decorre de ato lícito.

Tanto isso é verdade que a lei prevê para a hipótese de não serem suficientes os documentos e informações do contribuinte (descumprimento de deveres acessórios) a instauração de processo específico de apuração da eventual ocorrência do fato imponível, bem como das circunstâncias que o envolvem. E esse processo de levantamento de informações deve, respeitada a ampla defesa do contribuinte, ser o mais abrangente e esclarecedor possível, posto que a falta de cumprimento de deveres acessórios não implica, necessariamente, o nascimento da obrigação tributária principal. É que o mero descumprimento de dever acessório não acarreta, por si só, a incidência da norma tributária (que supõe a subsunção do fato imponível à respectiva hipótese de incidência). A distinção entre obrigação principal e dever acessório, contrariamente ao que entende parte da doutrina, é essencial e rica em desdobramentos práticos. Auxilia, por exemplo, a fundamentação de discussão de toda e qualquer norma que venha a pretender impor reconhecimento de fato imponível tributário ou quantificação de base de cálculo a partir de descumprimento de dever acessório (voltaremos, detidamente, à questão quando tratarmos das ficções e presunções).

Em face dos constantes abusos das autoridades administrativas, recordemos algumas noções básicas que regem esses procedimentos de apuração.

4
PROCESSO ADMINISTRATIVO

4.1 Processo e procedimento. 4.2 Princípios que informam o processo administrativo: 4.2.1 Ampla defesa — 4.2.2 "Due process of law". 4.3 Processo administrativo e verdade material. 4.4 Arbitramento.

4.1 Processo e procedimento

Para fins de equalização terminológica entendo necessário esclarecer que há distinção entre os termos *processo* e *procedimento* administrativos. Lucia Valle Figueiredo[1] ensina que o termo *processo* deve ser empregado quando estivermos diante de hipótese na qual há controvérsias ou acusação em geral, ao passo que o termo *procedimento* deve ser utilizado para referir-se à forma de se desenvolver a função administrativa, por meio da sucessão de atos.

Procedimento seria, assim, o desencadear de atos praticados no desempenho da função administrativa em geral, podendo ou não envolver situações de controvérsia ou acusações. Já o termo *processo* seria dedicado exclusivamente aos procedimentos que envolvessem essas últimas referidas circunstâncias. No mesmo sentido é a lição de Agustín Gordillo.[2]

4.2 *Princípios que informam o processo administrativo*

Versando o contencioso administrativo na órbita federal, Geraldo Ataliba[3] ensinou que o processo administrativo em geral é

1. *Curso de Direito Administrativo*, pp. 284 e ss.
2. *Procedimientos y Recursos Administrativos*, p. 23.
3. "Princípios Informativos do Contencioso Administrativo Federal", in *Revista de Informação Legislativa*, 1978, n. 58, pp. 123 e ss.

regido pelos seguintes princípios:[4] (i) ampla defesa — que se desdobra em (i.a) direito de petição, (i.b) direito a certidão, (i.c) direito à produção de provas, (i.d) ciência dos atos processuais, (i.e) direito de vista, inclusive fora da repartição, (i.f) moralidade e legalidade das provas; (ii) igualdade das partes; (iii) lealdade processual; (iv) celeridade e economia processual; (v) dever de sigilo e veracidade; (vi) supletividade das leis processuais civis e penais.

A explicitação doutrinária e normativa dos princípios que regem o processo administrativo impõe-se como necessária, em face da confusão — ora em boa-fé, ora não — entre interesse público primário e interesse público secundário.[5]

A diretriz básica para contenção de abusos e arbitrariedades por parte da administração repousa no princípio da ampla defesa. Sobre este preceito básico e sua aplicação ao processo administrativo, Agustín Gordillo[6] escreve lições inexcedíveis, iluminadas pela estrutura constitucional: "El principio constitucional de la defensa en juicio, en el debido proceso, es por supuesto aplicable en el procedimiento administrativo, y con criterio amplio, no restrictivo". (...) "Ello se explica, según ya dijimos, por el carater fundamentalmente axiológico que la Constitución da a este principio, y por constituir practicamente un principio general del derecho, consubstanciado con la esencia misma de derecho, y de lo que a veces se ha dado en llamar 'justicia natural'".

E passa a discorrer especificamente sobre as implicações do direito de defesa, nos seguintes termos: "(...) a) Publicidad del

---

4. Veja-se também Eduardo D. Bottallo, "Princípios Gerais do Processo Administrativo Tributário", in *RDT* 1/46, e Rubens Gomes de Sousa, "Procedimento Tributário", in *RDP* 29/280.
5. Trata-se da questão do interesse fazendário, por nós abordada anteriormente. A respeito, adverte Geraldo Ataliba: "Isto porque, como é sabido, por comodismo, espírito de prepotência e muitas vezes ignorância, certos agentes públicos no nosso País — como, de modo geral, nos países latinos — tendem a ignorar a força dos princípios, para se apegarem a determinadas regrinhas, tendo em vista reduzir ou restringir os interesses dos administrados, diante daquilo que eventualmente possa parecer ser o interesse do Estado, numa determinada situação" (p. 125) ("Princípios Informativos do Contencioso Administrativo Federal", in *Revista de Informação Legislativa*, 1978, n. 58).
6. *Procedimientos y Recursos Administrativos*, pp. 72 e 73.

procedimiento, en primer aspecto manifestada en el leal conocimiento de las actuaciones administrativas, lo que se concreta en la llamada 'vista' de las actuaciones; el 'secreto' del procedimiento sólo se justifica en casos excepcionales y por decisión expressa de autoridad competente. b) Oportunidad de expresar sus razones 'antes' de la emisión del acto administrativo, y desde luego también despues. c) Consideración expresa de sus propuestas, en cuanto sean conducentes a la solución del caso. d) Obligación de decidir expresamente las peticiones (...). e) Obligación de fundar las decisiones, analizando los puntos propuestos por las partes. f) Derecho a hacer patrocinar por letrado, teniendo su asistencia y intervención en todo momento; (...) el abogado también tiene necesario aceso al expediente y puede efectuar todos los actos procedimentales que corresponden a la defensa de su cliente. Derecho a ofrecer y producir la prueba de descargo de que quiera valerse lo que comprende: a) Derecho a que toda prueba razonablemente propuesta sea producida aunque deba producirla la propia administración (informes, etc.). b) Que la producción de la prueba sea efectuada 'antes' de que se adopte decisión alguna sobre el fondo de la cuestión. c) Derecho a controlar la producción de la prueba hecha por la administración, sea ella pericial o testimonial, como otra manifestación del principio de la publicidad" (pp. 82 a 84).

Por representar a chave de abóbada de todo o sistema no que diz respeito à relação administração *versus* administrado, este princípio merece mais específicas considerações.

4.2.1 Ampla defesa

A Constituição prevê a obrigatoriedade de se conceder aos acusados (seja na esfera administrativa, seja na judicial) a mais ampla defesa, com os recursos a ela inerentes, assegurando-lhes o devido processo legal e garantindo-lhes, outrossim, o direito ao contraditório, conforme dispõe o seu art. 5º, incisos LIV e LV.

Hely Lopes Meirelles[7] trata da questão nos seguintes termos: "A defesa, como já vimos, é a garantia constitucional de todo

---
7. *O Processo Administrativo e em Especial Tributário*, p. 26.

acusado (art. 153, § 15), em processo judicial ou administrativo, e compreende a ciência da acusação, a vista dos autos na repartição, a oportunidade para oferecimento de contestação e provas, a inquirição e reperguntas de testemunhas e a observância do devido processo legal (*due process of law*). É um princípio universal dos Estados de Direito, que não admite postergação, nem restrições na sua aplicação. Processo administrativo sem oportunidade de ampla defesa, ou com defesa cerceada, é nulo".

O processo administrativo deve buscar sempre, por definição, a real essência dos fatos — abrindo oportunidade à produção de provas, a levantamento de informações consistente com a finalidade do procedimento administrativo tendente ao lançamento.

O procedimento da fiscalização, assim, infringirá o princípio constitucional do contraditório sempre que não conceder ao particular a oportunidade de interagir e influir efetivamente no levantamento de informações, tudo conduzido sob metodologia adequada às finalidades do procedimento em questão. Caso contrário não terá sido deferido ao particular, como lhe assegura a Constituição Federal, o acesso ao devido processo legal, com os recursos inerentes à sua defesa.

Repita-se, a fiscalização fazendária tem por escopo a busca da verdade material, a real existência e essência dos fatos relevantes para a apuração e recolhimento dos tributos.

Impõe-se, assim, a averiguação exaustiva e imparcial dos eventos ocorridos no mundo dos fatos para a aferição de sua eventual subsunção à descrição normativa correspondente. É que a tarefa de verificação e análise dos elementos do mundo dos fatos, para concluir acerca dessa subsunção — conforme já exaustivamente demonstrado —, é *plenamente vinculada*, submetida irrestrita e severamente à lei, sendo inadmissível qualquer interferência valorativa por parte do agente administrativo. Daí por que lhe é vedado lançar mão de presunção para arrecadar imposto ou impor penalidade.

Deve, pois, a autoridade administrativa proceder a todo e qualquer levantamento e averiguação necessários à exata compreensão do fenômeno ocorrido no mundo dos fatos para aferir a sua eventual adequação à hipótese de incidência tributária, e tudo isso mediante ampla possibilidade de interação por parte do contribuinte interessado.[8]

Na medida em que não se defere à autoridade administrativa nenhuma atividade valorativa, conclui-se pela inevitável subordinação do processo administrativo ao princípio da verdade material ou real. Em outras palavras, *não se admite o predomínio da verdade formal no processo administrativo*. Daí a necessidade inexorável de se respeitar, da maneira mais irrestrita possível, o princípio constitucional da ampla defesa.

Toda rigidez em matéria tributária (princípios do consentimento, da legalidade e da tipicidade) estaria sendo contornada se fosse admissível qualquer tergiversação com o princípio da ampla defesa no curso do processo administrativo que tem por objeto o esclarecimento dos elementos necessários à prática do ato de lançamento do tributo.[9]

8. É a lição de Aliomar Baleeiro: "*Omissão ou suspeição do declarante* — Até prova em contrário (e também são provas os indícios e as presunções veementes), o Fisco aceita a palavra do sujeito passivo, em sua declaração, ressalvado o controle posterior, inclusive nos casos do art. 149 do CTN. Mas, em relação ao valor ou preço de bens, direitos, serviços ou atos jurídicos, o sujeito passivo pode ser omisso, reticente, ou mendaz. Do mesmo modo, ao prestar informações, o terceiro, por displicência, comodismo, conluio, desejo de não desgostar o contribuinte etc., às vezes deserta da verdade ou da exatidão. Nesses casos, a autoridade está autorizada legitimamente a abandonar os dados da declaração ou de informações, esclarecimentos ou documentos, sejam do primeiro, sejam do segundo e arbitrar o valor ou preço, louvando-se em elementos idôneos de que dispuser, dentro do razoável. Poderá arbitrar, isto é, estimar, calcular, buscar a verdade dentro ou fora da omissão, reticência, mentira. Poderá arbitrar, nesse sentido, mas não praticar o arbítrio puro e simples, indo até o absurdo ou às vizinhanças dele. O procedimento há de ser racional, lógico e motivado. *A pena contra a omissão, reticência, ou fraude, é a da lei, geralmente multa, não porém o arbítrio puro e simples, que duplicaria ou multiplicaria o peso do castigo. E tanto é esse o fim e o objeto do art. 148, que, na cláusula final, ele ressalva, em caso de contestação, a avaliação contraditória (isto é, bilateral), seja na instância administrativa, seja na judicial. Esta sempre garantida pelo art. 153, § 4º, da CF de 1967*" (g.n.) (*Direito Tributário Brasileiro*, pp. 453 e 454).

9. Veja-se Agustín Gordillo, *Procedimientos y Recursos Administrativos*, p. 63 e Alberto Xavier, *Do Lançamento no Direito Tributário Brasileiro*, p. 109.

Daí a utilidade didática da dicção do art. 142 do código tributário nacional, determinando que "a atividade do lançamento é vinculada e obrigatória, sob pena de responsabilidade funcional", dispondo que o agente fiscal que vai praticar esse ato administrativo deve fazê-lo de forma vinculada aos critérios legais previamente dispostos, calculando o montante do tributo devido e, sendo o caso, propondo a aplicação da penalidade cabível, tudo com absoluta submissão à lei.

Estas considerações — a exemplo do que ocorre com a legalidade e a tipicidade, que decorrem do princípio do consentimento — não são gratuitas e isoladas imposições do sistema normativo. São verdadeiros desdobramentos instrumentais de outro princípio supremo de contenção do exercício do poder, que se convencionou chamar de *due process of law*.

4.2.2 "Due process of law"

É sempre necessária a referência ao estudo feito por A. R. Sampaio Dória,[10] que sintetiza a evolução histórica do instituto, desde o Edito de Conrad II, de 1037, passando pela Carta Magna, de 1215 — arrancada, do rei João Sem Terra, pelos senhores feudais em extraordinária e violenta organização reivindicatória — e pela assimilação do princípio pelo direito constitucional norte-americano — na Constituição de 1787 e respectiva Emenda n. V — até atingir a Constituição brasileira de 1946, que acolheu o princípio do *due process of law*[11] e seus desdobramentos.

O significado da expressão *due process of law* é o de referir as garantias de natureza processual tendentes a inibir ou eliminar o arbítrio nas restrições aos direitos à vida, à liberdade e à propriedade. Ao longo dos séculos, a implementação prática do preceito, na dinâmica das relações sociais, deu causa ao surgimento das garantias processuais concernentes ao direito de ser previamente convocado — por meio de citação — para comparecer ao proces-

---

10. *Princípios Constitucionais Tributários e a Cláusula "Due Process of Law"*, tese para concurso na USP, 1964.
11. A expressão também é conhecida por *"law of the land"*, podendo ser utilizadas como sinônimos.

so e, nele, ver reconhecido o direito à oportunidade de deduzir a competente defesa. Mas a importância do preceito não consentiu com a limitação de seu conteúdo a mera diretriz processual, adjetiva. Não. A interpretação do preceito, desde o final da Guerra Civil norte-americana, sempre percorreu o caminho alargador do alcance e explicitador do conteúdo verdadeiramente material da cláusula *due process of law*.

Conceituar a cláusula, todavia, não é matéria simples, havendo até mesmo quem desaconselhe, por entendê-la inconveniente, a tentativa. É o caso de Frankfurter,[12] juiz da Suprema Corte dos EUA, que disse: "*Due process* não pode ser aprisionado dentro dos traiçoeiros lindes de uma fórmula (...) *due process* é produto da história, da razão, do fluxo das decisões passadas e da inabalável confiança na força da fé democrática que professamos. *Due process* não é um instrumento mecânico. Não é um padrão. É um delicado processo de adaptação que inevitavelmente envolve o exercício de julgamento por aqueles a quem a Constituição confiou o desdobramento desse processo".

O desenvolvimento da compreensão do alcance da cláusula — de (i) regra processual *a* (ii) princípio basilar de conteúdo material — não passou desapercebido por San Tiago Dantas,[13] que escreveu: "(...) enquanto na Inglaterra jamais se concebeu que o princípio pudesse ser invocado contra um ato do Parlamento, supremo depositário da soberania, nos Estados Unidos a fórmula cedo começou a ser considerada limitativa para o próprio Congresso, e a constituir um dos *standards* jurídicos com que a Corte Suprema censura a constitucionalidade das leis, de modo que o tribunal já podia dizer no *leading case* Hurtado x California: 'Applied in England only as guards against executive usurpation and tiranny, here they have become bulwaks also against arbitrary legislation'".

A cláusula é instrumento de proteção contra o arbítrio, seja ele de quem for. Diz San Tiago Dantas:[14] "O instrumento está cria-

---

12. *Apud* A. R. Sampaio Dória, *Princípios Constitucionais Tributários e a Cláusula "Due Process of Law"*, p. 48.
13. "Igualdade Perante a Lei e 'Due Process of Law'", in *Problemas de Direito Positivo*, p. 43.
14. Idem, ibidem, pp. 43-44

do. Como escreve Pound, o *due process of law* é um *standard*, pelo qual se guiam os tribunais, e, assim sendo, 'deve aplicar-se tendo em vista circunstâncias especiais de tempo e de opinião pública em relação ao lugar em que o ato tem eficácia'". E invoca a manifestação do *Justice* Daniel Webster que, segundo o autor, "(...) ofereceu a síntese, sem dúvida mais conhecida, do que se entende por *law of the land* ou *due process of law*: 'The meaning is that every citizen shall hold his life, liberty, property, and immunities under the protection of the general rules which govern society. Everything which may pass under the form of enactment is not, therefore, to be considered the law of the land'".

É que, ao lado do requisito da generalidade, não basta à norma jurídica inaugural ser veiculada por meio de lei. Diz San Tiago Dantas: "(...) não basta a expedição de um ato legislativo formalmente perfeito para preencher o requisito do *due process of law*. Se assim fosse, a cláusula seria inoperante como limite ao arbítrio legislativo, pois o requisito constitucional estaria atendido com a simples existência formal da lei" (p. 45). O autor inclui sob o alcance do conceito de *due process of law*, por um lado, fórmulas constitucionais que possibilitam o desempenho pelo Judiciário da sua inerente função fiscalizadora e controladora da atuação do Estado e, por outro lado, um processo técnico de sujeição material da lei a princípios superiores do direito (ob. cit. p. 51).

Iluminados por estas lições é que devemos estabelecer os parâmetros dentro dos quais deve o processo administrativo se desenrolar, sempre buscando o interesse público primário, a realização do desígnio constitucional, impondo-se a ampla e desinteressada perquirição da verdade material acerca dos fatos analisados, para reconhecimento adequado dos respectivos efeitos legais.

4.3 Processo administrativo e verdade material

O nascimento de obrigação tributária, recorde-se, depende da ocorrência, no mundo dos fatos, de evento que se subsuma integralmente à hipótese de incidência (prescrição abstrata) descrita na norma de tributação. Impõe-se, pois, a averiguação exaustiva e imparcial dos eventos ocorridos no mundo dos fatos para aferição da sua eventual subsunção à descrição normativa correspondente.[15]

A tarefa de verificação dos elementos do mundo dos fatos para averiguar eventual ocorrência de subsunção de fatos à lei tributária é plenamente vinculada. Trata-se de atividade administrativa que se submete integralmente à lei, sendo inadmissível qualquer interferência valorativa do agente administrativo encarregado de levá-la a cabo. Deveras, a atividade valorativa em matéria de instituição e arrecadação de tributos esgota-se no plano legislativo. No plano da administração (arrecadação) tributária (aí incluída a tarefa de verificação do fato imponível e de aplicação da legislação fiscal correspondente) a interferência valorativa é totalmente proscrita, vedada, inclusive, ao juiz.[16]

Deve, pois, a administração tributária buscar a *verdade material* acerca dos acontecimentos que, no mundo fenomênico, detecte e julgue subsumirem-se às hipóteses de incidência abstratamente descritas nas normas jurídicas de tributação. Não pode, no entanto, a administração pretender complementar, aprimorar, suprir ou, de qualquer forma, alterar ou inovar matéria constitucionalmente submetida — de forma solene e severa — à mais absoluta e estrita legalidade.

15. Ver Geraldo Ataliba, *Hipótese de Incidência Tributária*, pp. 62 e ss.
16. Nesse sentido é a lição de Alberto Xavier: "(...) existiria discricionariedade quanto ao conteúdo se a lei autorizasse a administração, na prática do lançamento, a exercer uma liberdade de escolha referente a qualquer dos elementos que concorrem para, em abstrato, definir a prestação tributária individual. Uma autorização dessa espécie, seria, porém, inconstitucional — e isto precisamente por brigar contra o *princípio da legalidade na sua expressão de reserva absoluta de lei ou de tipicidade*. Ora, de harmonia com o princípio da tipicidade — *nullum tributum sine lege* — *a lei fiscal contém em si mesma uma valoração definitiva das realidades sobre que versa, a qual exclui qualquer elemento a ela estranho, especialmente a vontade da administração*" (g.n.) (*Do Lançamento no Direito Tributário Brasileiro*, p. 162). É também nesse sentido a antiga lição de Tulio Ascarelli que sintetizou: "Falece ao fisco qualquer poder discricionário nesta matéria, porquanto o objetivo do lançamento é exclusivamente declarar o resultado da rigorosa aplicação da lei a determinados fatos" ("Imposto de Renda — Considerações sobre as declarações prestadas pelo contribuinte e as decisões administrativas", in *RT* 156/483).

Em outras palavras, como assevera Alfredo A. Becker,[17] desde que ocorra o fenômeno da subsunção, a incidência da regra de tributação é absolutamente automática, incumbindo à autoridade administrativa, única e exclusivamente, verificar a ocorrência do referido fenômeno da subsunção e zelar pela aplicação da norma jurídica, *nos exatos e precisos termos em que posta pelo legislador competente. Nada além e nada aquém.*

A atividade de verificação da ocorrência (e qualificação jurídica) dos fatos jurídicos tributários — assim entendidos aqueles eventos fenomênicos que se subsumem à hipótese de incidência tributária, validamente descrita por lei — consuma-se mediante procedimento administrativo. Suas características e parâmetros fundam-se diretamente em princípios informadores de rígida disciplina constitucional, sendo defeso à administração pretender, por qualquer forma ou meio, praticar ato que exceda tal limitada e rigorosamente vinculada competência administrativa. No procedimento administrativo não basta a interpretação razoável, para usar a expressão de Recaséns Siches,[18] impondo-se a descoberta da verdade material.

Nesse sentido, veja-se trabalho exaustivo de Geraldo Ataliba[19] no qual, tratando da defesa contra ato administrativo de imposição de penalidade, sustenta: "(...) *em matéria de direito punitivo, prevalece o princípio da verdade material sobre o princípio da verdade formal,* ao contrário do que acontece em matérias patrimoniais ou de realização de desígnios econômico-patrimoniais (...). O princípio da ampla defesa tem aqui cabal aplicação. Na verdade ele não se restringe à esfera do direito penal, mas a todo o campo do chamado direito punitivo. Em outras palavras, toda vez que estivermos diante do Estado desempenhando sua função de punir — compreendida sob a designação genérica de *jus puniendi* — tem plena, absoluta e cabal aplicabilidade a disposição do § 15 do art. 153 da Constituição, que trata de assegurar a ampla defesa. Ampla significa lata, extensa, aberta, irrestrita. *É causa de nulidade qualquer*

---

17. *Teoria Geral do Direito Tributário*, p. 60.
18. *Nueva Filosofía de la Interpretación del Derecho*, p. 176.
19. "Princípios do Procedimento Tributário", in *Revista Fisco e Contribuinte*, junho/75, p. 464.

tipo de constrangimento ou restrição que reduza, de qualquer forma, a possibilidade que têm os acusados de deduzirem todas as provas testemunhais, documentais, periciais e outras, em seu benefício, em defesa de seus direitos. Com relação ao termo 'acusado', empregado pelo § 15 do art. 153 da Constituição, não há dúvida que se refere não só aos acusados perante a justiça criminal, como todo e qualquer tipo de acusado de infração de toda e qualquer norma jurídica, inclusive na esfera administrativa" (g.n.).

Como desdobramento do princípio da ampla defesa, salienta Geraldo Ataliba,[20] no citado estudo, a ótica a partir da qual deve a questão do ônus da prova ser analisada: *"Não pode ser aplicado qualquer tipo de punição com base em presunções.* Por outro lado, também não pode — sem ampla comprovação, convincente aos olhos do julgador — ser reconhecida a existência ou autoria de qualquer fato ilícito. Na verdade, em matéria punitiva, *todo ônus da prova incumbe à Administração*, ficando ao acusado simplesmente a prova das circunstâncias ou fatos que sejam excludentes, elidentes ou de quaisquer atenuadores das circunstâncias que o prejudicam (...). *A aplicação de sanções depende de prova que deve ser exaustivamente promovida pelo fisco*, de tal forma a convencer, por meios não indiciários, mas diretos, o julgador, quanto à procedência do alegado. *Trata-se de uma proteção estabelecida em favor da liberdade e do patrimônio do contribuinte, que não pode ser punido com base em presunções.* Por isso se afirma que a verdade material prevalece, sempre, nesses casos, sobre a verdade formal" (g.n.).

Então, demonstrada a ocorrência de qualquer restrição ao direito de ampla defesa do contribuinte acusado de ter cometido irregularidade, deve-se concluir pela nulidade do procedimento fiscal, desconstituindo-se o eventual título executivo nele lastreado.[21] Essa afirmação não decorre de formalismo na análise do alcance do princípio da ampla defesa, mas sim do necessário respeito ao alcance do princípio da verdade material, que nada mais faz do que garantir a adequada constatação da ocorrência, ou não, de fato imponível tributário e o correto enquadramento do fato imponível constatado, nos termos do ordenamento jurídico vi-

20. Idem, ibidem.
21. Veja-se José Frederico Marques, "A Garantia do "Due Process of Law" no Direito Tributário", in *RDP* 5/28.

gente. É que, repita-se, toda a rigidez constitucional em matéria tributária (princípio da legalidade, princípio da tipicidade etc.) estaria sendo contornada se fosse admissível restrição ao princípio da ampla defesa no transcorrer de processo administrativo que visa o lançamento de tributo e/ou à aplicação de penalidade.

Deveras, a única maneira de assegurar a plena eficácia dos princípios constitucionais da legalidade, da tipicidade, isonomia, capacidade contributiva etc.,[22] é excluir de maneira eficaz qualquer intromissão volitiva dos órgãos da administração na tarefa de apuração e lançamento de tributo devido. Em outras palavras, repita-se, a tarefa administrativa consiste na verificação da ocorrência e das características dos fatos ocorridos para, a partir daí, implementar a aplicação da norma jurídica. Se ao contribuinte não for deferido o direito à ampla defesa, a administração estará decidindo o objeto do processo administrativo (verificação da ocorrência do fato imponível e suas características) de forma eventualmente divorciada da realidade, o que, por via oblíqua, ofende e

22. A correlação entre ampla defesa no processo administrativo e respeito ao princípio constitucional da legalidade também não passou despercebida por H. W. Kruse que ensinou: "La protección del particular contra medidas antijurídicas de la administración, establecida especialmente mediante el principio de tipicidad de la imposición, se considera actualmente como obvia, pero nunca se llegara a valorarla en grado suficiente. (...) Con ello (procedimiento) el debedor impositivo, ya en la fase administrativa, que normalmente lleva a tramitación el caso impositivo, está perfectamente en situación de hacer valer sus derechos y pretensiones frente a las autoridades financieras; con ello, a su vez, es deber oficial de éstas no pasar por alto simplemente el ejercicio de tales derechos y pretensiones, sino prestar a los mismos la atención debida" (in *Derecho Tributario*, p. 503). Daí o vigor da manifestação de Agustín Gordillo, que sustenta que "Si la decisión administrativa no se ajusta a tales hechos reales, aunque ello resulte de una falta de información no subsanada por el particular, el principio de la verdad material lleva de todos modos a igual conclusión: el acto que no se ajusta a la verdad de los hechos se encuentra viciado" (in *Procedimiento y Recursos Administrativos*, p. 330). Vale, mais uma vez, invocar a lição de Alberto Xavier, que, tratando do princípio da verdade material, escreveu o seguinte: "A instrução do processo tem como finalidade a descoberta da verdade material no que toca ao seu objeto; e daí a lei fiscal conceder aos seus órgãos de aplicação meios instrutórios vastíssimos que lhe permitam formar a convicção da existência e conteúdo do fato tributário" (in *Do Lançamento no Direito Tributário Brasileiro*, p. 109). É novamente esclarecedora a lição de Agustín

compromete os princípios constitucionais da legalidade e da tipicidade, afastando a segurança jurídica.[23]

A experiência prática no trato de questões submetidas a processos administrativos impõe um esclarecimento, visando a combater um preconceito — de conveniência ou por pura ignorância, não importa — que se vem formando no seio da administração. Têm as autoridades administrativas considerado que o direito à ampla defesa limita-se ao direito do particular de alegar e comprovar de plano a imprestabilidade de levantamentos, arbitramentos etc., como se o *due process of law* se limitasse a conferir ao particular o direito de manifestar sua inconformidade. Tal pri-

Gordillo, nos seguintes termos: "Por último, en íntima unión con el principio de la instrucción cabe mencionar el principio de la verdad material, por oposición al principio de la verdad formal. Esto es fundamental respecto a la decisión que finalmente adopte la administración en el procedimiento: mientras que en el proceso civil el juez debe necesariamente constreñirse a juzgar según las pruebas aportadas por las partes (verdad formal), en el procedimiento administrativo el órgano que debe resolver está sujeto al principio de la verdad material, y debe en consecuencia ajustarse a los hechos, prescindiendo de que ellos hayan sido alegados y probados por el particular o no; (...) Si la decisión administrativa no se ajusta a los hechos materialmente verdaderos, su acto estará viciado por esa sola circunstancia. La fundamentación del principio se advierte al puento si se observa que la decisión administrativa debe ser independiente de la voluntad de las partes, y que por ejemplo un acuerdo entre las partes sobre los hechos del caso, que en el proceso civil puede ser obligatorio para el juez, no resulta igualmente obligatorio para el administrador, que está obligado a comprobar la autenticidad de los hechos, a la inversa, entonces, tampoco puede depender la decisón administrativa de la voluntad del administrado de no aportar las pruebas del caso: ella debe siempre ajustarse unicamente al principio de la verdad material" (idem ibidem, p.63).

23. Tratando de matéria semelhante, Celso Antônio Bandeira de Mello assentou com clareza: "(...) dado que só pode ser tributada renda real (e não podem ser gravados depósitos bancários como se renda fossem), resulta que é obrigatória a perquirição da realidade, sendo interdito o aferrar-se a dados formais para 'presumir renda', ainda que esta de fato inexista. A exigência de atenção ao princípio da verdade material é particularmente relevante na matéria em pauta, posto que só se pode tributar a renda real efetivamente existente e detectada, fato que opõe irremissíveis embargos à recusa de validade a esclarecimentos desassistidos de esforço em assentamentos contábeis" (g.n.) (p. 102) ("Imposto sobre a Renda — Depósitos Bancários — Sinais Exteriores de Riqueza", in *RDT* 23-24/91).

mário entendimento não resiste a superficial análise e reflexão sobre o alcance do direito à ampla defesa. A manifestação contestatória do contribuinte é apenas o início do procedimento contraditório a ser instaurado no curso do processo administrativo, cuja condução deve pautar-se pela busca da verdade material acerca dos fatos envolvidos, sem nenhuma economia ou restrição aos meios de prova disponíveis. A contestação, longe de esgotar o direito à ampla defesa, com todos os recursos a ela inerentes, é mero pressuposto de início do exercício desse direito constitucionalmente conferido e assegurado ao particular.

Vejamos, pois, como essas noções inserem-se na dinâmica do procedimento administrativo de apuração da ocorrência do fato imponível e suas circunstâncias, visando ao lançamento.

4.4 Arbitramento

Se a fiscalização tiver alguma razão fundada para pretender cogitar desconsiderar os esclarecimentos prestados pelo contribuinte, deve ela, fiscalização, pautar seu comportamento na lei. É que — ainda que a fiscalização não aprecie essa realidade — seu comportamento está inexorável e completamente limitado ao disposto na lei.

E a lei fornece os mecanismos para solucionar eventuais dificuldades na obtenção de documentos ou informações idôneas; trata-se do procedimento de arbitramento.[24] Este instituto, toda-

24. Alberto Xavier, tratando das investigações que devem ser realizadas no curso de procedimento administrativo tendente ao lançamento, explicitou suas lições anteriores: "A este quesito a resposta do Direito Tributário é bem clara. Dominado todo ele por um princípio de legalidade, tendente à proteção da esfera privada dos arbítrios do poder, a solução não poderia deixar de constituir em submeter a investigação a um princípio inquisitório e a valoração dos fatos a um princípio da verdade material. Com efeito, de entre os caracteres gerais que se podem individualizar neste tipo de procedimento sobressai, desde logo, sua natureza marcadamente inquisitória, no que toca às provas e ao objeto processual. Por força destes princípios, o Fisco não está limitado aos meios de prova facultados pelo contribuinte, nem pode prescindir das diligências probatórias previstas na lei como necessárias ao pleno conhecimento do objeto do processo, salvo quando a lei excepcionalmente o autorize. O procedimento tributário de lançamento

via, deve ser analisado e compreendido nos termos da lei e pautado por todas as exigências sistemáticas da Constituição. Não se trata de procedimento arbitrário.

Como se recorda, o art. 148 do código tributário nacional, matriz legal das hipóteses de arbitramento, declara textualmente o seguinte: "Quando o cálculo do tributo tenha por base, ou tome em consideração, o valor ou preço de bens, direitos, serviços ou atos jurídicos, a autoridade lançadora, *mediante processo regular*, arbitrará aquele valor ou preço, sempre que sejam omissos ou não mereçam fé as declarações ou esclarecimento prestados, ou os documentos expedidos pelo sujeito passivo ou pelo terceiro legalmente obrigado, *ressalvado, em caso de contestação, avaliação contraditória, administrativa ou judicial*" (g.n.). Não há como argumentar em sentido contrário. Como decorrência das exigências sistemáticas da Constituição, a didática norma jurídica não está aconselhando ou sugerindo; a lei — e o sistema — determina e impõe aos apressados agentes fiscais o único comportamento que podem adotar na hipótese de pretenderem desconsiderar documentos e esclarecimentos do contribuinte. Fora desse padrão sistemático e legal, qualquer ato do agente administrativo é nulo; sua vontade é irrelevante; seu poder, nenhum. O subsistema constitucional tributário brasileiro proscreve o atalho fácil do arbítrio e da presunção.

Sobre o art. 148 do c.t.n., Rubens Gomes de Sousa,[25] com sua habitual elevada densidade conceitual, merece transcrição, pela autoridade e capacidade de síntese: "Lançamento é o procedimen-

reveste, pois, as características de um verdadeiro processo inquisitório, tendo por objeto o fato tributário na sua existência histórica, de cuja verificação a lei faz depender a pretensão tributária. A instrução do processo tem como finalidade a descoberta da verdade material no que toca ao seu objeto; e daí a lei fiscal conceder aos seus órgãos de aplicação meios instrutórios vastíssimos que lhe permitam formar a convicção da existência e conteúdo do fato tributário. Essa convicção é, porém, uma livre convicção, no sentido de que não está limitada à existência de regras legais de prova, onde os meios probatórios têm, em princípio, o valor que lhes resulte da sua idoneidade como elementos da referida convicção" ("I.R. — Lançamento por arbitramento — Pressupostos e Limites", in *RDT* 31/174).

25. E prossegue: "Explicadas assim a natureza e as finalidades do lançamento, fica claro que *a norma do art. 148 do CTN rege a 'valoração quantitati-*

to vinculado e obrigatório, privativo da autoridade administrativa, tendente à constituição do crédito tributário pela verificação da ocorrência do fato gerador da obrigação correspondente, pelo cálculo do montante devido, pela identificação do sujeito passivo e, sendo caso, pela proposta de aplicação da penalidade cabível (CTN, art. 142). (...) o lançamento (...) tem por fim a constatação e a *valoração qualitativa e quantitativa* das situações que a lei define como pressupostos da imposição e, como conseqüência, a criação da obrigação tributária em sentido formal.' (...) 'A palavra *valoração* é aqui usada no sentido de exame, análise, verificação: não deve ser confundida com avaliação, que é apenas uma forma ou modalidade de análise, como veremos adiante. A valoração, neste sentido, pode ser *qualitativa* ou *quantitativa*. Por *valoração* qualitativa entende-se o exame da qualidade do fato gerador, isto é, da sua natureza (...). Por sua vez, a *valoração quantitativa* (...) consiste em apurar o valor em dinheiro do fato gerador já analisado pela valoração qualitativa, para o efeito de calcular o montante do tributo devido em função desse valor. Pode ser uma simples operação matemática, quando o valor resulte do simples exame (por exemplo: o valor de uma venda ou de um contrato), ou pode ser

va' que é um dos elementos integrantes do lançamento, através dos quais este constata o prévio nascimento da obrigação tributária pela ocorrência do fato gerador e, mediante essa constatação, cria o crédito tributário correspondente (CTN, art. 142). Muito embora essa conceituação jurídica do lançamento, adotada pelo CTN, como ato ao mesmo tempo declaratório da obrigação tributária e constitutivo do crédito que lhe corresponde seja controvertida em doutrina, ela não é essencial para *dar ao lançamento o caráter de um procedimento administrativo vinculado, isto é, não-discricionário.* Por outras palavras, o lançamento é um procedimento desta última natureza, e sempre o seria qualquer que fosse a tese doutrinária adotada quanto aos seus efeitos: de resto, o CTN é expresso em assim o definir (art. 142, parágrafo único). *A não-discricionariedade dos atos da administração tributária em geral, e do lançamento em particular, decorre da natureza "ex lege" da própria obrigação tributária.* Ou seja, da circunstância de ser a obrigação tributária uma relação jurídica derivada exclusivamente da lei como expressão do poder de soberania do Estado. Quando a Constituição diz que nenhum tributo será exigido ou aumentado sem que a lei o estabeleça (art. 150 § 29) ela não está apenas proclamando, no plano político, uma garantia individual, mas também definindo, no campo técnico, o meio de atuação do Estado no caso particular. (...) No mesmo sentido que Vanoni, conclui Angelo Dus que, em matéria de lança-

uma operação técnica mais ou menos complexa (por exemplo: a avaliação de um imóvel)".

É extraordinariamente feliz a utilização das locuções "valoração qualitativa" e "valoração quantitativa", feita por Rubens Gomes de Sousa, pois trata de apartar, completamente, a ingerência de uma *na* outra. A valoração qualitativa, adstrita à verificação da ocorrência do fato imponível, precede a quantitativa e, mais importante ainda, não é por esta (quantitativa) influenciada. No segundo momento, isto é, verificada a ocorrência do fato imponível e o conseqüente nascimento da obrigação tributária respectiva, por meio da qualitativa, é que tem lugar a valoração quantitativa, tendente à tradução em números da obrigação cujo nascimento foi outrora detectado. Então, os limites de atuação desta valoração quantitativa circunscrevem-se ao escopo da sua função: quantificar. É-lhe vedado intrometer-se na questão atinente ao nascimento da própria obrigação tributária, cujo conteúdo visa a quantificar.

Daí por que a garantia do contraditório, no caso de impugnação de arbitramento (art. 148 do c.t.n), é ampla e irrestrita, assegurando-se que o ato de quantificação — objeto da obrigação — não

mento, não se admite discricionariedade administrativa, *podendo-se, quando muito, tolerar uma margem de erro técnico*. De resto, a discricionariedade administrativa, como conceito jurídico, exige premissas que, como adiante veremos, estão ausentes no processo de lançamento tributário. O preceito constitucional da legalidade tributária é atuado na lei complementar através da chamada 'reserva da lei', isto é, da definição normativa de quais os elementos da relação jurídica tributária cuja regulamentação é privativa da lei, entendida *stricto sensu* como ato votado pelo Legislativo e sancionado pelo Executivo. Esses elementos reservados à lei são: a instituição, majoração, redução ou extinção do próprio tributo, a definição do fato gerador da respectiva obrigação, a fixação da sua alíquota e da sua base de cálculo, a tipicidade das infrações e a cominação de penalidade, e a enumeração das hipóteses de exclusão, suspensão e extinção do crédito tributário (CTN, art. 97). No tocante à majoração do tributo, o dispositivo esclarece, para estender a norma da 'reserva da lei' também à hipótese, que ela se equipara à modificação da base de cálculo, que importe em tornar o tributo, *ceteris paribus*, mais oneroso (CTN, art. 97, § 1º). Por outras palavras, a majoração do tributo, privativa da lei, não é somente a que decorre da agravação da alíquota" ("Um Caso de Ficção Legal no Direito Tributário: A pauta de valores como base de cálculo do ICM", in *RDP* 11/19).

esteja transformando-se em verdadeiro ato de pretensa criação da própria obrigação. A quantificação da obrigação tributária é tarefa absoluta e severamente submetida à lei e ao amplo contraditório. E não basta que se defira oportunidade para apresentação, pelo particular, de defesa. Impõe-se a verificação dos elementos probatórios trazidos pelo particular, abrindo-se a avaliação contraditória reclamada pela lei e assegurada pela Constituição.

Neste contexto, impõe-se a consideração das presunções e ficções legais, tão largamente utilizadas, especialmente em matéria de imposto sobre a renda, no direito brasileiro. Recordemos, pois as noções de presunção e ficção legais.

5
PRESUNÇÕES E FICÇÕES EM MATÉRIA TRIBUTÁRIA

5.1 Pensamento alienígena (e antecipação de algumas considerações): 5.1.1 Referência à doutrina italiana — 5.1.2 Referência à doutrina espanhola — 5.1.3 Referência à doutrina argentina. 5.2 Doutrina brasileira: 5.2.1 Na Teoria Geral do Direito — 5.2.2 No chamado direito tributário. 5.3 Considerações terminológicas: 5.3.1 Presunção e ficção — 5.3.2 Elisão e evasão. 5.4 Consideração crítica.

5.1 Pensamento alienígena (e antecipação de algumas considerações)

Sem nenhuma pretensão de proceder a uma compilação exaustiva, relacionamos alguns estudos estrangeiros dos quais poderemos extrair elementos que contribuirão para a formatação de considerações críticas sobre a questão, no sistema brasileiro.

5.1.1 Referência à doutrina italiana

No código civil italiano[1] há definição de presunção, nos seguintes termos: "art. 2.727. le presunzioni sono le conseguenze che la legge o il giudice trae da un fatto noto per risalire a un fatto ignorato". Trata-se de disposição legal meramente didática, limitando-se a explicitar a estrutura do procedimento intelectual dedutivo, que parte de fato conhecido para alcançar um fato desconhecido.

O art. 2.728 do mesmo código civil italiano dispõe: "Le presunzioni legali dispensano da qualunque prova coloro a favore dei quali esse sono stabilite. Contro de presunzioni sul fondamento

1. G. Cian e A. Trabucchi, *Commentario Breve al Codice Civile*.

delle quali la legge dichiara nulli certi atti o non ammette azione rigiudizio non può essere data prova contraria, salvo che questa sia consentida dalla legge stessa". Essa norma, assim, dispensa prova da presunção legal, e não admite contestação judicial.

Em seguida, o diploma italiano trata das presunções simples (cuja origem não é a lei), nos seguintes termos: "Art. 2.729. Le presunzioni non stabilite dalla legge sono lasciate alla prudenza del giudice, il quale non deve ammettere che presunzioni gravi, precise e concordati. Le presunzioni non si possono ammettere nei casi in cui la legge esclude la prova per testimoni".

Tanto na presunção legal quanto na presunção simples liga-se um fato desconhecido a um fato conhecido, só que essa relação entre os fatos tem origem diversa; na primeira, a legal, a causa da vinculação fatos conhecido/desconhecido está na lei, ao passo que na segunda, a simples, a vinculação é deferida ao prudente critério do juiz.

As presunções legais são subdivididas pela doutrina em duas espécies: (i) a absoluta (*juris et de jure*) e (ii) a relativa (*juris tantum*). A primeira não admite prova em contrário, o mesmo não ocorrendo com a segunda.

Giorgio Gentili[2] formula a seguinte proposição descritiva: "(...) si può agevolmente concludere che per il nostro legislatore le presunzioni legali non sono altro che 'le conseguenze che la legge trae da un fatto noto per risalire ad un effetto ignorato', que 'dispensano da qualunque prova coloro a favore dei quali esse sono stabilite'" (p. 13). "Se si cerca ora di scomporre logicamente, nei suoi tratti essenziali, la definizione che si è sopra ricavata, per cercare de penetrarne l'intimo significato e contenuto, potrà allora dedursi che la presunzione, a) ha per base un 'fatto noto'; b) ha per effetto 'la dispensa da qualunque prova', del soggetto a favore del quale essa è posta; c) ha per oggetto il 'fatto ignorato' cui il legislatore, in via de prima approssimazione, è 'risalito' dal fatto noto; d) ha come fondamento logico un princípio d'esperienza, il quale, in presenza del fatto noto, fa ritenere probabile quello ignorato ovvero la semplice preferenza, svincolata da criteri probabilistici e legata a fattori di opportunità che, in presenza del fatto

---

2. *Le Presunzioni nel Diritto Tributario*, p. 14.

noto, il fatto ignorato sia ritenuto esistente rispetto a quella contrária".

Uma característica peculiar das presunções em matéria tributária consiste no fato de que, enquanto a presunção em matéria privada, em geral, beneficia uma certa categoria de sujeitos abstratamente considerada, a presunção em matéria tributária é instrumento legal dirigido, quase que invariavelmente, ao objetivo de beneficiar a fazenda pública.

Nota-se que, mesmo no direito italiano, no qual, como vimos, as presunções são referidas no próprio texto legal do código civil, não passam elas — as referências — de proposições descritivas sobre um certo modo de proceder do legislador e sobre o respectivo conteúdo material de normas jurídicas assim postas.

Às normas jurídicas que contêm mandamento que pressupõe fato desconhecido, a partir de determinado fato conhecido, convencionou-se denominar de normas que contêm presunção (seja ela absoluta ou relativa, o que, como veremos, não importa, ao menos em matéria tributária).

Não passariam, as presunções, de raciocínios alhures desenvolvidos pelo legislador ordinário visando, geralmente, a atingir dois objetivos: (i) favorecer a tarefa de arrecadação tributária, e sua subjacente atividade fiscalizadora, e (ii) desencorajar os comportamentos do particular, tendentes à evasão fiscal. Do ponto de vista da ciência do direito enquanto metalinguagem descritiva do sistema normativo posto, essas considerações extranormativas são irrelevantes. Interessa, aí sim, analisar-se o conteúdo das normas jurídicas postas (em cujo processo de elaboração a fonte competente utilizou o raciocínio consistente em presunção) e perquirir-se da sua adequação ao subsistema constitucional tributário brasileiro.

Sob esta ótica, qualquer que tenha sido o método de raciocínio ou a intenção do órgão legislativo, a norma jurídico-tributária poderá, somente, criar facilidades procedimentais para os agentes públicos encarregados da fiscalização e arrecadação de tributos. E, em qualquer hipótese, ampla possibilidade de defesa, no curso de processo regular de apuração da verdade material, com todos os recursos a ela — defesa — inerentes, estará à disposição do particular constrangido.

É que, em face do sistema constitucional brasileiro e respectivo subsistema tributário, nenhuma construção, assim do plano normativo positivo como do plano metalingüístico da ciência do direito, poderá resultar (i) em nascimento de obrigação tributária sem ocorrência de fato imponível tributário — aquele que se subsume irrestritamente ao antecedente de regra-matriz tributária conforme com os padrões constitucionais impostos ao legislador competente (prefixação, em geral expressa, do critério material; pré-identificação, expressa ou implícita, do destinatário constitucional tributário, com a conseqüente prefixação do critério pessoal; e assim por diante); ou (ii) em inviabilização de exercício de defesa, da qual possa resultar o pretenso nascimento de obrigação tributária conforme referido em (i) deste parágrafo.

Di-lo Giorgio Gentili:[3] "Le presunzioni, legale o semplici, hanno un'enorme importanza nel diritto tributario come strumenti volti, (...) a rendere più agevole l'esercizio della potestà impositive nelle sue varie manifestazioni, prima fra tutte quella dell'accertamento. La 'ratio' di 'favor' per l'amministrazione finanziaria che le presunzioni tendenzialmente assumono nel diritto tributario deve essere però valutata con estrema prudenza, in modo tale che la loro concreta applicazione non solo non conduca ad un risultato contrario a quello consentito dai principi desumibili dalle singole leggi di imposta, ma anche e soprattutto non porti a risultati confliggenti con i principi generali del nostro ordinamento, primi fra tutti quelli costituzionali; ci si riferisce, in modo particolare, non solo al principio di capacità contributiva (art. 53), ma anche a quello di ugualianza (art. 3) ed a quello relativo alla tutela giurisdizionale (art. 24)".

Impõe-se, portanto, identificar — para não confundi-los — os diversos planos de análise (psicológico — do legislador —, normativo positivo e científico doutrinário) para evitar as armadilhas que cercam a questão e sua escorreita análise.

E aí surge a questão metodológica fundamental da escolha da ótica a partir da qual se deseja proceder à abordagem do tema. Que utilidade teria — em matéria tributária — perquirir o plano psicológico, na acepção de raciocínio desenvolvido e suas razões

3. Idem, ibidem, p. XI.

determinantes, pré-legislativo, enfim? Na nossa opinião, utilidade reduzida, para não dizer nenhuma. Útil e necessário, isso sim, será explicitar critérios para saber-se se determinada norma de direito positivo é, ou não, válida de acordo com o nosso sistema constitucional.

5.1.2 Referência à doutrina espanhola

Extenso estudo foi escrito sobre a matéria por José Luíz Pérez de Ayala.[4] Depois de proceder a todas as classificações doutrinárias de praxe, Pérez de Ayala enfrenta a questão no âmbito do chamado direito tributário, sustentando que as presunções absolutas e as ficções são expedientes legislativos para combater a fraude à lei tributária.

São suas as palavras: "(...) las presunciones legales absolutas y las ficciones de Derecho se complementan, aunque no deben confundirse e identificarse, como fórmulas o procedimientos legislativos contra el fraude a la ley tributaria" (p. 184).[5]

4. *Las Ficciones en el Derecho Tributario.*
5. E prossegue Pérez de Ayala: "(...) estamos en condiciones de apreciar claramente la utilidad técnica de las ficciones para resolver los problemas que plantean los comportamientos en fraude a la ley tributaria a través de 'construcciones' del tipo indicado. Este argumento puede resumirse en unas cuantas y breves proposiciones: 1º. Tales comportamientos en fraude concluyen en actos que deben considerarse contrarios a la ley. 2º. Ahora bien, la infracción de la ley puede ser abierta o encubierta. En el primer caso, estamos ante el que podemos llamar mecanismo normal de la infracción de toda ley imperativa: se realiza el supuesto de hecho legal, pero se incumplen los efectos jurídicos que a tal realización vincula la ley (mandato o imputación legal). 3º. Las 'construcciones' fraudulentas de que nos hemos ocupado en las páginas precedentes no pertenecen al género de las infracciones abiertas, sino al de las infracciones encubiertas. Puesto que ya hemos visto que mediante ellas: a') Se deja de realizar el hecho imponible *A* (permuta) que constituye el supuesto de hecho de la norma fiscal que se defrauda. b') Se realiza en su lugar otro *B* (comunidad), acto o contrato al que es aplicable un precepto fiscal más favorable. c') Sin embargo, este segundo hecho *B* (comunidad) se 'contruye' privado de um elemento básico: su función económico-social típica, su causa legal objetiva, que há sido sustituida por el contenido económico típico, por la función económico-social, por la causa objetiva típica del acto o contrato (permuta) que constituye el hecho imponible A de la

E resume seu extenso trabalho oferecendo as seguintes conclusões: "*Primera*. El estudio de las *ficciones legales* en el Derecho tributario muestra que su *función*, común a todas las ramas de Derecho, de reducir los elementos essenciales que en la realidad se presentan inexactos o inaprehensibles tiene, en Derecho tributario, una *importancia relativamente modesta*. *Segunda*. El análisis de las ficciones legales sobre definición de los elementos cualitativos y cuantitativos de la obligación tributaria material, pone de manifiesto que, muy frecuentemente, dichas ficciones legales ponen en grave peligro la aplicación del principio de la capacidad contributiva en el marco de la técnica jurídica. *Tercera*. En base a la anterior conclusión, parece recomendable restringir, en la medida en que sea posible, el empleo de ficciones legales en la definición, dentro del Derecho positivo, de los elementos de la obligación tributaria material. *Cuarta*. Para delimitar las fronteras dentro de las cuales está justificado el empleo de ficciones de Derecho, es preciso diferenciar las *funciones específicas que, en el Derecho tributario, realizan las ficciones legales*: separando, de un lado, el empleo de la ficción legal como *procedimiento de represión del fraude* a la Ley tri-

ley o precepto fiscal que se quiere evitar fraudulentamente. 4º. En buena técnica jurídica y para los sistemas jurídicos causalistas o espiritualistas (como, por ejemplo, el español) la realización de un contrato sin causa o con causa falsa (como ocurriría con la comunidad del ejemplo antes apuntado), hace a ese contrato inexistente para el Derecho, nulo, por estar privado de, o falseado, uno de sus elementos esenciales. Habrá aquí, pues, un (más teórico que práctico) punto de partida — que implica, en todo caso, problemas de prueba muy difíciles — para atacar el acto en cuestión y enervar sus efectos jurídicos (tanto privados como fiscales). Pero ni siquiera tan poco cómoda solución sería aplicable en aquellos ordenamientos jurídicos abstractos o anti-causalistas que no reconocen a la causa como elemento esencial del contrato. En ellos, las infracciones encubiertas que veníamos considerando son, desde el plano del propio Derecho privado, inexpugnables. Y se precisa que el Derecho fiscal aporte y adopte sus propias soluciones. 5º. Las soluciones que el Derecho fiscal ofrece son de diversa índole: a) En primer lugar, la de la 'interpretación económica' de las leyes fiscales, hoy superada. Encontraría su más destacada manifestación en el artículo 9º de la Ordenanza General de los Impuestos alemana. No es cosa de insistir aquí en los problemas que este precepto há planteado, ni tampoco de recordar los peligros que comporta la tesis de la 'interpretación económica' para la seguridad jurídica. b) En segundo lugar, puede tratar de resolverse el problema mediante la aplicación por analogía de la ley fiscal. Esta es la solución adoptada por el

butaria, y, de otro, las restantes funciones de la ficción jurídica en Derecho tributario. *Quinta*. Las ficciones de Derecho constituyen, realmente, *un remedio muy eficaz y completo contra los comportamientos en fraude a la Ley tributaria*. Y en este terreno es donde parece justificarse plenamente su empleo. *Sexta*. Por el contratio, hay que formular un juicio crítico negativo sobre las ficciones legales, que obedecen al deseo del legislador de dar una mayor agilidad o sencillez a la actividad de la Administración tributaria. *Séptima*. En cualquier caso, muchas de las ficciones legales actualmente existentes en el Derecho tributário parece que pueden superarse y evitarse con construcciones jurídicas más perfectas. En virtud de las conclusiones anteriores, hacemos nuestras, para terminar, las de las III Jornadas Luso-Hispano-Americanas de Estudios Tributarios, según las cuales: 'Primeira. En Derecho tributario la Ficción puede cumplir *diversas funciones*: a) *Tipificación* de elementos sustanciales del supuesto de hecho. b) *Represión* del fraude a la Ley tributaria. c) *Aplicación* de principios de equidad. d) *Simplificación* de la gestión tributaria. e) *Concesión* de beneficios fiscales. Segunda. Las ficciones que afecten a los elementos de la relación jurídica tributaria deberán siempre respetar los principios superiores de la Imposición y, señaladamente, los de reserva de Ley y de Capacidad contributiva. Tercera. No devería establecerce ficciones

legislador español en el artículo 24, apartado 2, de la Ley General Tributaria. El gran problema de este procedimiento lo constituirá la verificación y demonstración — a través del correspondiente expediente administrativo previo — de que se dan en el caso concreto considerado los requisitos fraudulentos previstos por la ley para que sea procedente aplicar por analogía la norma que la Administración estima fraudada. c) Para evitar todos estos inconvenientes ofrecen una solución las ficciones de Derecho y especialmente las ficciones de Derecho acumuladas a una presunción legal absoluta. La rázon es evidente: al comportamiento ficticio del contribuyente se responde por el Derecho objetivo con otra ficción que los desvirtua. En el caso que nos há servido de ejemplo, la solución sería clara: bastará con que la ley equipare los actos de disolución de una comunidad (con adjudicación de bienes diversos que los aportados, respectivamente) que hubiera sido constituida en el mismo acto de la disolución, o dentro de un determinado lapso de tiempo precedente, a los contratos de permuta. Considerar dichos actos, en suma, a efectos fiscales, contratos de permuta (que desde luego, no existen en el ejemplo empleado más arriba, sino sólo *hechos económicos* de permuta)" (pp. 189, 190 e 191).

más que en aquellos casos en que no sea posible el empleo de otros medios técnicos que satisfagan la finalidad perseguida por el legislador. Cuarta. Es recomendable la supresión de las ficciones existentes que no se ajusten a los principios expuestos" (pp. 201 e 202).

Percebe-se, mais uma vez, também no trabalho de Pérez de Ayala, uma atitude derivada das categorizações doutrinárias, por um lado, e complacente com a utilização das ficções em matéria tributária, por outro lado. Ao menos ele se dá ao trabalho de recordar que as ficções deverão obedecer aos princípios constitucionais, considerando "recomendável" a supressão das ficções existentes que não se ajustem aos princípios por ele expostos.

É bem verdade que na Espanha o sistema de direito positivo não se reveste da exaustividade constitucional existente no sistema brasileiro, o que, mais uma vez, impõe ao estudioso que se debruça sobre os trabalhos produzidos pela doutrina espanhola severas reservas. A advertência explícita e específica foi feita por Gilberto de Ulhoa Canto:[6] "O sistema de direito positivo espanhol tem semelhante ao nosso a existência de uma lei geral impositiva que faz, de certo modo, o papel de lei complementar, fixando normas gerais de direito tributário. Mas, *a estrutura constitucional do país não é rígida como a nossa*. A lei geral tributária (...) dispunha (...) que, para evitar a fraude, nos casos de comprovado propósito de elidir o imposto, seriam atribuídos os resultados equivalentes aos que derivariam da ocorrência do fato gerador previsto em lei. *É o princípio da preponderância do conteúdo econômico do fato sobre a sua natureza jurídica. Isso no Brasil não é possível, como adiante se irá ver*" (g.n.).

É curial que se fixe a noção — já exaustivamente exposta nos capítulos iniciais — de que não se importam impunemente elementos de outros sistemas para aplicação no sistema brasileiro; daí, já o afirmamos, decorrem importantes desdobramentos.

5.1.3 *Referência à doutrina argentina*

Navarrine e Asorey,[7] depois de fazerem as exposições doutrinárias de praxe, concluem: "En el ordenamiento tributario argen-

---

6. *Direito Tributário Aplicado — Pareceres*, p. 218.
7. *Presunciones y Ficciones en el Derecho Tributário*, pp. 32 e 33.

tino se puede observar ficciones y presunciones violatorias del principio constitucional de legalidad, mientras que la aplicación de otras ficciones y presunciones legales poderia implicar la violación de otros principios de la tributación, como los de confiscatoriedad, razonabilidad, equidad, etc.". Convém ressaltar que o pano de fundo destes autores, na obra citada, é por eles definido[8] como o extraordinário interesse que o estudo traz na descoberta dos meios de defesa que se encontram à disposição dos interessados para, por meio da competente produção de provas, impugnar a constitucionalidade da lei ou do ato administrativo que os prejudique.

Colocam, portanto, a questão dentro dos corretos quadrantes constitucionais — vigentes na Argentina — para o fim de confrontar as disposições legais vigentes com as limitações impostas pelo sistema constitucional positivo, iluminado por princípios que — a exemplo do que ocorre com o sistema constitucional brasileiro — giram em torno da legalidade, igualdade e escalonamento hierárquico das normas jurídicas. Em outra passagem referem-se ao tormentoso problema das presunções e ficções sancionatórias — ou perinormativas, como dizem eles, a partir de enfoque egológico —, utilizadas para reprimir a evasão fiscal, sem oferecer, todavia, conclusão definitiva sobre a questão. Limitam-se a fixar a noção de que a utilização, pelo legislador, das presunções e ficções, ao lado das razões de ordem técnico-jurídica — definição de períodos de apuração, criação de responsabilidade solidária etc. —, deve-se, fortemente, à necessidade de combater a evasão fiscal.

E justificam a causa histórica fundamental para a exacerbada utilização destes recursos, nos seguintes termos:[9] "Las más importantes ficciones, presunciones e indicios han nacido en la Argentina, en algunos supuestos, como consecuencia de la evasión originada en la deficiencia del marco jurídico, pero en los casos más importantes — ley 21.858 —, como una respuesta permanente de la política tributaria a la descontrolada evasión que tiene lugar en el país. De manera tal, se ha utilizado dichas técnicas como solución casi única frente a la diversidad de factores que originan la evasión" (p. 128).

8. Ob. cit., p. IX.
9. Idem, ibidem, p.128.

Giuliani Fonrouge,[10] por sua vez, não faz maiores restrições à adoção dessas técnicas, limitando-se a recomendar cautela na sua utilização: "Si la autoridad administrativa no há podido obtener los antecedentes necesarios para la determinación cierta, entonces puede efectuarse por presunciones o indicios (...)" (p. 497). "(...) la autoridad debe recurrir al conjunto de hechos o circunstancias que, por su vinculación o conexión normal con los previstos legalmente como presupuesto material del tributo, permiten inducir en el caso particular la existencia y monto de la obligación. (...) además, la autoridad de aplicación no puede proceder discrecionalmente en la apreciación de los indicios, ni tampoco limitarse a su mención sin explicaciones, ya que deve justificar el procedimiento observado para llegar a la determinación y ajustarse a indicios 'razonables'" (p. 498). No texto analisado, o autor não aborda a questão à luz dos princípios constitucionais que regem a tributação.

5.2 Doutrina brasileira

5.2.1 Na Teoria Geral do Direito

Clássica é a lição de Clóvis Beviláqua:[11] "Presumpção é a illação que se tira de um facto conhecido para provar a existencia

10. *Derecho Financiero*, 1970, v. I.
11. *Código Civil dos Estados Unidos do Brasil Comentado*, pp. 399 e 400. Veja-se também Antonio Chaves (*Tratado de Direito Civil*), que assim se manifestou: "'Diz-se ficção legal (*fictio*)' — preleciona Roberto de Ruggiero — 'aquele processo da lei ou da jurisprudência por meio do qual se representa como existente aquilo que não existe, ou não existente aquilo que existe, para relacionar àquilo que se finge determinados efeitos jurídicos, até mesmo para tornar possíveis tais efeitos que de um fato jurídico por si mesmo não brotariam'" (p. 1.284). "Quando, pelo evoluir das idéias jurídicas do tempo e pelos progressos e desenvolvimentos da vida social e econômica, a regra antiga já se manifesta demasiado rígida e estreita, o novo fato é digno de ser também nela compreendido. Desde que a norma não possa diretamente ampliar-se e modificar-se de modo a que possa ser incluído nela o caso novo, socorre o remédio da ficção legal, por meio do qual, em vez de modificar-se manifestamente a norma, altera-se o fato jurídico, fingindo-se nele existentes (se não existem) ou não existentes (se existem) aqueles elementos que o constituíam disforme e impediam, portanto, a aplicação da

de outro desconhecido. O Regulamento n. 737, de 1850, arts. 184-188, divide as presumpções em legaes e communs, subdividindo as primeiras em absolutas e condicionaes" (...). "Presumpção legal absoluta (*juris et de jure*) é a consequencia que a lei, expressamente, deduz de certos actos ou factos, estabelecendo-a como verdade, ainda que haja prova em contrario, como o caso julgado. Observa, com razão, João Monteiro, que tal presumpção é, antes,

norma mais restrita" (idem, p. 1.285). "O resultado é, na verdade, idêntico, porque a própria norma sai de um tal processo substancialmente mudada; mas a modificação ocorre de modo indireto, por uma via oblíqua, de modo que a regra formalmente permanece inalterada e pode conservar durante muito tempo, não obstante a ocorrida ampliação, a sua primitiva formulação e não parecer por isso falsa ou não realizada" (idem, ibidem). "Justifica Gaetano Accardi-Pasqualino a *fictio juris* como meio normal a que recorrem os direitos em formação para se renovarem, sem, por outro lado, operarem repentinas abolições ou mudanças dos antigos preceitos" (idem, ibidem). "É por isto que a ficção, além de uma forma de interpretação do direito, constitui o meio mais eficaz, embora indireto, de criação de uma nova ordem jurídica, em perfeita aderência ao modificado espírito dos tempos, às manifestações e aspirações dos mesmos" (idem, ibidem). "'A finalidade da ficção consiste' — havia observado Ihering (*Esprit du Droit Romain*, v. IV, p. 296) — 'em aplainar as dificuldades, que são inerentes à adoção e à aplicação de novas regras de direito mais ou menos incisivas. Ela deixa a doutrina tradicional intacta na sua forma antiga, sem, todavia, diminuir absolutamente, na prática, a plena eficácia da forma nova. *A ficção contorna as dificuldades ao invés de resolvê-las*. Ela com isso não é senão a *solução cientificamente imperfeita de um problema e merece*, como o ato aparente, *ser chamada uma mentira técnica consagrada pela necessidade*'" (g. n.) (idem, ibidem). "De Ruggiero, que o transcreve, cita, em seguida, Savigny, que demonstra que, não obstante este seu defeito, ela apresenta uma grande utilidade, que consiste em garantir a intrínseca conexão do direito novo com o antigo e em consagrar, portanto, a unidade sistemática de todo o direito" (idem, pp. 1.285 e 1.286).

A autoridade de Arruda Alvim (*Manual de Direito Processual Civil*, v. II) também deve ser invocada: "A presunção, genericamente considerada, constitui-se num processo lógico-jurídico, admitido pelo sistema para provar determinados fatos, através de cujo processo, desde que conhecido um determinado fato, admite-se como verdadeiro um outro fato, que é desconhecido, e que é (este último) o inserido no objeto da prova" (p. 399). (...) "As presunções, quanto à sua divisão, tendo em vista a origem, dizem-se presunções simples (comuns ou de homem) e presunções legais (ou de direito) como já se mencionou. Diz-se que as primeiras são aquelas decorrentes do raciocínio comum do homem, em considerar verdadeiro um fato, por inferência de outro fato. As legais, conquanto o raciocínio seja o mesmo, são aquelas de-

'a fórma escolhida pelo legislador para exprimir um conceito juridico'". (...) "Sobre o caso julgado, veja-se o art. 3º, da Introducção do Codigo Civil". (...) "Presumpção legal condicional (*juris tantum*) é a que se tem por verdade, emquanto não se prova o contrario. Esta presumpção dispensa do onus da prova aquelle que a tem a seu favor. Póde, porém destruil-a a parte contraria". (...) "Presumpção commum (*hominis*) é a que se funda naquillo que, ordinariamente, acontece. É admissivel nos casos, em que o é a prova testemunhal".

correntes de criação legal, e por isso o próprio raciocínio está traçado na lei. As presunções legais, no que tange aos seus efeitos, emergentes da lei, subdividem-se em absolutas e relativas" (p. 400). (...) "Nas absolutas, desde que provado pelo beneficiário o fato base ou auxiliar, a inferência legal terá que ser necessariamente extraída, não restando possibilidade alguma de o juiz deixar de atender à presunção, ou seja, o fato presumido haverá de ser reputado verdadeiro. Justamente por isso não poderá a parte contrária provar contra a presunção absoluta, isto é, contra o resultado da presunção absoluta. É certo, todavia, que a parte que vai sofrer o efeito inamovível de veracidade de fato presumido absolutamente deve direcionar seus esforços no que respeita à demonstração da inocorrência do fato auxiliar ou base. A atividade probatória, portanto, cifrar-se-á em torno do fato que leva à presunção absoluta. Se a parte conseguir provar não ter ocorrido o fato base, *ipso facto*, não poderá ser invocada a presunção" (idem, pp. 400 e 401). (...) "É nesse sentido que se haverá de entender o disposto no art. 334, IV, ou seja, 'não dependem de prova' (art. 334, *caput*), os fatos a respeito dos quais militam a presunção da existência ou veracidade, o que vale dizer que o fato auxiliar ou base, que leva à presunção, tem de ser objeto de prova. Sob este aspecto, poder-se-ia dizer que a presunção absoluta, tendo em vista seus predicados, é quase uma das espécies da prova legal; será uma prova legal lógica" (idem, p. 401). (...) "Já a presunção relativa pode ser afastada por prova em contrário, realizada pela outra parte, inclusive quanto ao fato presumido. Ela confere ao seu beneficiário o favor de que, uma vez provado o fato do qual se vai, *ex lege*, inferir o outro (que é probando), seja este havido como verdadeiro. Todavia, permite que a parte contrária demonstre que, conquanto provado o fato de que se vai extrair a inferência ou ilação conducente à veracidade do fato probando, tal inferência ou ilação não corresponde à realidade" (idem, ibidem). (...) "O comportamento dos litigantes, dessa forma, em face das presunções relativas, é algo diverso daquele pertinente às presunções absolutas" (idem, ibidem). (...) "Nas presunções relativas, desenvolve-se atividade probatória — tal como em face das absolutas — tendo em vista o fato auxiliar ou fato base. Tanto aquele que é o possível beneficiário da presunção relativa, quanto seu antagonista, devem envidar esforços para evidenciar a ocorrência ou a inocorrência do fato base. Se, todavia, ficar comprova-

O cerne da definição de Pontes de Miranda[12] para presunção legal está no seguinte trecho: "A (...) presunção legal (*presumptio iuris*) (...), em vez de meio de prova, *é o conteúdo de regras jurídicas que estabelecem a existência de fato jurídico* (e.g. direito), sem que se possa provar o contrário (*presumptiones iuris et de iure*, presunções legais absolutas), ou enquanto não se prova o contrário (presunções legais relativas). Tais presunções se distinguem, portanto, das presunções meios de prova, *presumptiones facti* ou *hominis*, e das normas legais sobre provas, que fixam a força probatória do meio da prova" (p. 420) (g.n.).

da a ocorrência do fato base, e, portanto, aquele que é o beneficiário de tal circunstância ficar numa situação privilegiada, pois, se deverá ter afinal, e, em princípio, como verídico o fato presumido, nem por isto terá, todavia, a seu favor, uma situação indestrutível. E isto porque a atividade probatória do seu adversário poderá se dirigir à comprovação de que, apesar de provado o fato auxiliar ou base, ainda assim, o fato presumido inocorreu. A presunção relativa, portanto, leva a que, mesmo evidenciado o fato base ou auxiliar, admita-se prova de inocorrência do fato presumido, atividade certamente, a cargo daquele que sofrerá os efeitos legais desfavoráveis decorrentes, *ex lege*, da existência do fato presumido" (idem, ibidem).

Veja-se, também, J. M. Carvalho Santos (*Código Civil Brasileiro Interpretado*, v. III): "Presunção. É a conseqüência ou ilação que a lei ou o juiz tira de fato conhecido para deduzir a existência de outro que se pretenda provar (Neves e Castro, ob. cit., n. 333)" (p. 180). "O que se exige sempre é que as presunções sejam graves, precisas e concordantes. São graves, quando as relações do fato desconhecido com o fato conhecido são tais, que a existência de um estabelece, por indução necessária, a existência do outro. São precisas quando as induções, resultando do fato conhecido, tendem a estabelecer direta e particularmente o fato desconhecido e contestado. São concordantes, enfim, quando, tendo todas uma origem comum ou diferente, tendem, pelo conjunto e harmonia, a afirmar o fato que se quer provar (Laurent, ob. cit., n. 636; Labori, ob. cit., verb. Preuve, n. 522)" (p. 181). "O número de presunções, doutrinam os doutores, necessárias para constituir uma prova convincente, fica entregue ao arbítrio do juiz, que pode, por conseguinte, fundar sua decisão numa só presunção, quando ela lhe parecer suficiente para firmar sua convicção. Com as presunções acontece o mesmo que com as testemunhas: pesam-se, mas não se contam; uma presunção pode, embora isolada, ser mais poderosa que várias presunções reunidas, ainda aqui se revelando a repulsa do Direito moderno pelo antigo adágio: *testis unus testis nullus* (Laurent, ob. cit., n. 637; Aubry et Rau, ob. cit., § 767; Baudry, ob. cit., n. 1.293; Demolombe, ob. cit., n. 245; Labori, ob. cit., verb. Preuve; Mortara, ob. cit., n. 243)" (pp. 181 e 182).

12. *Tratado de Direito Privado*, t. III.

E, com a habitual perspicácia, aloca a presunção no devido plano, nos seguintes termos: "A sua definição também mais pertence à ciência que a conjunto de regras jurídicas" (p. 446). E enfatiza o caráter didático, apenas, das regras legais *sobre* as presunções: "Não há dúvida que o art. 251 do código do processo civil — *regra jurídica sobre regras jurídicas sobre presunções* — (...)". "Regra jurídica de sobredireito (*Uberrecht*), porque 'sobre' regras jurídicas; regra jurídica de interpretação das leis". (...) "Na ficção, tem-se A, que não é, como se fosse. Na presunção legal absoluta, tem-se A, que pode não ser, como se fosse, ou A, que pode ser, como se não fosse. Na presunção relativa, tem-se A, que pode ser, como se não fosse, admitindo-se prova em contrário" (p. 446). E, argutamente, vai ao âmago da questão: "*A ficção enche de artificial o suporte fáctico*; a presunção legal apenas tem como acontecido, ou não acontecido, o que talvez não aconteceu, ou aconteceu. *A ficção tem no suporte fáctico elemento de que não se poderia induzir a situação que ela prevê.* Daí nada se presumir, quando se elabora ficção. Se A, então B; e *não se A, então AA*" (g.n.) (p. 447). (...) "À base das presunções legais está julgamento sobre fatos que não se podem conhecer facilmente, ou que de ordinário escapam à investigação. (...) A *ficção* abstrai de toda consideração de probabilidade: *o legislador mesmo prescindiu de toda exploração do real*; pareceu-lhe melhor *criar o elemento* ou os elementos *do suporte fáctico e impô-los, como se fossem reais,* ao mundo jurídico. O 'infans conceptus pro nato habetur' *põe no suporte fáctico nascimento que não houve* (...)" (g.n.) (p. 447).

Com a habitual lucidez — de quem não perde a visão da floresta ao olhar para a árvore — Pontes de Miranda demonstra que, afora a questão da probabilidade, tanto a ficção quanto a presunção absoluta pretendem ter por ocorrido — o fato imponível, que ele denomina "suporte fáctico" — algo que não ocorreu (ficção) ou que pode ter ocorrido (presunção).

Demonstra, assim, que esses artifícios legais suprimem a etapa da verificação da ocorrência do fato imponível. Ao afirmar que a ficção "enche de artificial o suporte fáctico", comprova o que vimos sinalizando: a ficção e a presunção absoluta desprezam o fenômeno da subsunção normativa. E isso não é admissível, em matéria tributária, no direito brasileiro.

É que no subsistema constitucional tributário brasileiro a materialidade da norma ordinária instituidora da regra-matriz de incidência já se encontra pré-qualificada pelo próprio texto constitucional. Então, não é dado — a Constituição não dá — ao legislador, "enchendo de artificial" o fato imponível, pretender deflagrar a incidência do conseqüente normativo — correlato a antecedente cuja materialidade foi petreamente estabelecida pela Constituição — em face de evento — do mundo fenomênico — que não se subsuma, rigorosa e integralmente, ao conteúdo da materialidade à qual está o legislador ordinário jungido — por expressa disposição constitucional.

Daí que, quando a Constituição outorga competência ao legislador ordinário para instituir imposto sobre a renda (art. 153, III), não lhe é dado determinar — no plano do dever-ser, normativo — a incidência do conseqüente normativo em face de evento "fáctico" que não caiba e, portanto, não se subsuma à materialidade (renda) pressuposta pela Constituição.

O teste da subsunção — na dinâmica do fenômeno de incidência da norma tributária — é, em face das estreitas e rigorosas exigências do subsistema constitucional tributário brasileiro, direito assegurado ao particular. É por meio dele que se garante a proteção dos princípios da legalidade, tipicidade, discriminação de competências etc.

Advirta-se que nossa afirmação no sentido de que o teste da subsunção é direito assegurado ao particular não envolve confusão de planos de abordagem (plano normativo, de descrição do antecedente, e plano fenomênico, do evento traduzido em fato eventualmente imponível). O fenômeno da subsunção manipulará, para confronto e eventual constatação de identidade, *conceitos* normativos da hipótese de incidência, e *conceitos* de fatos pesquisados. A subsunção decorre da identidade entre "conceitos de fatos" e "conceitos de direito".[13]

A advertência é necessária para que não se perca o raciocínio nas irrespondíveis dificuldades lógicas que decorrem do necessá-

---

13. Extensa abordagem desta problemática (normativo *versus* factual) é feita por Antonio Castanheira Neves no seu *Questão de facto — questão de direito ou O problema metodológico da juridicidade*.

rio confronto entre (i) uma dada materialidade constitucionalmente pressuposta e legalmente fixada e (ii) o fato — eventualmente imponível — que se deseja saber subsumido à previsão normativa e que, por sua vez, não se confunde com o respectivo evento do mundo fenomênico — que, traduzido em linguagem competente, é alçado ao plano dos fatos jurídicos.

O esclarecimento foi feito por Karl Engisch[14] nos seguintes termos: "Tem-se dito que a sotoposição de um caso real individual a um conceito é um absurdo lógico. Somente um igual pode ser subsumido a outro igual! A um conceito apenas pode ser subsumido um conceito. De conformidade com esta idéia um trabalho recente sobre a estrutura lógica da aplicação do Direito acentua: a subsunção dum caso a um conceito jurídico 'representa uma relação entre conceitos; um facto tem de ser pensado em conceitos; pois que de outra forma — como facto — não é conhecido, ao passo que os conceitos jurídicos, como o seu nome o diz, são sempre pensados na forma conceitual'" (p. 95). Relembre-se que já propusemos a adoção de terminologia própria para evitar esta confusão conceitual, referindo *evento* (ocorrência do plano fenomênico) e *fato* (tradução lingüística do evento, por meio da qual este, já sob a forma de conceito, é alçado à categoria de fato jurídico).[15]

Então, quando se determina que há coincidência, identidade, entre conceitos da hipótese normativa e fatos da experiência — traduzidos em conceitos —, afirma-se que há subsunção, deflagrando-se a incidência do conseqüente normativo.

Mas retornemos à problemática das ficções, sobre as quais, ironicamente, assinala Pontes de Miranda:[16] "Com a ressurreição da sombra do morto — 'mortui praesens imago' — mantém-se a pessoa do pae morto antes de se receber a herança para a distribuição dos bens aos filhos. As ficções são raciocínios hypotheticos (...) O que é preciso é não as tomar em sentido absoluto, nem lhes atribuir valor independente dos factos. *Ainda quando o legislador as apresenta como dogmas, é como hypotheses que as devemos considerar*" (g.n.). E justifica a necessidade da adoção das presunções e

---

14. *Introdução ao Pensamento Jurídico*.
15. Veja-se item 3.2.8.1.3, *supra*.
16. *Systema de Sciencia Positiva do Direito*, v. I, p. 373.

ficções:[17] "Perder-se-ia tempo e esforço em apurar, para cada caso, a existência ou não de taes condições (...). Na falta de processo technico, exacto e fácil, para verificar as circunstâncias, sem o qual não se poderia prescrever o que, de certo, seria mais perfeito (o preceito abstrato), sacrifica-se um pouco da precisão e da justiça, a fim de concretamente designar os menores e maiores, os capazes e os incapazes, quer civil, quer politicamente (...) certas presunções, os termos, dilações, prazos, idades, etc., são expressões technicas quantitativas para approximadamente 'praticar' o direito, isto é, são expedientes technicos do methodo de subrogação approximativa pela quantificação dos elementos das regras (...)". E faz a ressalva conclusiva, em tom de alerta: "Mas convém não nos esqueçamos do seguinte: o quantitativismo technico artificial *é sempre inferior* ao quantitativismo scientífico e, pois, *deve ceder-lhe lugar*, sempre que se contradigam ou este ponha aquelle por supérfluo ou errado".

É certo que o autor vinha de tratar do confronto entre certas prescrições jurídicas e as realidades naturais sobre as quais dispunha (dizendo que as presunções cederão lugar à demonstração inequívoca dos fatos). Não menos certo, todavia, que a ressalva é clara: a técnica (de presunção ou ficção) vale somente como meio — como expediente tecnológico —, e não como fim em si mesmo.

5.2.2 No chamado direito tributário

Rubens Gomes de Sousa escreveu:[18] "A presunção e a ficção legais têm de comum o fato de serem normas jurídicas incompletas, isto é, que não encerram um comando ou uma proibição, cogentes de per si e completos em si mesmos. São regras não diretamente dispositivas, cuja única função é aquela, ancilar ou subsidiária, de conferir a determinado fato uma determinada natureza jurídica, ou atribuir-lhe determinado efeito jurídico. A finalidade única de tais regras é a de possibilitar a aplicação, ao fato a que se refiram, de *outras* normas legais, estas sim, dispositivas ou proibitivas, previstas para reger *outros* fatos, cuja natureza e cujos

---

17. Idem, v. II, pp. 247-249.
18. "Um Caso de Ficção Legal no Direito Tributário: A pauta de valores como base de cálculo do ICM" in *RDP* 11/19.

efeitos jurídicos sejam diferentes dos declarados pela presunção ou ficção. As presunções resultam do raciocínio ou são estabelecidas por lei que substitui a sua própria razão à razão humana. Daí o classificarem-se em presunções *hominis* ou humanas, e presunções *legis* ou legais. Estas, por sua vez, podem ser absolutas, relativas ou mistas. As absolutas (ditas *juris et jure*) não admitem prova em contrário; as relativas a admitem; as mistas admitem apenas 'determinados meios de prova, fixados pela lei que as estabelece'. Destas regras processuais decorrem duas conseqüências, para as quais Becker chamou atenção, e em razão das quais se pode concluir que a *presunção absoluta e a ficção legal não se aplicam ao direito tributário* ou, pelo menos, à determinação dos elementos definidores das obrigações por ele reguladas, entre os quais, como vimos, está a base de cálculo" (g.n.). "A advertência de Becker é que a presunção absoluta não é meio de prova: é norma dispositiva (ainda que apenas com o alcance atrás definido), de vez que determina que tal fato tem tal natureza ou tais efeitos e os tem por força de lei. E que o mesmo se pode dizer da ficção legal. Com efeito, a diferença entre a presunção e a ficção é que a presunção confere certeza jurídica a algo que é provável, ou, pelo menos, não contrário à ordem natural das coisas: em resumo, tira do possível uma lição para o certo. Já a ficção dá como certo, para (todos ou alguns) efeitos jurídicos, algo que se sabe não ser certo, ou que é contrário à natureza das coisas. Em resumo, cria uma 'verdade jurídica' existente apenas *ex vi legis* mas diferente da verdade natural. A diferença, como nota Pugliatti não sem alguma ironia, é bastante tênue, pois o que importa ao direito é que a lei cria uma assim chamada 'verdade jurídica', e não a motivação pré ou metajurídica do legislador para escolher o fato que resolve presumir verdadeiro. Em conseqüência, a ficção legal equivale à presunção absoluta: Isso é óbvio, pois, estando baseada em algo que, por definição, não é verdadeiro, a ficção legal não pode admitir prova em contrário. Neste sentido, tanto a presunção como a ficção podem aplicar-se não apenas a fato (...), mas também a institutos jurídicos. Tanto é ficção legal a norma que conceitua o navio como imóvel para permitir-lhe a hipoteca, como o são todas as normas que, para determinados fins, assemelham a natureza ou os efeitos de uma figura jurídica aos de outra, ou ainda, mais diretamente, mandam desde logo aplicar àquela o regime legal previsto para esta. Alguns entendem que, em tais casos, a norma apenas reconhece a identidade entre dois institutos jurídicos; mas isso é claramente errado, pois, se idênticos fossem os institutos, iguais seriam as suas naturezas, os seus efeitos e, por conseguinte, os seus regimes legais (...)".[19]

Percebe-se que o mestre Gomes de Sousa, depois de fazer a análise de praxe sobre as presunções absolutas e ficções (que são equivalentes), afirma categoricamente serem elas inaplicáveis ao chamado direito tributário, "ou, pelo menos, à determinação dos elementos definidores das obrigações por ele reguladas, entre os quais, como vimos, está a base de cálculo" (sic) e, agregamos, o reconhecimento da ocorrência do fato imponível.

19. E prossegue, aplicando suas premissas ao caso por ele analisado: "Em outras palavras, não haveria necessidade de lei para os assemelhar, e a que o fizesse seria ociosa. Logo, se a lei é necessária e não ociosa, é porque os institutos assemelhados são diferentes; mas daí decorre que a sua assemelhação é uma ficção legal que não admite, nem, por sua própria natureza jurídica de presunção absoluta, poderia admitir, prova em contrário. Em outras palavras (como se acabou de dizer), a pauta fiscal *não faz prova* do valor da mercadoria, o que de resto seria um contra-senso, pois fazer prova é matéria de fato, e a pauta fiscal é matéria de lei. Ao invés disso, a pauta fiscal *substitui-se à prova*, e dá como provado o que se trataria de provar. Neste ponto é que surge, ou pode surgir, a diferença (a 'tênue diferença' de que fala Pugliatti) entre a pauta fiscal como presunção e a pauta fiscal como ficção. Assim, se a pauta fiscal diz que tal mercadoria vale 1.000 e isso é sabidamente certo, ou pode ser provado certo, trata-se de presunção; ao contrário, se o que a pauta diz é sabidamente falso, ou pode ser provado falso, é de ficção que se trata". (...) "A mesma conclusão se chega pelo fundamento, já antes enunciado (...) de que a discricionariedade administrativa (inclusive aquela que, como visto no item precedente, é 'por força de lei') repousa, como conceito jurídico, sobre premissas que, no processo de lançamento tributário não estão presentes. Com efeito: ocorre discricionariedade administrativa 'sempre que à autoridade compete expedir um provimento de interesse público, *cujo conteúdo não tenha nexo lógico com a causa da sua expedição*, mas tão-somente com os critérios tecnicamente mais aptos à produção do resultado visado pela norma legal'. Ou, em termos mais simples, discricionária é toda atividade que tenha por fim e como limite unicamente a obtenção de um resultado material ou jurídico, mas não a atuação de uma situação jurídica previamente constituída. É, portanto, atividade incompatível com a natureza do lançamento tributário, procedimento vinculado de autuação de uma obrigação 'ex lege'" (idem, ibidem).

Analisando a questão, Misabel de Abreu Machado Derzi[20] escreveu: "A tipificação e a conceitualização abstrata estão, portanto, relacionadas com o princípio da praticabilidade, o qual se manifesta pela necessidade de utilização de técnicas simplificadoras da execução das normas jurídicas. Todas essas técnicas, se vistas sob o ângulo da praticabilidade, têm como objetivo: • evitar a investigação exaustiva do caso isolado, com o que se reduzem os custos na aplicação da lei; • dispensar a colheita de provas difíceis ou mesmo impossíveis em cada caso concreto ou aquelas que representem ingerência indevida na esfera privada do cidadão e, com isso, assegurar a satisfação do mandamento normativo. As presunções, ficções legais e quantificações estabelecidas em lei, através de tetos e somatórios numericamente definidos, são meios a que recorre o legislador com vistas à praticabilidade. Atrás das presunções legais pode haver, e via de regra há, uma anterior tipificação. A lei acolhe o tipo, ou o caso padrão, médio ou freqüente no estabelecimento da presunção. Mas se o Direito quer reforçar a segurança ou a praticabilidade fecha o tipo, através de conceitualização abstrata e determinada (*iuris et de iure*), ou quantifica um número fixo. No Direito Tributário são muito comuns esses recursos".[21]

20. *Direito Tributário, Direito Penal e Tipo*, p. 105.
21. E prossegue a professora: "Por exemplo, a lei equiparou a pessoa que, em nome individual, realiza a comercialização de imóvel com habitualidade, à pessoa jurídica, estabelecendo como critério, dentre outros, a alienação no prazo de dois anos calendários consecutivos, de mais de três imóveis adquiridos nesse mesmo biênio. (...) Via de regra, concedem-se isenções, reduções de imposto e deduções de gastos, estabelecendo-se tetos e limites legais, numericamente definidos. As presunções legais, ao contrário das ficções, decorrem ordinariamente de tipificações prévias. O legislador considera, na sua formulação, o grupo de casos típicos, o padrão médio ou freqüente. Juridicamente, porém, a norma fecha o tipo que, originariamente é aberto, flexível e gradativo, descaracterizando-o. *Em se estabelecendo uma presunção legal (em especial, "iuris et de iure") ou uma ficção, não tem sentido, porém, indagar se, genericamente ou no caso dado, o legislador de fato erigiu como padrão o que é mais representativo ou freqüente, pois o tipo social não está na lei, não é jurídico, apenas norteou ou inspirou o critério normativo*. A esse respeito, Becker doutrina com correção que não só *é inadmissível a prova contrária* à presunção ou ficção que serviu ao legislador, como elemento apenas intelectual, como *não podem ser examinados ou suavizados pelo intérprete 'a valorização dos interesses em conflito e o critério de preferência que inspiram a solução legislativa* (regra jurídica)'" (g.n.).

Note-se que na opinião da ilustre Professora das Minas Gerais, não existiriam maiores restrições à adoção, pelo legislador, das técnicas de criar presunções e ficções. Muito embora não haja, em nenhum dos exemplos por ela coligidos (ob. cit. p. 105), nenhuma hipótese de ficção ou presunção absoluta atinente à própria ocorrência do fato imponível tributário, limitando-se, todos eles, a tratar de outros enquadramentos, a mestra aceita como válidas tais técnicas, sem maiores perquirições. A razão de tal proceder consiste na afirmação (fundada em Alfredo A. Becker) de que não teria sentido indagar-se da efetiva adequação do "tipo social" (que se pretende alcançar) à previsão legislativa, posto que, pertencendo eles a planos distintos (fenomênico e normativo, respectivamente), não são eles confrontáveis.

Enfatize-se, aqui, a importância da ressalva por nós anteriormente feita no sentido de que a confrontação de que se trata, na abordagem da questão da subsunção, não envolve planos distintos, consistindo, na verdade, no confronto entre conceitos normativos e conceitos de fatos (e citamos English e Castanheira Neves para elidir a confusão). Pensamos que as restrições à utilização das presunções e ficções em matéria tributária devem ser explícita e energicamente colocadas, como veremos oportunamente.

Alfredo A. Becker,[22] por sua vez, tratou da matéria nos seguintes termos: "(...) presunção é o resultado do processo lógico mediante o qual do fato conhecido cuja existência é certa infere-se o fato desconhecido cuja existência é provável". Segundo ele, as presunções resultam: (i) do raciocínio (correlação material entre a existência do fato conhecido e a probabilidade da existência do fato desconhecido); ou (ii) da lei (correlação lógica), podendo ser absolutas (*juris et jure*), condicionais ou relativas (*juris tantum*) mistas. Então, o legislador faz o raciocínio lógico e estabelece a presunção, de modo que, provadas certas circunstâncias, o juiz deve ter por *certos* os fatos.

Sempre de acordo com a lição do mestre gaúcho, há diferença radical entre presunção e ficção. A presunção tem por ponto de partida a verdade de um fato — do fato conhecido se infere outro

---

22. *Teoria Geral do Direito Tributário*, pp. 458 e ss.

desconhecido —, ao passo que a ficção nasce de uma falsidade — a lei estabelece como verdadeiro um fato que é provavelmente (ou com toda certeza) falso. Adverte que essa distinção situa-se no plano pré-jurídico. Posta a norma, ambas colocam *verdade* (até decisão em contrário). Uma presunção *juris et de jure* nada mais seria, portanto, que um sinônimo de regra jurídica dispositiva de direito *substantivo*. Citando Carnelutti e tratando das presunções legais *relativas*, Becker (p. 470) faz didática distinção entre (i) fato jurídico processual/prova, e (ii) fato jurídico material/o fato a provar. Salienta que a presunção comporta dois elementos: (i) uma *decisão* (sob o ângulo da psicologia); e (ii) um *julgamento* da probabilidade (sob o ponto de vista da lógica).

E arremata: "A regra jurídica é a solução criada pelo legislador para resolver determinado conflito social ou satisfazer determinada necessidade social. Primeiro o legislador fixa o objetivo a atingir. Depois de fixado este objetivo ele cria o instrumento para atingir aquele objetivo visado. Este instrumento é a regra jurídica" (p. 476). (...) "Muitas vezes, depois de fixado o objetivo a atingir (...) o legislador verifica que é extremamente complexa ou impraticável a matéria-prima com a qual normalmente deveria criar a regra jurídica. (...) Outras vezes, não há uma total impraticabilidade, porém uma maior ou menor dificuldade, como no caso da cobrança do imposto de renda sobre os rendimentos percebidos pelas pessoas físicas sócias de sociedade". (...) "Ora, quer pela impraticabilidade, quer pela maior ou menor dificuldade, *o legislador abandona a realidade (...) e cria conscientemente uma falsidade* (...) Todavia, esta falsidade permanece no plano pré-jurídico" (g.n.) (p. 477).

Para, em seguida, apresentar suas conclusões, nos seguintes termos: "Primeira conclusão: O juiz não pode 'deixar de aplicar' a lei ainda que no caso concreto individual exista prova evidente da inexistência de capacidade contributiva (renda ou capital abaixo do mínimo indispensável). Basta o acontecimento do *fato-signo presuntivo* de renda ou de capital acima do mínimo indispensável para o intérprete estar obrigado a reconhecer já ter ocorrido a incidência da regra jurídica e a irradiação dos efeitos jurídicos (ex.: relação jurídica e seu conteúdo de direito e seu correlativo dever, etc.). Segunda conclusão: O acontecimento da *pró-*

pria realidade presumida não realiza a hipótese de incidência da regra jurídica porque em sua composição não entra a realidade presumida, mas sim e exclusivamente o fato signo-presuntivo daquela realidade ou o fato-ficção daquela realidade. Terceira conclusão: Quando o legislador escolheu um determinado fato *jurídico* para a composição da hipótese de incidência da regra jurídica tributária, a hipótese de incidência somente se realiza e a regra jurídica somente incide quando acontece o fato *jurídico* e desde que ele esteja revestido daquela *específica juridicidade* (ex.: determinada *espécie* de negócio jurídico) preestabelecida pelo legislador" (p. 481).

Nota-se — o que é perfeitamente natural para quem se propôs a, pioneiramente, enfrentar o manicômio tributário e a demência coletiva nele reinante, organizando e sistematizando as coisas do chamado direito tributário — que o pioneiro estudioso apresenta conclusão que, com a serenidade do afastamento histórico de que hoje desfrutamos, não se pode aceitar. Nossa observação não contém nada de desmerecedor ao extraordinário trabalho de Becker, muito pelo contrário. A clareza das sistematizações por ele propostas é extraordinária para uma época que foi assim descrita por Alcides Jorge Costa:[23] "Nas faculdades de direito não se lecionava o direito tributário, que só na década de 1960 passou a fazer parte das matérias do curso de graduação. Aprendia-se apenas a ciência das finanças. As necessidades profissionais faziam o resto, ocasionando o aparecimento de vários autodidatas. Mas a crescente influência do fator tributário na vida econômica foi, sem dúvida, o elemento que fez com que se iniciasse o estudo mais acurado e sistemático do direito tributário".

A seu turno, Gilberto de Ulhoa Canto[24] tratou da matéria nos seguintes termos: "Se na presunção se afirma que determinada coisa tem certa natureza não comprovada, mas presente na generalidade das coisas semelhantes, é claro que se está prefigurando algo que provavelmente existirá; em verdade, não se adota uma posição sabidamente irreal mas, ao contrário, as-

---

23. "A Doutrina Italiana e sua Influência no Direito Tributário Brasileiro", in *Estudos Jurídicos em Homenagem a Gilberto de Ulhoa Canto*, p. 27.
24. *Direto Tributário Aplicado — Pareceres*.

sume-se a postura que apenas consiste em concluir, mesmo sem evidência concreta irrecusável, que no caso a realidade coincidirá com os precedentes conhecidos. Há um juízo de verossimilhança, que prepondera, mesmo sem qualquer comprovação. Na ficção, entretanto, sabe-se que a coisa em presença não é como se a define ou configura, mas conceitua-se como se o fosse, a fim de se obter um resultado que em condições normais não seria atingido. Em algumas hipóteses de presunção, o que se faz é aplicar uma lei de freqüência para se dar como provado o que é provável; costuma-se dizer que a hipótese tem a ver com a prova de sua existência e não com a natureza mesma das coisas, pelo que é chamada de *presunção-prova,* servindo freqüentemente como recurso para a demonstração de fatos no curso dos processos judiciais. Diferente é a *presunção plena,* ou *legal,* ou, ainda, *juris et jure,* que não admite contraprova, ao passo que as presunções relativas ou *juris tantum* podem ser desfeitas mediante demonstração concreta de que na realidade as coisas não se materializaram como se havia previsto. Embora a presunção legal se aproxime mais das ficções, em verdade delas continua a diferir, porque naquelas existe probabilidade do resultado presumido, ao passo que nesta essa probabilidade não se verifica, já que é elemento integrante da figura que o resultado da ficção seja definir a coisa como na sua realidade fática ela não é. Embora sejam amplamente utilizadas como recursos válidos de conceitualística jurídica, por muito tempo as presunções e as ficções não foram objeto de exame no campo do direito tributário. No direito privado as relações jurídicas comportam melhor as duas figuras, visando, como geralmente visam, à solução equitativa de problemas ou à certeza de determinadas relações jurídicas. No direito penal as presunções servem, muitas vezes, para mitigar o tratamento a ser dado ao réu, muito embora também se conheçam casos em que ela é prevista em seu desfavor, como a presunção legal de violência nos crimes sexuais em que a vítima é menor. No direito constitucional e no administrativo há emprego de presunções e ficções, dados os âmbitos naturais do processo formativo das normas e de sua aplicação. *No direito tributário, entretanto, a maior ou menor faixa de utilização das duas figuras estará necessariamente na dependência do sistema de direito positivo que na sua disciplina prevalece"* (pp. 216 e 217).

Em outro trabalho Ulhoa Canto[25] resume as duas figuras nas seguintes palavras: "As presunções e as ficções fazem parte do processo gnosiológico figurativo. Por ambas chega-se a uma realidade legal que não coincide com a realidade fenomenológica conhecida através dos meios de percepção direta"(...) (p. 3). "Na *ficção*, para efeitos pragmáticos a norma atribui a determinado fato, coisa, pessoa ou situação, características ou natureza que no mundo real *não existem nem podem existir*. Na *presunção*, a regra é estabelecida dentro dos *limites da realidade possível*, inferida de fatos semelhantes já ocorridos, e que, portanto, *são não só possíveis como até prováveis*" (g.n.).

E mais adiante conclui: "Portanto, mesmo quando se trata de construção indutiva da verdade específica pela qual se traduz o valor da base de cálculo, a presunção — prova formulada pela autoridade fiscal — somente prevalecerá se não encontra oposição por parte do contribuinte; se este se opuser, proceder-se-á à avaliação contraditória, cujo resultado configurará a verdadeira base de cálculo no caso concreto" (p. 16).

Vê-se que Ulhoa Canto sugere redobrada cautela no que diz respeito à utilização das presunções e ficções em matéria tributária, afirmando que "a maior ou menor faixa de utilização das duas figuras" depende da consideração das exigências sistemáticas do direito positivo (do "sistema de direito positivo", diz ele).

E sugere que essas figuras sejam admitidas como ensejo para início de processo administrativo tendente ao lançamento, no qual, ocorrendo oposição por parte do contribuinte, será instaurado o contraditório (que pressupõe possibilidade de exercício do direito à ampla defesa, com todos os recursos a ela inerentes).

5.3 Considerações terminológicas

5.3.1 Presunção e ficção

Parece não haver maiores dúvidas quanto ao fato de ser a chamada presunção relativa um expediente normativo tendente

---

25. "Presunções no Direito Tributário", in *Cadernos de Pesquisas Tributárias* n. 9, p. 5.

a dar ensejo à instauração do contraditório no curso de um processo. Como elemento ensejador de início de processo no curso do qual será desenvolvido o contraditório, assegurando-se o direito de ampla defesa, com todos os recursos a ela inerentes, essa categorização científica não oferece maiores dificuldades. Sua utilização abusiva encontra simples e eficazes remédios no seio do sistema de direito positivo, da própria invalidade da norma, até a invalidação de ato administrativo com a responsabilização do agente (e/ou Estado) que atuou com desvio de poder.

O tema — das presunções relativas — adstringe-se ao plano dos fenômenos processuais, que só nos prendem — aqui — a atenção como pretexto para recordar a supremacia do contraditório, da ampla defesa, com os recursos a ela inerentes, e da irrestrita possibilidade de, na hipótese de qualquer abuso ser praticado contra o particular, responsabilização do Estado e/ou seus prepostos. Já as presunções absolutas e as ficções, estas sim, respeitam ao direito material, dizem com as próprias normas de direito positivo material.

Aliás, ao menos em matéria tributária não vislumbramos utilidade em criar duas categorias distintas, ficção e presunção absoluta, pelo simples fato de que não encontramos, no direito positivo, regimes jurídicos distintos aplicáveis a cada uma destas categorias.

A razão de ser das classificações científicas está na respectiva utilidade — que consiste na identificação do regime jurídico próprio de cada uma das categorias criadas. Uniforme o regime jurídico, inútil a classificação, cuja idealização não passa de *nonsense*. Ensinou Celso Antônio Bandeira de Mello:[26] "As classificações jurídicas assim também se realizam e agruparão seus objetos segundo elementos de direito. Em outras palavras: ao separar gêneros, espécies e subespécies têm como critério regimes normativos. Por conseguinte, no topo da classificação estarão os elementos que permitem isolar um complexo relativamente vasto de regras e princípios jurídicos. Em graus sucessivos, as subdivisões posteriores irão separando regimes normativos cada vez mais particularizados. Toda sistematização, em direito, só pode ter como

---

26. *Natureza e Regime Jurídico das Autarquias*.

objetivo identificar 'complexos de normas', porque o que interessa ao jurista é saber quais as regras aplicáveis a tal ou qual hipótese" (p. 88). (...) "Em direito, a operação de classificar, por força há de se ater às características de 'direito', isto é, dos institutos e categorias, cujos ingredientes componentes são sistemas de normas, processos que definem um conjunto de efeitos imputáveis a determinadas situações e relações" (p. 361).

É que o regime constitucional aplicável assim às presunções absolutas como às ficções é o mesmo, razão pela qual não julgamos útil separá-las em categorias distintas. As razões pelas quais a doutrina tradicional tem feito a distinção dizem respeito a fenômenos alheios ao sistema de direito positivo. Ora são elementos do plano fenomênico, ora elementos psicológicos e pré-legislativos. Carnelutti[27] entrega o serviço, resumindo que as razões para tal distinção são históricas: "Pero, en cualquier caso, *aquella vinculación histórica* con la materia procesal obliga a distinguir presunciones legales absolutas y ficciones de Derecho" (g.n.).

Utilizaremos, simplesmente, as denominações (i) presunção e (ii) ficção, conforme o conteúdo normativo diga respeito a (a) início de prova ou (b) qualificação material de fatos/atos ou atribuição de efeitos, respectivamente.

5.3.2 Elisão e evasão

A questão da legítima ou ilegítima atuação do particular no sentido de furtar-se à incidência da norma de tributação tem sido tratada pela doutrina sob as mais diversas denominações, adverte A. R. Sampaio Dória.[28] Adotamos a definição do referido autor para o conceito de evasão, como sendo "a ação ou omissão tendente a elidir, reduzir ou retardar o cumprimento de obrigação tributária".[29]

Já para elisão, muito embora Sampaio Dória[30] tenha atingido extraordinária síntese com a famosa definição: "(...) ação tenden-

27. *Apud* José Luíz Pérez de Ayala, *Las Ficciones en el Derecho Tributario*, p. 21.
28. *Elisão e Evasão Fiscal*, pp. 31 e ss., e 43 e ss.
29. Ob. cit., p. 21.
30. Ob. cit., p. 46.

te a evitar, minimizar ou adiar a ocorrência do próprio fato gerador (...)", consideramos mais completa a definição de Diva Malerbi,[31] nos seguintes termos: "(...) comportamentos que os particulares manifestam perante a tributação, e que se fundam num ponto referencial comum a todos: comportamentos tendentes a evitar uma incidência tributária ou a obter uma incidência tributária menos onerosa, mediante a via jurídica lícita que lhes proporcione tal desiderato". E arremata: "Expressa-se, assim, o comportamento elisivo na prática de atos ou negócios jurídicos que são fundamentalmente motivados pelos efeitos tributários (mais benéficos) dela decorrentes. A escolha de tais atos ou negócios é essencialmente determinada pela intenção de evitar-se determinadas incidências tributárias, equiparando-se o resultado prático obtido aos daqueles atos ou negócios jurídicos sujeitos ao regime tributário desfavorável".

O que nos basta, aqui, para os fins deste trabalho, é saber que os atos ilícitos de fuga dos efeitos da norma de tributação serão referidos como atos de evasão, ao passo que os atos lícitos tendentes à redução ou eliminação da carga fiscal denominaremos de atos de elisão.

5.4 Consideração crítica

Parece que todas essas categorizações e classificações (ficção, presunção absoluta/relativa, fato processual etc.) foram criadas pelos cientistas/sistematizadores do direito posto, buscando utilidade operativa, organização harmônica dos elementos em sistema coerente, e nada além disso. Para fugir da balbúrdia criada pela promíscua amontoação de (i) elementos do plano fenomênico, dos eventos, com (ii) elementos do plano normativo, esses pioneiros acabaram mudando apenas de endereço (talvez procurando, inconscientemente, abrigo em outro manicômio, este sim, já um pouco mais organizado). Passaram a agrupar — de forma acriteriosa e inconscientemente, com certeza — (ii) elementos do plano normativo com (iii) elementos do plano da ciência do direito (metalinguagem em relação à linguagem objeto das normas positivas).

31. *Elisão Tributária*, p. 15.

Percebe-se que a análise dos fenômenos das ficções e presunções tem seu nascedouro na doutrina civilista, a partir de questões relacionadas à capacidade para ser titular de direitos e obrigações, da proteção dos direitos do nascituro, da organização do direito das sucessões, etc.

Criou-se, sobre — a respeito das — estas normas de direito positivo, e a pretexto de se fazer ciência do direito, uma série de proposições pretensamente descritivas e considerações pré-legislativas — metajurídicas — acerca dos fenômenos psicológicos que envolvem o processo mental do agente criador da norma jurídica.[32] Só que — esqueceram-se os incautos — as normas jurídicas específicas sobre as quais foram construídas aquelas proposições descritivas não eram incompatíveis com o sistema constitucional brasileiro.

Deveras — com a licença dos especialistas —, em nada ofende o sistema constitucional a norma que atribui àquele que ainda não nasceu certas proteções, certos direitos; o mesmo se diga da comoriência; idem relativamente à quitação de prestações periódicas, e assim por diante — mediante o pagamento da última parcela; etc.

Sobre tais normas, que nada tinham, e nada têm, de incompatível com o sistema de direito positivo, construiu-se sólida elaboração doutrinária. E esta sólida e útil — posto que condizente com o sistema que visava a descrever — doutrina foi simplesmente transplantada para tentar descrever elementos do subsistema constitucional tributário brasileiro.

E daí passaram a raciocinar a partir da imaginária regra de estrutura segundo a qual o funcionamento do sistema normativo (objeto) estaria sujeito às "regras" do sistema de proposições des-

32. Tais confusões andaram ocorrendo também no estudo da metodologia da ciência do direito, e foram detectadas e denunciadas, assentando-se que das cogitações psicológicas não se ocupa, também, a metodologia. Veja-se a advertência de Alchourrón e Bulygin: "(...) no hay que perder de vista que la metodología no se ocupa de la descripción de los procesos psicológicos que ocurren en la mente del científico sino de la reconstrucción racional de los procedimientos lógicos mediante los cuales el científico justifica sus aserciones", in *Introducción a la Metodología de las Ciencias Jurídicas y Sociales*, p. 112.

críticas (metalinguagem), que, sobre o sistema normativo, desenvolve a ciência do direito.

Daí pretenderem que as categorizações (do plano metalingüístico da ciência do direito) "presunção absoluta" ou "ficção legal" possam infirmar, contornar ou superar exigências postas, de modo peremptório, pelo sistema normativo. Assim, antes de explicar, organizar, sistematizar os elementos do plano normativo, pretendem esses autores que as proposições descritivas sobreponham-se às proposições prescritivas.

Referindo-se à habitual confusão entre os planos normativo e descritivo — da ciência que sobre aquele formula proposições descritivas —, vale recordar Paulo de Barros Carvalho:[33] "Os autores, de um modo geral, não se têm preocupado devidamente com as sensíveis e profundas dessemelhanças entre as duas regiões do conhecimento jurídico, o que explica, até certo ponto, a enorme confusão de conceitos e a dificuldade em definir qualquer um daqueles setores sem utilizar notações ou propriedades do outro. São comuns, nesse sentido, definições de ramos do direito, que começam por referências ao conjunto de regras jurídicas e terminam com alusões a princípios e composições que a Ciência desenvolveu a partir da análise do direito positivo".

Não é porque a ciência do direito, em um dado momento e por certas razões, criou as figuras pedagógicas da presunção ou da ficção jurídica que norma de cunho tributário veiculadora, por exemplo, de ficção de existência de renda encontrará guarida para sua válida — no âmbito do sistema normativo constitucional brasileiro — aplicação, em face de situação (agora já do plano fenomênico) na qual renda tributável (de acordo com as prescrições do sistema normativo positivo) inexiste. O instituto da ficção não se insere no repertório do subsistema constitucional tributário brasileiro, ao menos no que diga respeito à detecção da ocorrência de fato imponível e quantificação da base de cálculo de tributo. É-lhe — ao subsistema constitucional tributário — alheia.

Tais instrumentos podem ser úteis para o legislador, iluminado pelo que Misabel Derzi[34] chama de princípio da praticabilidade,

---

33. *Curso de Direito Tributário*, p. 1.
34. *Direito Tributário, Direito Penal e Tipo*, p. 104.

e na busca de instrumentos de agilização e/ou simplificação da tarefa de aplicação das normas, em diversos aspectos, menos no reconhecer a ocorrência do fato imponível e influir na quantificação da base de cálculo.

Quando a Constituição outorga competência ao legislador ordinário da União para instituição, por exemplo, de imposto sobre a renda, está o sistema constitucional — e o respectivo subsistema tributário — impondo limites severos ao destinatário desta regra de competência.

A lição de Josaphat Marinho[35] é oportuna: "A ampliação excessiva de normas tributárias nas Constituições mutila a competência do legislador ordinário (...). A Constituição brasileira é manifestamente ampla e rígida na disciplina do sistema tributário, e por isso mesmo restritiva da competência do legislador ordinário (...)".

Nada que escape ao que denominamos de conceito constitucionalmente pressuposto de renda pode ser alcançado pela norma de tributação respectiva.

O destinatário constitucional tributário da regra-matriz de incidência do imposto sobre a renda só pode ser quem tenha experimentado (no plano dos fenômenos fáticos, realizado o fato imponível) a percepção de renda tributável — e a norma jurídica não pode — porque o sistema positivo assim não autoriza — "supor" ou "criar", como categoria da realidade (evento fenomênico), a ocorrência daquilo (fato) que não existe. Fora daí a regra-matriz é inválida; não encontra fundamento no sistema positivo constitucional; não é admitida à categoria de elemento integrante do repertório que compõe o subsistema constitucional tributário, encabeçado, iluminado, estruturado, contido e condicionado pelas normas constitucionais.[36]

---

35. "Princípios Constitucionais Tributários", in *Estudos de Direito Público em Homenagem a Aliomar Baleeiro*.
36. Há quem sustente, a partir de análise eficacial, que as normas inválidas integram o sistema até serem dele formalmente expulsas (ver Marcelo Neves, *Teoria da Inconstitucionalidade das Leis*, pp. 52 e 79, dentre outras).

Impõe-se uma nova meditação sobre o tema. A questão que deve ser colocada — e adequadamente respondida — é: há fundamento, no sistema constitucional brasileiro, para a criação válida de ficções (e presunções absolutas) em matéria tributária — no que diga respeito à constatação de ocorrência do fato imponível e quantificação do tributo devido?

Entendemos que a resposta deve ser dada com base no sistema positivo vigente, mesmo que isso implique a conclusão de que as centenárias construções doutrinárias sobre o tema — e que foram tão úteis para o estudo do direito privado — tenham que ser, simplesmente, abandonadas. Por mais argutas e intelectualmente extraordinárias que sejam as lições de Pontes, Clóvis, e tantos outros, sobre os institutos da ficção e presunção, essas lições não servem de fundamento de validade para a recepção, pelo sistema constitucional brasileiro, de toda e qualquer norma jurídica que veicule ficção ou presunção.

Todas — e não menos que todas — as normas jurídicas que pretendam, por meio de ficção, imputar os efeitos de fato imponível a evento fenomênico que não se caracterize como tal, ou manipular o conteúdo patrimonial de obrigação tributária, ou alcançar particular não incluído na categoria de contribuinte (entendido este como o destinatário constitucional da carga tributária), deverão, simplesmente, ser descritas como normas inválidas, alheias ao sistema constitucional, incompatíveis com o subsistema constitucional tributário.

Concordando com nossa afirmação de que as presunções só podem servir de ponto de partida a ser sucedido por amplo contraditório, veja-se Alessandra Picardo:[37] "Il contribuente che non concordi con le ricostruzioni dei fatti e le interpretazioni delle norme avanzate dall'accertamento deve proporre tempestivamente ricorso, ovvero deve impugnare l'atto di accertamento (per evitare che diventi definitivo) e dimostrare la erroneità in fatto o in diritto".

E tal conclusão não só pode — como deve — ser sacada com a maior tranqüilidade e serenidade.

37. "L'accertamento dei redditi in basi alle scritture contabile", in *Diritto e Pratica Tributaria*, extrato do v. LXV, p. 100.

A manifestação de Geraldo Ataliba[38] a respeito do tema é, mais uma vez, consistente com a análise sistemática do subsistema constitucional tributário: "Ora, se, de modo geral, as leis civis, comerciais, administrativas podem prudentemente estabelecer presunções e ficções, a Constituição *veda que isso seja feito em matéria penal e tributária (nullum crimen, nullum tributo sine lege)*. Isto integra o art. 5º e está protegido pelo § 4º do art. 60".

Nenhuma dificuldade operacional ou impedimento prático servirá para justificar — à luz do vigente sistema constitucional — atropelo das exigências sistemáticas impostas pela Constituição. A necessária praticabilidade pode operacionalizar ou justificar tantas facilidades quantas queira — no trato da dinâmica da aplicação das normas jurídicas —, sem, no entanto, pretender sobrepor-se às exigências constitucionais maiores, atinentes ao consentimento, legalidade, tipicidade, ampla defesa etc.

A presunção e a ficção, no sistema constitucional brasileiro e respectivo subsistema tributário, servirão, única e exclusivamente, como instrumento ensejador do início de procedimento administrativo tendente à apuração de eventual ocorrência de fato imponível e imputação dos respectivos efeitos. Só que esse procedimento administrativo será conduzido, por força de outras exigências do sistema, de forma tal que o acusado tenha ampla oportunidade de defesa, veja garantido, de forma irrestrita, o contraditório na formação de cada uma das premissas que se irão estabelecendo, e assim por diante.

Allorio[39] também não admite a utilização das presunções absolutas em matéria tributária. Diz ele: "Estranea dal diritto tributario mi sembra che sia la presunzione legale assoluta, non controvertibile mediante la dimostrazione del contrario (...)."

Há algo muito mais relevante — interesse público na estabilidade e prestígio da sistemática constitucional — a ser perseguido e atingido, do que a infalibilidade do sistema de combate à evasão tributária — interesse fazendário. A necessidade de coibir a

---

38. "Fato Futuro e Tributação, art. 150, § 7º, Constituição Federal 1988, Redação da Emenda Constitucional 3/93", in *Revista do Programa de Pós-Graduação em Direito — PUC-SP*, v. 1, p. 41.
39. *Diritto Processuale Tributario*, p. 488.

evasão tributária — interesse fazendário, legítimo, diga-se de passagem — não pode toldar a visão a ponto de admitirem-se sacrifícios e reduções à imperiosa necessidade de manter-se íntegra a sistemática constitucional — interesse público —, consagradora de conquistas seculares dos povos civilizados.

Essas considerações tratam de elementos que se conjugam harmoniosamente para compor o princípio da segurança jurídica, que traduz e assegura ao particular o direito de prever as conseqüências decorrentes do direito posto, contendo a atuação do Estado, sob pena de responsabilidade (inclusive, veremos, dos agentes administrativos).

6
SEGURANÇA JURÍDICA

6.1 Previsibilidade estatal e segurança jurídica dos contribuintes: 6.1.1 Direito adquirido. 6.2 Responsabilidade do agente público.

6.1 Previsibilidade estatal e segurança jurídica dos contribuintes

Todas as exigências sistemáticas da Constituição brasileira fornecem ao particular as garantias ínsitas ao princípio da boa-fé e da previsibilidade da ação estatal.

Acerca da referida previsibilidade, no contexto de nosso sistema constitucional, Geraldo Ataliba[1] manifestou-se, nos seguintes termos: "A previsibilidade da ação estatal decorrente do esquema de constituição rígida, e representativa do órgão Legislativo asseguram aos cidadãos, mais do que os direitos constantes da tábua do art. 153 (hoje art. 5º), a paz e o clima de confiança que lhe dão condições psicológicas para trabalhar, desenvolver-se, afirmar-se e expandir sua personalidade (...) O quadro constitucional que adota os padrões do constitucionalismo — o ideário francês e norte-americano instalado no mundo ocidental, nos fins do Século XVIII — e principalmente a adoção de instituições republicanas, em inúmeros Estados, cria um sistema absolutamente incompatível com a surpresa. Pelo contrário, postula absoluta e completa *previsibilidade da ação estatal*, pelos cidadãos e administrados. É que o legislador atua representando o povo e expressando seus desígnios (...) O estado *não surpreende seus cidadãos*; não adota decisões inopinadas que os aflijam. A previsibilidade da ação estatal é magno desígnio que ressuma de todo o contexto de preceitos orgânicos e funcionais postos no âmago do sistema constitucional (...) O legislador e — com maior razão — o administrador não surpreendem o povo. (...) A *lealdade* é tomada como traço

1. *República e Constituição*, pp. 142 e ss. (g.n.).

fundamental *legitimador da lei e dos atos administrativos*. Mas, tal é o teor basilar de seu significado, que também o processo judicial se inquina de nulidade, se não atender às suas exigências. O *fair trial* é tão exigível quanto qualquer outra manifestação estatal (é impostergável decorrência da cláusula *due process of law*). (...) De tudo que aqui veio sendo exposto, vê-se que as concepções dominantes — que vão consentindo em *inopinadas modificações na legislação tributária* — não só violam a letra e o espírito da Constituição, na parte que fixa os direitos individuais, como também se põem em gritante contradição com os princípios constitucionais que consagram a livre empresa e prometem ao investidor liberdade de ação empresarial. (...) Como escreve Alberto Xavier, sublinhando a relação de instrumentalidade entre previsibilidade da ação estatal e legalidade: '(...) um sistema alicerçado numa reserva absoluta de lei em matéria de impostos confere aos sujeitos econômicos a capacidade de *prever objetivamente os seus encargos tributários*, dando assim as indispensáveis garantias requeridas por uma iniciativa econômica livre e responsável' (ob. cit., p. 54). O clima de *segurança, certeza, previsibilidade e igualdade* (sem o qual não há livre concorrência) só na legalidade, generalidade e irretroatividade da lei tem realização. É inconvivente com a economia de mercado a interpretação traduzida na absurda pretensão de fazer lei inovadora ser aplicada imediatamente, quando gravosa. É importante ter-se presente que o perfeito atendimento às exigências constitucionais explícitas e implícitas — assim como a adaptação do imposto à capacidade contributiva, sua progressividade e generalidade, ao lado da necessidade de atender aos reclamos da justiça fiscal, traduzida em lei prévia e certa — ou a desígnios da extrafiscalidade impõem requintados cuidados ao legislador e, na mesma medida ônus, empeços, entraves ao Estado. Isso é absolutamente natural no constitucionalismo republicano. Tal regime impede que o Estado faça o que deseja, quando os órgãos do Estado — em respeito à Constituição — são peados quanto à forma, à substância e à oportunidade de seus atos; e são limitados, absoluta e peremptoriamente pelo rol de direitos individuais, que, por isso mesmo, são universalmente reconhecidos como obstáculo intransponível à sua ação (...) Assim — sistematicamente considerados a partir do princípio republicano — surgem a representatividade, o consentimento dos cidadãos, a *segurança dos direitos*, *a exclusão do arbítrio*, a legalidade, a relação de administração, a *previsibilidade da ação estatal e a lealdade* informadora da ação pública, como expressões de princípios básicos lastreadores necessários e modeladores de todas as manifestações estatais. Todos eles se contêm em preceitos variados do Texto Supremo, que os revelam, expressam, delimitam e lhes dão substância. Esses elementos 'se inserem num sistema, condicionam-se reciprocamente de modo que não se pode interpretar um sem ter presente a significação dos demais. Influenciam-se mutuamente e cada instituição constitucional concorre para integrar o sentido de outra, formando uma rede interpenetrante que confere coerência e unidade ao sistema, pela conexão recíproca de significados' (J. Afonso da Silva, *Aplicabilidade das Normas Constitucionais*, 1ª ed., p. 169). Toda norma e cada instituto integrante do nosso sistema jurídico deve atender, ao mesmo tempo, às exigências básicas de todos esses princípios" (g.n.).

Essa segurança é traduzida, portanto, na vedação da surpresa e no império da lei. Trata-se de princípio implícito que informa o subsistema constitucional tributário brasileiro, contendo e inibindo severamente a liberdade do administrador e do próprio legislador, que devem, ambos, atuar de forma a evitar o inopino, respeitando o regular desenvolvimento das atividades privadas, tal como idealizadas no exercício do livre direito ao planejamento e desenvolvimento das iniciativas empresariais. É a prevalência dos direitos e garantias individuais — constitucionalmente assegurados — sobre os chamados "privilégios da administração".

Atento a esta decorrência implícita dos sistemas civilizados, Eduardo García de Enterría[2] sugere que a subversão dessa supremacia da segurança do particular, passe a ser considerada como causa de nulidade do ato administrativo: "Por último, esa prevalencia o preferencia destacadas de los derechos fundamentales como 'valores superiores del ordenamiento jurídico' respecto de los viejos privilegios funcionales de la Administración há de conducir necesariamente también a calificar como una nueva y específica causa de nulidad de pleno derecho de los actos administrativos la infración por éstos de dichos derechos fundamentales,

2. *La Constitución como Norma y el Tribunal Constitucional*, p. 256.

con todas las importantes consecuencias que de ello se derivan".

Lembre-se da lição — já referida — segundo a qual os princípios implícitos têm a mesma natureza e eficácia dos princípios explícitos.

Tércio Sampaio Ferraz Jr.[3] disse que: "A simplicidade do instituto reside no aspecto intuitivo que a idéia fornece, no sentido de que o direito, onde é claro e delimitado, cria condições de certeza e igualdade que habilitam o cidadão a sentir-se senhor de seus próprios atos e dos atos dos outros".

Para Alberto Xavier[4] a segurança jurídica se desdobra: "Num *conteúdo formal*, que é a estabilidade do Direito e num *conteúdo material*, que é a protecção da confiança. O princípio da *protecção da confiança* na lei fiscal traduz-se mais concretamente na susceptibilidade de previsão objectiva, por parte dos particulares, das suas situações jurídicas, de tal modo que estes possam ter uma expectativa precisa dos seus direitos e deveres, dos benefícios que lhes serão concedidos ou dos encargos que hajam de suportar".

E Paulo de Barros Carvalho[5] enfatiza a extraordinária importância deste princípio no nosso sistema: "Há 'princípios' e 'sobreprincípios', isto é, normas jurídicas que portam valores importantes e outras que aparecem pela conjunção das primeiras. (...) a segurança jurídica não consta de regra explícita de qualquer ordenamento. Realiza-se, no entanto, pela atuação de outros princípios, tais como o da legalidade, o da irretroatividade, o da igualdade, o da universalidade da jurisdição etc.".

Norberto Bobbio[6] é conclusivo: "Ad una prescrizione astratta, infine, viene attributa, in opposizione alla prescrizione concreta, la capacità di atuare un fine a uni ogni ordinamento giuridico progredito non ritiene di poter rinunciare: *il fine della certeza*. Per certezza del diritto se intende per lo più la determinazione, una volta per sempre, degli effeti che l'ordinamento giuridico attribuisce ad un certo tipo di atto o di fatto, in modo che il cittadino sia grado di *sapere in anticipo le conseguenze* delle proprie azioni e

---

3. "Segurança Jurídica e Normas Gerais Tributárias", in *RDT* 17-18/51.
4. *Manual de Direito Fiscal*, p. 117.
5. "Sobre os Princípios Constitucionais Tributários", in *RDT* 55/150.
6. *Studi per una Teoria Generale del Diritto*, p. 26.

di regolarsi consapevolmente in conformità alle norme stabilite. Non è difficile capire quale aspirazione umana questo procedimento giuridico soddisfi: tanto per riassumere, si pu accenare al desiderio di sicurezza e di stabilità" (g.n.).

Tem, portanto, o particular direito adquirido ao regime jurídico tributário posto por lei, assegurando-se-lhe que tal regime é imutável a critério da administração, e sob o princípio da anterioridade, durante certos períodos. Em matéria de imposto sobre a renda[7] que, conforme veremos, pressupõe a noção de período de tempo, a segurança do contribuinte é traduzida no direito adquirido à imutabilidade do regime tributário durante o curso do período de apuração.

E traduz-se, também, essa segurança no direito adquirido ao amplo contraditório e à inadmissibilidade de prevalência da verdade formal ou da norma que veicule ficção de ocorrência de fato imponível ou relativa à quantificação da obrigação tributária. O domínio da noção de direito adquirido também é, portanto, pressuposto constitucional para a correta compreensão do imposto sobre a renda, razão pela qual recordaremos rapidamente seus contornos.

6.1.1 Direito adquirido

A garantia constitucional de respeito ao direito adquirido não é formal, mas antes de tudo substancial, material e efetiva. Nem a lei pode atropelar o direito adquirido. Lei nenhuma; seja de que categoria for. Seja ela geral, seja particular ou especial.

A Constituição Federal põe os princípios da legalidade e da intangibilidade do direito adquirido, nos seguintes termos: "Art. 5º. Todos são iguais perante a lei, sem distinção de qualquer natureza, garantindo-se aos brasileiros e aos estrangeiros residentes no país a inviolabilidade do direito à vida, à liberdade, à igualdade, à segurança e à propriedade, nos termos seguintes: (...) II — ninguém será obrigado a fazer ou *deixar de fazer* alguma coisa se-

---

7. Para outro exemplo concreto de aplicação do princípio da segurança jurídica, veja-se Geraldo Ataliba e J. A. Lima Gonçalves, "Crédito-prêmio de IPI — Direito Adquirido — Recebimento em dinheiro", in RDT 55/162.

não em virtude de lei; (...) XXXVI — a lei não prejudicará o *direito adquirido*, o ato jurídico perfeito e a coisa julgada; (...)". É direito adquirido, líquido e certo do contribuinte compor a base de cálculo do tributo de acordo com a *lei* vigente no ato da ocorrência do fato imponível, sendo inalterável por lei ou ato administrativo posterior, uma vez que protegido pelo supratranscrito art. 5º, inciso XXXVI da Constituição Federal ("a lei não prejudicará o direito adquirido, o ato jurídico perfeito e a coisa julgada").

No caso do imposto sobre a renda — veremos com mais vagar — o "congelamento" (imutabilidade mais gravosa) do regime jurídico atinente à verificação da ocorrência do fato imponível e à quantificação do montante devido ocorre desde o início do período de apuração, de acordo com a lei vigente no exercício financeiro anterior da União.

Compreendida na sua correta dimensão, de verdadeiro repositório de princípios e regras de teoria geral do direito,[8] relembre-se o que dispõe a Lei de Introdução ao Código Civil: "Art. 6º. A lei em vigor terá efeito imediato e geral, *respeitados* o ato jurídico per-

---

8. A Lei de Introdução ao Código Civil, na feliz lição de Maria Helena Diniz (*Lei de Introdução ao Código Civil Brasileiro Interpretada*, pp. 3 e 4), consiste em verdadeira lei geral de aplicação das normas jurídicas, à qual ela se refere nos seguintes termos: "A Lei de Introdução não é parte integrante do Código Civil, constituindo tão-somente uma lei anexa para tornar possível uma mais fácil aplicação das leis. Estende-se muito além do Código Civil, por abranger princípios determinativos da aplicabilidade das normas, questões de hermenêutica jurídica relativas ao direito privado e ao direito público e por conter normas de direito internacional privado. É autônoma ou independente, tendo-se em vista que seus artigos têm numeração própria. Não é uma lei introdutória ao Código Civil. Se o fosse conteria apenas normas de direito privado comum e, além disso, qualquer alteração do Código Civil refletiria diretamente sobre ela. Na verdade, é uma 'lei de introdução às leis', por conter princípios gerais sobre as normas sem qualquer discriminação. Em nosso país, portanto, a Lei de Introdução ao Código Civil é, como já dissemos, muito mais do que sua nomenclatura possa indicar. Trata-se de uma norma preliminar à totalidade do ordenamento jurídico nacional. Realmente, nenhum motivo existe para considerá-la uma Lei de Introdução ao Código Civil, pois é verdadeiramente o diploma da aplicação, no tempo e no espaço, de todas as normas brasileiras, sejam elas de direito público ou privado. Suas normas constituem coordenadas essenciais às demais normas jurídicas (civis, comerciais, processuais, administrativas, tributárias, etc.), que não produziriam efeitos sem os seus preceitos. As normas da Lei de

feito, *o direito adquirido* e a coisa julgada. (...) § 2º. Consideram-se adquiridos assim os direitos que o seu titular, ou alguém por ele, possa exercer, como aqueles cujo começo do exercício tenha termo prefixo, ou condição preestabelecida inalterável, a arbítrio de outrem".

A disposição é clara,[9] definindo o conteúdo, sentido e alcance do conceito jurídico de "direito adquirido", que abrange não Introdução não são peculiares ao Código Civil, por serem aplicáveis a este e a quaisquer leis. Eis porque Ferrara chega a afirmar que esse título preliminar — *'vestibolo del Codice'* — é *quasi un corpo di leggi delle leggi*. A Lei de Introdução é uma *lex legum*, ou seja, um conjunto de normas sobre normas, constituindo um direito sobre direito (*ein Recht der Rechtsordenung, Recht ueber Recht, surdroit, jus supra jura*), um superdireito, um direito coordenador de direito. Não rege as relações de vida, mas sim as normas, uma vez que indica como interpretá-las ou aplicá-las, determinando-lhes a vigência e eficácia, suas dimensões espácio-temporais, assinalando suas projeções nas situações conflitivas de ordenamentos jurídicos nacionais e alienígenas, evidenciando os respectivos elementos de conexão. Como se vê, engloba não só o direito civil, mas também os diversos ramos do direito privado e público, notadamente a seara do direito internacional privado. A Lei de Introdução é o Estatuto de Direito Internacional Privado; é uma norma cogente brasileira, por determinação legislativa da soberania nacional, aplicável a todas as leis".

9. A lição da melhor doutrina a respeito do conceito de direito adquirido é expressa por mestres inexcedíveis: Seabra Fagundes ensinou: "Sob o regime de legalidade que vige entre nós, como em todos os países juridicamente organizados, *o Estado se obriga, irretratavelmente, em virtude das situações particulares oriundas de atos seus*. Desde que, para certa pessoa, nasça de lei, de ato administrativo, ou de sentença, uma situação determinada, *não se permite ao Estado desconhecer os efeitos já consumados dessa situação, ou aqueles cuja consumação futura ficou assegurada pelo teor da lei*, do ato administrativo ou da sentença" ("Revogabilidade das Isenções Tributárias", in *RDA* 58/2); Hely Lopes Meirelles escreveu: "Esse direito adquirido tanto pode nascer de norma legislativa, como de ato ou contrato (...) *E, em qualquer hipótese, há de ser respeitado tanto pelo particular como pelo poder público, porque a Constituição é impositiva para todos*. Desde que se crie, por lei ou contrato, uma situação particular e individualizada em favor de um titular, e este titular passa a ter o poder de obter tal situação, entende-se que *há direito adquirido*. E *o consectário desse direito é a sua irrevogabilidade*, como acentuam os mais autorizados publicistas (...)" (*Estudos e Pareceres de Direito Público*, p. 384); Pontes de Miranda resumiu: "(...) *se existe direito adquirido, a lei nova não o ofende*" (*Comentários à Constituição de 1967*, t. II, p. 434, e *Comentários à Constituição de 1969*, t. V, p. 83).

só o que pode desde logo ser exercido, mas também "aqueles cujo começo do exercício tenha termo prefixo, ou condição preestabelecida inalterável, a arbítrio de outrem". Como sintetizou Serpa Lopes:[10] "Todos os fatos consumados durante a vigência da Lei anterior, assim como todas as conseqüências deles decorrentes, devem ser por ela regidos".

Nada altera o direito adquirido do contribuinte ao regime jurídico específico do tributo, regime jurídico, esse, estabelecido de acordo com a lei vigente no instante da ocorrência do fato imponível ou, no caso do imposto sobre a renda, no início do período de apuração. Nenhuma lei e, muito menos, nenhum ato administrativo poderão pretender proceder a tal alteração, salvo se o resultado for mais benéfico ao particular, obviamente.

Essas garantias são concretamente oponíveis ao Estado e seus agentes, que podem ser responsabilizados por atos que as contrariem. A contenção dos eventuais abusos dos agentes administrativos pode ser objeto (i) tanto de iniciativa tendente à simples anulação do ato abusivo (ii) quanto de responsabilização do Estado e/ou seus agentes. Desdobremos esta segunda noção.

6.2 Responsabilidade do agente público

Ensinava Geraldo Ataliba que a noção de responsabilidade pessoal do agente público permeia todo o sistema constitucional brasileiro. A noção é recorrente em toda a sua obra *República e Constituição*. Aliás, a convicção da boa doutrina é antiga, como demonstra a seguinte afirmação de Caio Tácito:[11] "O princípio da legalidade se aperfeiçoa, assim, com a 'garantia do controle' dos atos administrativos e a 'regra da responsabilidade' da administração e de seus agentes".

Em matéria tributária, a prática de ato administrativo de forma irregular, que cause prejuízo ao particular, pode ensejar a responsabilização do Estado. É que o ato administrativo ilegal configura inexorável desvio de poder — na esfera das autorida-

---

10. *Comentários à Lei de Introdução ao Código Civil*, v. I, p. 286.
11. "Contencioso Administrativo", in *Revista da Procuradoria-Geral do Estado de São Paulo* 10/149.

des administrativas — que, causando dano ao particular, gera a obrigação do Estado de indenizar, recompondo o patrimônio do ofendido, tornando-o indene.

E aqui surge a peculiaridade: quando o agente administrativo tiver agido com *dolo* ou *culpa*, pode ele ser pessoalmente responsabilizado. O fundamento de tal responsabilização pessoal está no art. 37, § 6º, da Constituição.[12]

No mesmo sentido — quando o particular lesado dispuser-se a não invocar a responsabilidade objetiva do Estado (hipótese na qual bastam a demonstração do dano e comprovação do nexo de causalidade), trilhando os percalços impostos pela teoria da responsabilidade subjetiva (perquirição da culpa ou dolo) — é a opinião de Lucia Valle Figueiredo.[13]

O sistema constitucional brasileiro oferece, assim, remédio para a reparação patrimonial de quem seja lesado por ato administrativo, assim contra o próprio Estado como contra o próprio agente administrativo.

---

12. Celso Antônio Bandeira de Mello sustenta este entendimento nos seguintes termos: "Entendemos que o art. 37, § 6º, não tem caráter defensivo do funcionário perante terceiro. A norma visa a proteger o administrado, oferecendo-lhe um patrimônio solvente e a possibilidade da responsabilidade objetiva em muitos casos. Daí não se segue que haja restringido sua possibilidade de proceder contra quem lhe causou dano. Sendo um dispositivo protetor do administrado, descabe extrair dele restrições ao lesado. A interpretação deve coincidir com o sentido para o qual caminha a norma, ao invés de sacar dela conclusões que caminham na direção inversa, benéfica apenas ao presumido autor do dano. A seu turno, a parte final do § 6º do art. 37, que prevê o regresso do Estado contra o agente responsável, volta-se à proteção do patrimônio público, ou da pessoa de direito privado prestadora de serviço público. Daí a conclusão de que o preceptivo é volvido à defesa do administrado e do Estado ou de quem lhe faça as vezes, não se podendo vislumbrar nele intenções salvaguardadoras do agente. A circunstância de haver acautelado os interesses do lesado e dos condenados a indenizar não autoriza concluir que acobertou o agente público, limitando sua responsabilização ao caso de ação regressiva movida pelo Poder Público judicialmente condenado" (*Curso de Direito Administrativo*, p. 605).
13. *Curso de Direito Administrativo*, p. 180.

7
APLICAÇÃO DAS CATEGORIZAÇÕES PROPOSTAS AO IMPOSTO SOBRE A RENDA

7.1 Questão eminentemente constitucional. 7.2 Imperativo lógico da existência do conceito pressuposto. 7.3 Conceito constitucionalmente pressuposto de renda: 7.3.1 Conceitos próximos — 7.3.2 Conceito pressuposto: 7.3.2.1 Saldo positivo — 7.3.2.2 Entradas e saídas — 7.3.2.3 Período: 7.3.2.3.1 Período constitucionalmente pressuposto — 7.3.3 Sujeito passivo (uma referência). 7.4 Relação determinante entre critérios quantitativo e material. 7.5 Conteúdo do conceito de renda, na doutrina. 7.6 Necessária referência a elementos componentes da base de cálculo do imposto sobre a renda. 7.7 Correção monetária: 7.7.1 Advertência prévia — 7.7.2 Aumento e redução da carga — 7.7.3 Correção monetária e índices — 7.7.4 Reflexão. 7.8 Alguns exemplos.

7.1 Questão eminentemente constitucional

A Constituição, no art. 153, III outorga competência à União para instituir imposto sobre a renda. Limita-se ela a esta singela referência: "renda e proventos de qualquer natureza".

Como já tivemos oportunidade de ressaltar, considerando que o texto constitucional serviu-se da técnica de referir-se ao critério material da regra-matriz de incidência tributária para o fim de proceder à repartição de competência tributária impositiva, o conceito "renda e proventos de qualquer natureza" foi utilizado para esse fim, sendo intuitivo que o respectivo âmbito não poderá ficar à disposição do legislador ordinário.

Admitir o contrário implica conferir ao legislador infraconstitucional competência para bulir com o âmbito das próprias competências tributárias impositivas constitucionalmente estabelecidas, o que é — para quem aceita o pressuposto básico do escalonamento hierárquico da ordem jurídica — impossível.

A própria Constituição fornecerá, portanto, ainda que de forma implícita, haurível de sua compreensão sistemática, o conteúdo do conceito de renda por ela — Constituição — pressuposto.

7.2 Imperativo lógico da existência do conceito pressuposto

Não há outra solução lógico-sistemática para essa questão. Admitindo-se que é a Constituição que confere ao legislador infraconstitucional as competências tributárias impositivas, o âmbito semântico dos veículos lingüísticos por ela adotados para traduzir o conteúdo dessas regras de competência não pode ficar à disposição de quem recebe a outorga de competência.

A questão de direito colocada, portanto, só pode ser compreendida e analisada em face das normas constitucionais que regem a matéria.

Xavier de Albuquerque[1] demonstrou a natureza constitucional das regras definidoras das competências impositivas, no Brasil: "Esse caráter rígido e fechado do nosso sistema constitucional tributário provém da Emenda n. 18, de 1965, à Constituição de 1946, cujo art. 6º o explicitava sob a fórmula categórica de que 'os impostos componentes do sistema tributário nacional são exclusivamente os que constam desta Emenda'. Mantiveram-no as Constituições subseqüentes, com a única exceção de possíveis outros impostos, passíveis de instituição no âmbito da competência residual da União. Desse modo, os impostos integrantes do sistema continuaram a ser os 'previstos nesta Constituição' (art. 18, *caput*, da Constituição de 1969) ou 'discriminados nesta Constituição' (art. 146, III, *a*, da Constituição de 1988). (...) Os conceitos que correspondem às diferentes espécies de impostos — preleciona Pontes de Miranda —, se constam da Constituição, são *conceitos de direito constitucional*, e não de legislação ordinária. O legislador ordinário somente pode trabalhar com as *variáveis* que determinam o valor do imposto, ou de algum dos elementos do suporte fático (*e.g.*, tantos por cento, se a renda excede de *x*); não pode alterar, de modo nenhum, o conceito do imposto; imposto de transmissão de propriedade imobiliária, como imposto sobre circula-

1. "ISS e Planos de Saúde", in *RDT* 62/17.

ção de mercadorias, é o que se considera tal na Constituição: a revelação do que ele é entra na classe das questões de interpretação da Constituição".

Daí que, segundo o mesmo autor, "(...) a regra jurídica, que se diz sobre o imposto 'a', descreve, como seu suporte fático, o que a Constituição previu". E arremata: "Assim é, porque, como anota Aliomar Baleeiro, a primeira fonte do Direito Tributário, no Brasil, 'brota da própria Constituição'. Esse mesmo Mestre disserta em outra passagem: "Fato gerador e base de cálculo são conceitos constitucionais (Emenda n. 1/1969, arts. 18, §§ 2º e 5º, 21, § 1º) indissocialmente vinculados à legalidade, porque fornecem o elemento fundamental para a identificação, a classificação e a diferenciação dos impostos, que a Constituição, nos arts. 21 a 26, discriminou e distribuiu à União, aos Estados-membros e aos Municípios".[2]

O plano desta análise — a exemplo do que ocorre com os pressupostos anteriormente vistos — também é constitucional. Princípios e normas constitucionais informam substancialmente a matéria e devem nortear sua intelecção. É que só assim estarão sendo prestigiados os princípios; e repita-se, o sentido, conteúdo e alcance dos princípios constitucionais da legalidade, da igualdade, da anterioridade, da capacidade contributiva, da indelegabilidade de funções, da segurança jurídica etc. só podem, evidentemente, ser perquiridos a partir das normas constitucionais, sistematicamente consideradas. Seria absurdo — não se pode admi-

2. Já escrevemos, em conjunto com Geraldo Ataliba: "Por isso tudo é que, já na Constituição, se deduzem critérios idôneos para eleição (pela lei ordinária) da base de cálculo dos tributos. Tal lei, de resto, só será constitucional quando se comporte nos lindes dessa esfera de atuação autorizada constitucionalmente, abstendo-se de indicar — como base — fatores que nada têm a ver com o objetivo fato submetido à tributação. Daí que, respeitando e obedecendo essas exigências, em geral, indiquem as leis tributárias como base de cálculo, grandezas ínsitas à natureza essencial do fato tributado (v.g. o valor da operação, no caso do ICMS; o preço do serviço, no caso do imposto sobre serviços; o montante da renda, no caso do imposto sobre a renda; e assim por diante). Do mesmo modo é possível verificar que, sempre que a lei se afasta dessa exigência implícita do sistema, a atuação do legislador (e, em certas hipóteses, da própria administração) vem sendo, sempre e fatalmente, condenada pelo Poder Judiciário" (Parecer inédito).

tir — que a pesquisa do sentido e alcance de princípios constitucionais pudesse ficar sujeita a prescrições da legislação ordinária ou de atos administrativos. Tais princípios fundamentais devem ser compreendidos a partir de sistema de normas igualmente fundamentais, da Constituição Federal.

Ada Pellegrini Grinover[3] enfatiza essa exigência metodológica: "(...) é importante notar que todos os dispositivos constitucionais devem ser interpretados à luz dos princípios adotados pela própria Constituição".

É útil, também, a transcrição de trecho de voto do Ministro Leitão de Abreu,[4] no qual ficou assentada, com extrema felicidade e precisão, a lógica do raciocínio hermenêutico necessário à solução de conflitos dependentes da interpretação da Constituição: "Em primeiro lugar, não vale argumentar com normas de direito comum para estabelecer limites a princípios fundamentais, a normas, por isso mesmo, universais, normas necessárias, reconhecidas como tais pelo nosso país. Em lugar de se argumentar da lei ordinária para a norma fundamental, a fim de limitar-lhe o sentido e a eficácia, o que cumpre é argumentar dos princípios estabelecidos na declaração de direitos para os preceitos de lei ordinária, para subordinar estes últimos aos primeiros".

Como já vimos, exaustivamente, boa parcela da doutrina afirma que sistema jurídico é o conjunto harmônico, unitário e ordenado de princípios e normas. Organizado a partir de critério hierárquico — no qual as diversas regras (elementos) são providas de diferentes funções e intensidade eficacial —, a primeira tarefa do intérprete é reconhecer quais os princípios que se sobrepõem aos demais, para assim compor um todo harmônico e ordenado. O ensinamento de Tércio Sampaio Ferraz Jr.[5] é uma vez mais esclarecedor: "Partimos do princípio hermenêutico da unidade da Constituição. Este princípio nos obriga a vê-la como um arti-

---

3. "O Contencioso Administrativo na Emenda n. 7/77", in *Revista da Procuradoria-Geral do Estado de São Paulo*, junho de 1977, pp. 247 e ss. (esp. p. 267).
4. Trecho de voto exarado no acórdão do RE 86297-SP, STF Pleno, in *RDP* 39/200.
5. *Interpretação e Estudos da Constituição de 1988*, p. 59.

culado de sentido. Tal articulado, na sua dimensão analítica, é dominado por uma *lógica interna* que se projeta na forma de uma *organização hierárquica*. (...) Perdendo-se a unidade, perde-se a dimensão da *segurança e da certeza*, o que faria da Constituição um instrumento de arbítrio" (g.n.).

À luz dessas premissas deve ser efetuada a análise a que nos propomos.

7.3 Conceito constitucionalmente pressuposto de renda

Sedimentado, por um lado, que o conceito de renda não pode ficar — e não fica — à disposição do legislador infraconstitucional e que, por outro lado, o conceito de renda não está explicitado no texto constitucional, impõe-se deduzir um conceito de renda pressuposto pela Constituição. Antes de qualquer outra cogitação, saliente-se que, para nós, o conceito de renda é gênero que encampa a espécie "proventos de qualquer natureza", razão pela qual referiremos aqui apenas o gênero, sem preocupação de tratar separadamente da espécie.[6]

Advertiu J. L. Bulhões Pedreira:[7] "A noção de renda que nos interessa não é a utilizada pela ciência econômica nem a que teoricamente seja a mais perfeita para as finanças públicas, mas a que se ajusta ao sistema tributário nacional definido na Constituição Federal em vigor. Esse é o conceito que permitirá conhecer os limites da competência da União ao definir a base imponível do imposto sobre a 'renda e proventos de qualquer natureza', e que servirá de padrão para apreciar, em cada caso, a constitucionalidade das leis tributárias federais, estaduais e municipais".

Propõe-se, aqui, na linha do método sugerido por Alfredo Becker,[8] a discussão do que é tido como óbvio, dos conceitos esta-

---

6. Para exaustiva análise do significado da expressão "proventos de qualquer natureza", veja-se a extraordinária dissertação de mestrado (PUC-SP/1996) entitulada "O Conceito Constitucional de Renda e Proventos de Qualquer Natureza", de Roberto Quiroga.
7. *Imposto de Renda*, 2.11, § 2º.
8. *Teoria Geral do Direito Tributário*.

belecidos como pacificamente assentes. Essa rediscussão trará importantes conseqüências na compreensão das disposições infraconstitucionais.

Essas conseqüências chegam a ser surpreendentes para os que nunca exercitaram essa rediscussão do óbvio, exigindo um humilde e completo desvestir-se de preconceitos, de informações viciadas adrede recebidas — que na maioria das vezes limitam-se ao domínio de disposições infraconstitucionais, ou de definições doutrinárias (formuladas a partir de doutrina estrangeira, sem as cautelas da verificação de pertinência sistemática com o direito brasileiro).

Então, para profícuo atingimento da tarefa a que nos propomos neste instante — de buscar o conceito constitucionalmente pressuposto de renda —, é necessário, por um momento, esquecer-se o plano infraconstitucional, abstrair-se a doutrina e ignorar a perspectiva metajurídica da ciência das finanças. Sobre essa — ciência das finanças —, aliás, Geraldo Ataliba[9] observou: "Muy por el contrario, la ciencia de las finanzas no tiene nada de dogmático; y por lo tanto no considera así al derecho. Ella discute el derecho, lo critica, señala errores, fallas y deficiencias, propone su alteración y sustitución. Y lo que es más, reduce a la norma a un simple dato, contiguo a otros innumerables, que toma en consideración en su elaboración científica".

Voltemos nossas atenções à busca do conceito de renda — como vimos, necessariamente pressuposto pela Constituição — que não foi explicitado pelo Texto Maior. Importa, aqui, recordar as já analisadas lições de Souto Maior Borges, Pontes de Miranda, A. R. Sampaio Dória, Aliomar Baleeiro, Ruy Barbosa, Carlos Maximiliano e outros, no sentido de que os preceitos implícitos não são inferiores aos explícitos.[10]

Nesse primeiro momento, enfatize-se, estaremos procurando afastar as cogitações infraconstitucionais, bem como as contribuições doutrinárias e de direito comparado — a elas voltare-

---

9. "Recursos Jurídicos del Contribuyente", in *Estudios sobre Medios de Defensa y Otros Temas Fiscales, Revista del Tribunal Fiscal del Estado de México*, primer número extraordinario, p. 29.
10. Veja-se o item 3.2.2.1 Princípios Implícitos, *supra*.

mos nossa atenção, em seguida. Procuremos, agora, extrair somente do texto constitucional as informações necessárias à compreensão do conceito constitucionalmente pressuposto de renda.

Parece útil recordar que toda a radicação do subsistema tributário é constitucional, pelo simples fato de que, sendo a ação estatal de tributar uma agressão — consentida pelo sistema — à liberdade e à propriedade, na própria Constituição serão detectados os mecanismos de contenção a esta tão grave agressão.

O direito constitucional dos povos ocidentais existe exatamente para assegurar suas opções valorativas fundamentais de proteção à liberdade e seu corolário, a propriedade. Este é o valor, este é o princípio a favor do qual o constituinte brasileiro optou, soberanamente.

Admitir-se discussão acerca da amplitude de alcance do princípio, em função das calibrações inerentes ao processo de traduzir em nova formulação simbológica o teor do princípio constitucional, é uma coisa. Já outra, bem diferente, é tentar contornar o princípio, como se ele não existisse. A primeira discussão, só não a admite quem não se familiarizou com as coisas da semiótica e da teoria da comunicação em geral; a segunda, só a admite quem despreza a noção de sistema ou quem não conhece o direito positivo brasileiro.

Então, do mesmo modo que se assentou na doutrina a noção constitucionalmente pressuposta de tributo — conceito fundamental, na linguagem de Terán, ao redor do qual se organiza o subsistema constitucional tributário — como prestações coativas, patrimoniais e pecuniárias, unilaterais, postas por lei, de forma genérica, em decorrência de ato típico e lícito, para custeio das despesas do Estado e em benefício do interesse comum, entendemos que é possível delimitar o conceito constitucionalmente pressuposto de renda.

A técnica utilizada pelos que se desincumbiram da tarefa de circunscrever o conceito constitucionalmente pressuposto de tributo foi a de estremá-lo de entidades próximas, porém não completamente com ele identificadas. Procuremos seguir o mesmo caminho.

7.3.1 Conceitos próximos

Identificamos, no texto constitucional, alguns conceitos que, de um modo ou de outro, aproximam-se, tangenciam ou influem no conceito de renda. Tal ocorre com "faturamento", "patrimônio", "capital", "lucro", "ganho", "resultado" etc. Vejamos alguns deles.

"Faturamento" é referido pela Constituição no art. 195, I. "Faturamento" é noção descompromissada com qualquer resultado comparativo. "Faturamento" é mero ingresso; é a soma dos valores das faturas; é a grandeza do conjunto de ingressos decorrentes do conjunto de faturas emitidas.

Ensinou Geraldo Ataliba:[11] "Não se registram divergências na boa doutrina, seja comercial, seja tributária, a respeito do conceito jurídico de faturamento. (...) Ora, faturamento é soma de faturas. Estas são 'contas' ou 'notas' que o comerciante expede ao realizar vendas mercantis. Logo, a soma das faturas (faturamento) é a soma dos preços das vendas mercantis".

É, portanto, na dinâmica da vida das sociedades empresárias, um dos elementos que, na qualidade de ingressos, devem ser considerados para compreensão da mutação patrimonial (para maior ou para menor) ocorrida em um determinado período. E é devido a esse seu inerente descomprometimento com a idéia de cômputo da mutação do patrimônio das pessoas, que a noção de faturamento é neutra e imprestável para a significação de capacidade contributiva. Deveras, isoladamente considerado, o faturamento não é elemento idôneo para a avaliação de capacidade contributiva, posto que, confrontado com eventuais saídas, pode ter sua aparente vocação para "signo presuntivo de riqueza" (na expressão de Becker) totalmente aniquilada.

E a razão é simples: é que não se "titula" de forma definitiva o produto do faturamento. Somente a parcela do faturamento que remanesça na titularidade da sociedade empresária após a consideração das saídas relevantes é que passa a manifestar certa capacidade contributiva. Antes dessa operação (de dedução) o faturamento é neutro. E todo fator neutro em relação às situações, coisas ou pessoas consideradas é, por definição, inidôneo para

11. "Venda de Minérios — Faturamento — PIS", in *RDA* 196/316.

distingui-las,[12] umas das outras, como se dá na identificação de capacidade contributiva para imposição de ônus tributável proporcional e isônomo.

Para fins deste estudo basta, no entanto, concluirmos que a expressão "faturamento", utilizada pelo art. 195, I, da Constituição, refere-se a ingressos, de forma descompromissada em relação à noção de resultado (positivo ou negativo), o que já é suficiente para estremá-la da idéia de renda.

"Capital" aparece no texto constitucional nos seguintes arts.: 156, § 2º, I, 165, § 1º, § 2º e § 5º, II, 167, III, 170, IX, 172, 192, III, 222, § 1º e § 2º; e, no Ato das Disposições Constitucionais Transitórias, a expressão aparece no artigo 52, II.

A expressão "capital" é tomada pela Constituição na acepção de investimento permanente, de titulação de um patrimônio, em nada relacionando-se à natureza dinâmica e relativa (comparativa entre dois estados patrimoniais) que caracteriza a noção de renda (voltaremos a essa noção).

"Lucro", por sua vez, é expressão que aparece nos seguintes artigos da Constituição: 7º, XI, 172, 173, § 4º e 195, I. Nas Disposições Transitórias, surge no artigo 72, III. Em todas as referências a expressão "lucro" é tomada como resultado positivo de atividade empresarial, de mais-valia obtida por sociedade empresária. É, portanto, noção parcial em relação à renda; é, por assim dizer, espécie do gênero renda. Lucro é noção menos ampla que renda.

A locução "ganho" surge nos arts. 201, § 4º e 218, § 4º da Constituição, para referir ingressos, de forma descompromissada da noção de saldo positivo. Alheia-se, portanto, de conceito significante de aptidão para contribuir para os gastos públicos.

"Resultado", por sua vez, é utilizado nos arts. 7º, XI, 20, § 1º, 71, VII, 77, § 3º, 109, V, 111, § 2º, 176, § 2º, 195, § 8º, 231, § 3º e 235, IX, todos da Constituição, e 12, § 1º do Ato das Disposições Constitucionais Transitórias. Em todas as referências, "resultado" é tomado como situação terminal de um processo, sem qualificação valorativa relativamente à manifestação de capacidade contributiva.

12. Veja-se Celso Antônio Bandeira de Mello, *O Conteúdo Jurídico do Princípio da Igualdade*, p. 30.

"Patrimônio", a seu turno, surge nos arts. 5º, XLV e LXXIII, 23, I, 24, VII, 30, IX, 49, I, 129, III, 144, 145, § 1º, 150, VI, "a" e "c", § 2º, § 3º e § 4º, 156, § 2º, I, 213, II, 216, § 1º e § 4º, 219, 225, § 1º, II e § 4º, 239, § 2º, da Constituição, e 36 e 51, § 3º do Ato das Disposições Transitórias.

Todas as referências a patrimônio objetivam significar conjunto estático de bens ou direitos titulados por uma pessoa, pública ou privada.

Importante salientar que no mesmo sentido (de conjunto estático de bens ou direitos) a Constituição faz referência à expressão "fortuna" (no artigo 153, VII), para o fim de outorgar à União competência tributária impositiva, o que já bastaria para concluir, de forma peremptória, que fortuna e, em nossa opinião, patrimônio são conceitos que a própria Constituição tratou de diferenciar do conceito de renda (lembre-se que nossa proposta é a de localizar e identificar na própria Constituição os elementos que permitam delimitar o conceito de renda por ela pressuposto).

7.3.2 Conceito pressuposto

Identificados e apartados esses conceitos próximos, encontraremos parâmetros mínimos que, muito embora genéricos e carregados de incertezas — que servirão de pretexto para abusos do legislador ordinário e, até mesmo, da administração —, constituem o conteúdo semântico mínimo do conceito constitucionalmente pressuposto de renda.

E traduzimos esse conteúdo da seguinte maneira: (i) saldo positivo resultante do (ii) confronto entre (ii.a) certas entradas e (ii.b) certas saídas, ocorridas ao longo de um dado (iii) período.

Desdobremos a conceituação proposta em seus elementos essenciais, para cabal esclarecimento.

7.3.2.1 Saldo positivo

Em primeiro lugar, vejamos a noção de (i) saldo positivo. Veremos, mais adiante, que a doutrina — seja a nacional, seja a alienígena — é tão exuberante quanto repleta de diferentes posicionamentos acerca do significado desse saldo positivo.

A idéia de saldo positivo traduz a noção de *plus*, de extra, de algo a mais, de acréscimo. Fácil perceber, preliminarmente, que essas noções representam dados relativos, dados que pressupõem a sua comparação com outro ou outros.

Deveras, não se constata acréscimo, não se vislumbra *plus*, a não ser a partir de um dado preestabelecido, sobre o qual o acréscimo, o *plus*, possa ser reputado como havido.

Essa colocação evidencia, de forma extraordinária, a contraposição da (1) "dinâmica" ínsita à idéia de renda à (2) "estática" peculiar à idéia de patrimônio.

Rubens Gomes de Sousa[13] escreveu: "(...) tornou-se insuficiente o processo bíblico de medição da riqueza pela extensão do patrimônio, estava nascida a idéia de distinguir o capital do rendimento pela atribuição, ao primeiro, de um caráter estático, e, ao segundo, de um caráter dinâmico, por isso mesmo, à noção de renda ligou-se um elemento temporal, de que o conceito de capital continuou independente. Capital seria, portanto, o montante do patrimônio encarado num momento qualquer de tempo, ao passo que renda seria o acréscimo do capital entre dois momentos determinados".

Renda haverá, portanto, quando houver sido detectado um acréscimo, um *plus*; tenha ele, ou não, sido consumido; seja ele, ou não, representado por instrumentos monetários, direitos, ou por bens, imateriais ou físicos, móveis ou imóveis, agora não importa (veremos em seguida a utilização que dessas categorias faz a doutrina).

Para que haja renda, deve haver um acréscimo patrimonial — aqui entendido como incremento (material ou imaterial, representado por qualquer espécie de direitos ou bens, de qualquer natureza — o que importa é o valor em moeda do objeto desses direitos) — ao conjunto líquido de direitos de um dado sujeito.

Veja-se, a propósito, a lição de J. L. Bulhões Pedreira,[14] que se refere à noção de patrimônio como sendo um conjunto de direitos "(...) cujo conteúdo está sujeito a freqüentes modificações em razão de mutação, acréscimo ou exclusão de elementos".

13. "A Evolução do Conceito de Rendimento Tributável", in *RDP* 14/340.
14. *Finanças e Demonstrações Financeiras da Companhia*, p. 133.

Para completar a referência ao saldo positivo, é necessário abordar a noção de prejuízos (saldos negativos) anteriormente sofridos pela sociedade empresária. É que os prejuízos, confrontados aos saldos positivos posteriores, devem ser totalmente recuperados antes que se possa cogitar da existência de renda (saldo positivo).

Deveras, prejuízos anteriores têm que ser deduzidos do saldo positivo, para que se possa contemplar acréscimo real e efetivamente obtido; do contrário, estará sendo tributado o próprio patrimônio da sociedade empresária.[15] É que prejuízo implica, sempre, uma redução de patrimônio, que, dependendo da sua intensidade, pode eliminar o efeito incrementador de entradas relevantes que, por sua vez, até o montante do prejuízo, não fazem mais que recompor o patrimônio previamente existente.

E a tributação do patrimônio, no Brasil, não se confunde com a tributação da renda, sendo impossível tomar, validamente, uma competência impositiva pela outra.

Com o costumeiro brilho, Mizabel Derzi[16] assentou: "Com poucas exceções, na maior parte desses países, os Textos Magnos são omissos quanto à pessoalidade do imposto de renda, à universalidade, à progressividade ou à capacidade econômica de contribuir. O legislador ordinário de tais ordens jurídicas, ao contrário do que se passa em nosso País, encontra, então, um espaço de liberdade criativa mais amplo, no qual as amarras constitucionais são frouxas (...). Diferente é a realidade jurídica nacional, em que um rígido sistema constitucional bitola de forma mais estreita o legislador ordinário. É possível instituir entre nós, imposto sobre o patrimônio como já existe em outros países (Alemanha, França etc.). Mas isso só pode ser feito dentro das regras constitucionais brasileiras, no exercício da competência residual da União, sem a utilização promíscua ou o disfarce do imposto de renda".

---

15. Veja-se A. R. Sampaio Dória, "A Incidência da Contribuição Social e Compensação de Prejuízos Acumulados", in *RDT* 53/89.
16. "Tributação da Renda *versus* Tributação do Patrimônio", in *Imposto de Renda — Questões Atuais e Emergentes*, p. 115.

7.3.2.2 Entradas e saídas

Vejamos, agora, a afirmação de que a renda é o saldo positivo resultante (ii) do confronto entre (ii.a) certas entradas e (ii.b) certas saídas.

A percepção de renda — já assentada como acréscimo — decorre de confronto entre elementos que "acrescem" ao que denominamos aqui como patrimônio e elementos que "subtraem" do patrimônio.

A noção de patrimônio, que é estática, sofre acréscimos e decréscimos, aumentos e diminuições, ao longo do tempo, podendo, se e quando o saldo dessas ocorrências for positivo, detectar-se a ocorrência de renda.

A restrição a "certas" entradas e "certas" saídas é imperativo do corte necessário à análise, somente, daqueles eventos que tenham ontologicamente significado relacionado ao conceito do acréscimo patrimonial que entendemos configurar renda.

Nesta medida, nem todo ingresso é relevante para o conceito de renda — por exemplo, o ingresso decorrente de financiamento ou o aumento de capital pelos sócios são totalmente descompromissados com a noção de acréscimo —, impondo-se selecionar, somente, as entradas que possam significar o, ou influir no, pesquisado incremento.

Do mesmo modo, os ingressos financeiros recebidos como pagamento pela alienação de elementos integrantes do patrimônio só serão relevantes a partir do valor pelo qual outrora aqueles foram nele incorporados (trata-se do que, no jargão legal, denomina-se de ganho de capital); o mesmo ocorre com o recebimento (ingresso) de pagamentos de indenizações, que — até atingir a grandeza financeira necessária a cumprir a sua função primordial de tornar o patrimônio indene — configuram mera reposição patrimonial (deixa de existir o bem desapropriado e passa a existir a disponibilidade financeira — representada por moeda corrente ou por títulos —, deixa de existir determinado direito lesado e passa a existir a disponibilidade financeira).

Têm-se, nessas hipóteses, mera rearrumação patrimonial, com substituição de elementos, sem alteração para maior; onde havia determinado ativo, passa a haver, em substituição, caixa ou recebíveis, da mesma intensidade ou poder de compra, e assim por diante. Dá-se o mesmo com o ingresso de capitais de terceiros — por exemplo, a título de financiamento — quando cresce o caixa mas, concomitantemente, passa a existir uma obrigação (dívida) na mesma intensidade, de forma que não há incremento patrimonial líquido.

O mesmo se dá com as saídas. Não se admite que todas elas possam ter a virtude, o efeito jurídico de servir de elemento neutralizador de ingressos, para fins de confronto e constatação de eventual saldo positivo. Daí referirmos "certas" saídas.

As saídas que representarem consumo — utilização, disponibilização, pelo titular do patrimônio — de acréscimos que sejam relevantes para o cômputo e eventual configuração de saldo positivo no período considerado não recebem a qualificação jurídica de elementos redutores, no confronto.

7.3.2.3 Período

Finalmente, impõe-se a análise da idéia de (iii) período. É necessário considerar-se um período de tempo dentro do qual serão consideradas as entradas e saídas relevantes.[17]

Trata-se do lapso de tempo compreendido entre (a) um dado marco inicial e (b) um dado marco final. No (a) marco inicial parte-se (a.i) de uma situação patrimonial prévia, para confronto, e (a.ii) começam a ser juridicamente relevantes as entradas e saídas. No (b) marco final, procede-se ao confronto (b.i) entre as entradas e saídas — juridicamente relevantes — ocorridas no período e (b.ii) entre o saldo do período considerado — que termina neste marco final — e a situação existente no início do período.

Sem a noção de período — e tempo —, todos os ingressos e saídas perdem qualquer significado comparativo. Sem o termo final — que só existe se se pressupõe existente um período e um termo inicial — não há corte para processamento do confronto

---

17. Sobre a imprescindibilidade da noção de período para cálculo da renda, veja-se, também, Narciso Amorós Rica, "O Período e o Nascimento da Relação Tributária no Imposto Espanhol sobre a Renda da Pessoa Jurídica", in *Princípios Tributários no Direito Brasileiro e Comparado*, p. 518.

entre ingressos e saídas, que se sucederiam em interminável cadeia de fenômenos sem significado.

É nesse sentido a opinião de J. L. Bulhões Pedreira:[18] "A idéia de um período de tempo integra necessariamente a noção de renda".

Não só pela necessidade lógica de sua existência decorre a exigência sistemática da Constituição de impor a idéia de período para aferição da existência de renda. Cremos que é possível inferir que a Constituição trabalha, toda ela, com um padrão temporal básico, que seria, por coerência e unidade sistemática — como vimos, predicados desejáveis da própria noção de sistema —, aplicável e definidor da noção de período necessária, repita-se uma vez mais, à verificação da percepção de renda.

7.3.2.3.1 Período constitucionalmente pressuposto — A Constituição trabalha com o dado explícito da anualidade para regular uma enorme quantidade de relações jurídicas. Todo o funcionamento do Estado é calcado — assim nos aspectos organizacionais e financeiros como nos políticos — em intervalos de doze meses, períodos anuais. Vejamos.

A expressão "anual" é utilizada pela Constituição nos seguintes arts.: 31, § 2º e § 3º, 48, II, 49, IX, 57, 71, I, § 4º, 74, I, 84, XXIII e XXIV, 87, III, 165, I, § 1º, § 2º, § 4º, § 5º, § 7º, § 8º, § 9º, I, 166, § 1º, I, § 5º, I, § 4º, § 6º, § 8º, 167, I, § 1º, 183, § 4º, 212, 214, 239, § 3º. No Ato das Disposições Constitucionais Transitórias, por sua vez, a expressão "anual" aparece nos arts. 35, § 1º, I, § 2º, I, 47, § 1º e 57, § 3º.

Já a expressão "ano" é utilizada pela Constituição nos seguintes arts.: 5º, LXX, "b", 7º, XXV, XXIX, "a" e "b", XXXIII, 8º, VIII, 12, II, "a", "b", 14, § 1º, I, II, "b" e "c", § 3º, "a", "b", "c", "d", § 8º, I, II, 16, 27, § 1º, 28, 29, I, III, 30, VIII, 34, V, "a", 35, I, 37, III, 40, II, III, "a", "b", "c", "d", 41, 42, § 4º, § 8º, 44, parágrafo único, 45, § 1º, 46, § 1º, § 2º, 52, parágrafo único, 57, § 4º, 58, 73, § 1º, I, IV, § 3º, 81, § 1º, 82, 87, 89, VII, 93, II, "b", VI, 94, 95, 98, II, 101, 104, parágrafo único, 107, I, II, 111 § 1º, 117, 121, § 2º, 123, parágrafo único, I, 128, § 1º, § 3º, § 5º, I, "a", 131, § 1º, 153, § 2º, II, 182, § 4º, III, 183, 184, 189, 191, 192, § 3º, 201, § 6º, 202, I, II, III, § 1º, 208, IV, 222, 223, § 5º, 226,

---

18. *Imposto de Renda*, p. 2.10.(03). No mesmo sentido, veja-se Geraldo Ataliba e outros, "Periodicidade do IR", in *RDT* 63/15 e ss.

§ 6º, 227, § 3º, I, 228, 230, § 2º, 233, § 2º, § 3º, 235, V, "a" e "b", VIII, IX, "a" e "b". E no Ato das Disposições Constitucionais Transitórias, a expressão "ano" aparece nos seguintes arts.: 3º, 10, II, "a", 11, 12, § 1º, § 2º, § 4º, 19, 26, 27, § 9º, 33, parágrafo único, 35, 36, 37, 38, parágrafo único, 40, 41, § 1º, 42, 43, 44, § 1º, 50, 51, 53, V, 57, § 1º, 60, 61, 67.

Toda a amarração organizacional do funcionamento do Estado brasileiro é, de acordo com a sistemática constitucional, calcada na idéia de período anual. Dentre as inúmeras referências à noção de período anual, saliente-se que a organização e funcionamento dos aspectos e das questões financeiras (orçamentos, previsões, gastos, investimentos etc.) de que trata a Constituição são todos eles baseados em períodos de doze meses.

Já a locução "mensal" (mês ou mensalmente), aparece nos arts. 162, 168, 201, § 5º, § 6º, 202, 203, V, e 239, § 3º, da Constituição; e 34, 54, 58, parágrafo único, e 72, § 1º, do Ato das Disposições Constitucionais Transitórias. Note-se que, além da reduzida freqüência do recurso à noção mensal de período, em nenhuma delas a Constituição tomou essa noção (mensal) como cômputo de alguma grandeza, limitando-se a dela servir-se para estabelecimento de prazos, termos de pagamento etc.

A partir de uma consideração sistemática da Constituição, pensamos que as exigências implícitas à noção de período, como ocorre com o conceito de renda, devam ser consideradas em harmonia com as demais disposições que tratam da mesma questão. Parece, portanto, que — em matéria de imposto sobre a renda — a Constituição não se limita a impor, implicitamente, a consideração de um período. Entendemos que ela estabelece — ainda que de forma também implícita — que esse período seja anual.

Que essa definição do período possa admitir alguma tergiversação, de maior ou menor intensidade, compreendemos, em face da generalizada — legítima ou simulada, por conveniência — ignorância das coisas da Constituição. Todavia — veremos melhor oportunamente —, não é livre o legislador infraconstitucional para pretender estabelecer período que não seja suficiente para a realização do confronto de entradas e saídas. Essa medida será dada, no plano e no instante pré-legislativo, pela ciência das finanças e pela economia. Se se pretender não adotar o critério anual — implicitamente pressuposto pela Constituição —, estará a lei sujeita a exame de constitucionalidade perante o Poder Judiciário; e, demonstrado que, nas circunstâncias que envolvem o particular interessado — ramo de atividade, conjuntura econômico-financeira em certo momento histórico etc. —, o período definido por lei não se coaduna às exigências da realização do confronto entre entradas e saídas relevantes, deverá o comando legislativo ser considerado inválido, por vício de constitucionalidade.

A consideração da inafastabilidade da idéia de período para cogitação da noção de renda acarreta, em si mesma, importantíssima explicitação — de terminativa clareza — do conteúdo e alcance dos princípios da anterioridade e irretroatividade da lei mais gravosa — tão constantemente amesquinhados e desprezados em matéria de imposto sobre a renda.

Iniciado o período — a partir do marco inicial —, nenhuma alteração normativa — mais gravosa — operará efeitos sobre os elementos (entradas e saídas) e sobre o confronto que deve ser verificado no termo final. Os efeitos jurídicos — a própria relevância ou irrelevância, bem como seu potencial incrementador, nas entradas, e redutor, nas saídas — dos eventos que tenham lugar no decorrer do período têm seu regime congelado no termo inicial.

Do mesmo modo, as regras disciplinadoras do modo e forma de elaboração do confronto final congelam-se, permanecendo imutáveis, até o início do período seguinte. Essa imutabilidade do regime jurídico no curso do período, já o afirmamos, configura direito adquirido do particular. Tal compreensão é clara e insofismável, servindo de importante ferramenta tecnológica para a solução ou prevenção de conflitos.

Assim definida a materialidade — de que se serviu a Constituição para proceder à repartição de competências impositivas — do conceito constitucionalmente pressuposto de renda, encontra-se adequadamente deduzido o âmbito da respectiva competência tributária impositiva da União, vinculando de forma absolutamente peremptória, inquestionável e intransponível a liberdade do legislador ordinário.

De todo recomendável seria, portanto, que o legislador infraconstitucional — que, na feliz expressão de Paolo Biscaretti di Ruffia,[19] é, lógica e cronologicamente, o primeiro intérprete da Constituição — se familiarizasse com o texto e a sistemática constitucional, buscando conhecer e dominar, ao menos, os limites da amplitude de sua competência normativa, para poder desenvolver sua atividade legislativa dentro do âmbito material de competência que lhe foi outorgada. Tal, todavia — propositada ou acidentalmente —, não se dá.

7.3.3 Sujeito passivo (uma referência)

Todas essas colocações já nos permitem proceder a mais um desdobramento. Por um lado, sendo renda a matéria tributável, o imposto que sobre ela recai deve considerar seu específico montante, e nada além, como base de cálculo do valor a pagar. Por outro lado, a necessária conexão, ao substantivo "renda", do verbo "auferir" (inquestionavelmente aceito como o mais adequado à hipótese) implica que só pode ser obrigado a pagar esse tributo a pessoa que concretamente realizou o fato significado por tal verbo, ou seja, aquele que auferiu a renda.

É que, ao fornecer, expressamente, a materialidade e, implicitamente, o conteúdo e alcance da referida materialidade, a Constituição, novamente de forma implícita, já fornece os elementos aproximativos necessários ao conhecimento da base de cálculo, bem como o sujeito passivo alcançável pela norma de tributação — aquele que, na esteira da utilíssima lição de Héctor Villegas,[20] é o destinatário constitucional do tributo.[21]

Afirmamos, portanto, a predefinição constitucional do destinatário da carga do imposto sobre a renda.

Ao referir a materialidade "renda", a Constituição impõe sua conexão ao verbo transitivo "auferir"; e tal não se dá somente por

19. "Costituzioni Italiana Dopo Un Ventenio", in *Studi in Onore di Giuseppi Chiarelli*, v. 2, p. 785.
20. *Curso de Finanzas, Derecho Financiero y Tributario*, v. I, pp. 220, 221 e 222, e "Sujeito passivo no imposto sobre a renda", in *RDP* 19.
21. Veja-se também Marçal Justen Filho, *Sujeição Passiva Tributária*, p. 262.

questões de natureza gramatical ou de estilo. Novamente, nossa afirmação tem radicação na consideração do sistema constitucional e respectivo subsistema tributário.

Nessa ordem de considerações, facilmente depreende-se que o exercício da competência tributária impositiva, em matéria de imposto sobre a renda está contida pelas severas exigências dos princípios da pessoalidade, da capacidade contributiva, da universalidade (artigo 145, § 1º, da Constituição) — desdobramentos do princípio da igualdade (arts. 5º e 150, II).

E por essas razões, a Constituição previamente define — de forma indisputável pelo legislador infraconstitucional — o destinatário constitucional do imposto sobre a renda, como aquele que a aufere. O critério pessoal, no que diz respeito à sujeição passiva da regra-matriz de incidência do imposto sobre a renda, a ser objeto de norma infraconstitucional, já está, portanto, predefinido pela própria Constituição Federal.

Já manifestamos,[22] no passado, essa nossa convicção, nos seguintes termos: "Recordando, pois, aquelas noções introdutórias, percebemos que a Constituição estabelece diversos parâmetros que guiarão a eleição do sujeito passivo da obrigação tributária. A primeira exigência com relação ao sujeito passivo é a de que ele seja eleito pela lei para assumir este papel. Só a lei pode criar uma regra-matriz de incidência; conseqüentemente, nela devem estar descritos todos os critérios necessários à existência desta, dentre os quais encontra-se o critério pessoal. Em face dessa exigência do princípio da legalidade, já afigura-se como imprescindível, também, o respeito ao princípio da isonomia, uma vez que esta consiste na igualdade na própria lei, como já salientado. Não basta, portanto, que a eleição do sujeito passivo seja veiculada por lei. Essa indicação é limitada, em nosso entender, pela própria Constituição. Esse diploma, de maneira mais ou menos flexível, indica os possíveis sujeitos passivos, ou as possibilidades que o legislador infraconstitucional tem para elegê-los, sempre sob a sombra do princípio da isonomia.

22. "Princípios Informadores do Critério Pessoal da Regra-matriz de Incidência Tributária", in *RDT* 23-24.

"Essa afirmação não é pacificamente aceita, mas acreditamos na sua exatidão em face da premissa de que, nos tributos não vinculados, a norma tributária sempre descreve no seu antecedente uma ação ou um estado que tenha conteúdo econômico, que traduza certa capacidade econômica. Por via oblíqua, se admitirmos essa premissa, temos que ligá-la, inexoravelmente, a um (ou mais de um) ente titular dessa capacidade econômica. Esta capacidade pertence a alguém, e esse alguém deve ser o eleito para sujeito passivo da obrigação tributária pelo legislador infraconstitucional. Essa é a tarefa desse Poder Legiferante, descobrir o titular da capacidade econômica indicada pela Constituição" (p. 261).

Esta afirmação é desdobramento da seguinte proposição de Amílcar Falcão:[23] "Os pressupostos estabelecidos para a incidência em cada caso, traduzem conseqüentemente índices de capacidade econômica adotados pelo legislador para que a prestação tributária ocorra. Já se vê que o fator relevante para a instituição do tributo não é a forma jurídica por que se exteriorize o fato gerador, mas, a realidade econômica, ou seja, a relação econômica que se efetua sob aquela forma externa. A alusão à forma jurídica, portanto, representa uma fórmula elíptica através da qual, por motivos de concisão léxica, se pretende exprimir a relação econômica nela subjacente".

E, com a costumeira objetividade, Geraldo Ataliba e Cléber Giardino[24] esclarecem o âmago da questão: "Na própria designação constitucional do tributo já vem implicitamente dito 'quem' será o seu sujeito passivo. No quadro dos contornos fundamentais da hipótese de incidência dos tributos — que estabelece a Constituição Federal ao instituir e partilhar competências tributárias, entre União, Estados e Municípios — está referido, inclusive o sujeito passivo do tributo, aquela pessoa que, por imperativo constitucional, terá seu patrimônio diminuído, como conseqüência da tributação".

A desconsideração desta pressuposição constitucional relativa ao destinatário da carga tributária do imposto sobre a renda dá lugar a sérios equívocos, especialmente em matéria de reten-

23. *Introdução ao Direito Tributário*, p. 134
24. "ICM — Diferimento", p. 53.

ção na fonte e da tributação de negócios internacionais (particularmente aqueles contratados sob condição de "pagamentos líquidos de impostos"[25]), não podendo ser pacificamente admitida.

7.4 Relação determinante entre critérios quantitativo e material

Retomando a noção preliminarmente abordada neste tópico, a Constituição — ao referir os fatos tributáveis (no caso, aludindo à renda) — preestabelece, prefixa (de forma inafastável pela legislação infraconstitucional) a definição legal da base de cálculo do tributo. A lei não pode adotar outra dimensão como base, sob pena de desviar-se do padrão constitucional.

É que o critério quantitativo da regra-matriz de incidência tributária — no pertinente à base de cálculo — tem a virtude de descaracterizar o próprio critério material, quando com ele for incompatível. A lição de Paulo de Barros Carvalho[26] é terminativa, pela objetividade e exaustão; diz ele: "Demasiadas razões existem, portanto, para que o pesquisador, cintado de cautelas diante dos freqüentes defeitos da redação legal, procure comparar a medida estipulada como base de cálculo com a indicação do critério material, explícito na regra de incidência. A grandeza haverá de ser mensuradora adequada da materialidade do evento, constituindo-se, obrigatoriamente, de uma característica peculiar ao fato jurídico tributário. Eis a base de cálculo, na sua função comparativa, confirmando, infirmando ou afirmando o verdadeiro

---

25. Interessante notar que essa questão evidencia a falácia das importações acríticas de noções do direito comparado para solução de questões internas, submetidas ao sistema constitucional brasileiro. Vejam-se, a propósito Continental Illinois Corp. x Commissioner (docket n. 5.931-83, US Tax Court), Nissho Iwai American Corp. x Commissioner (docket n. 4.598-85, US Tax Court) e Riggs National Corp. x Commissioner (docket n. 24.368-89, US Tax Court), que, tratando das repercussões da retenção do imposto sobre a renda brasileiro (sobre juros de empréstimos concedidos por instituições financeiras norte-americanas) no imposto sobre a renda norte-americano, evidencia o conflito entre a prevalência da assunção do encargo econômico do tributo — sob a ótica do sistema constitucional dos EUA — em contraposição à predeterminação de destinatário constitucional da carga tributária — sob a ótica do sistema constitucional brasileiro.
26. *Curso de Direito Tributário*, p. 204.

critério material da hipótese tributária. Confirmando, toda vez que houver perfeita sintonia entre o padrão de medida e o núcleo do fato dimensionado. Infirmando, quando for manifesta a incompatibilidade entre a grandeza eleita e o acontecimento que o legislador declara como medula da previsão fática. Por fim, afirmando, na eventualidade de ser obscura a formulação legal, prevalecendo, então, como critério material a hipótese, a ação-tipo que está sendo avaliada. Introduzimos uma noção de induvidosa operatividade, para a qual convocamos todas as atenções: havendo desencontro entre os termos do binômio (hipótese de incidência e base de cálculo), a base é que deve prevalecer. Por isso, tem o condão de informar o critério material oferecido no texto, que será substituído por aquele outro que percebemos medido".

Destarte, quando o legislador pretender instituir imposto sobre a renda, estará constitucionalmente obrigado a prever que o cálculo do tributo se faça exclusivamente sobre o *montante* da renda *efetivamente* verificada.

A base de cálculo é elemento *essencial* e *decisivo* para a plena e correta definição do tributo. Na verdade, é por meio da base que se pode verificar — dado o necessário liame ou nexo lógico que deve ela manter com o chamado critério material da regra-matriz de incidência tributária (o fato tributado) — a verdadeira consistência da situação submetida à tributação.

A circunstância de estar-se na presença de efetiva tributação de renda — critério material da regra-matriz respectiva — só é verdadeiramente afirmada quando o critério legalmente eleito (base de cálculo) para conversão desse fato em cifra econômica revela-se compatível com a consistência material do fato dado como "pressuposto" pela Constituição e "posto" pela lei: a renda efetivamente auferida ou percebida.

Negar isso será admitir que a Constituição se tenha desdobrado em preceitos e formulações inúteis, que o Legislativo e o Executivo, *por via oblíqua*, podem tranqüilamente desprezar, instaurando a insegurança, o casuísmo e o arbítrio nas relações tributárias. Por isso tudo é que já na Constituição deduzem-se critérios idôneos para eleição (pela lei ordinária) da base de cálculo dos tributos.

Daí que — para respeitar e implementar essas diretrizes — devam as leis tributárias indicar, como base de cálculo, grandezas ínsitas à natureza essencial do fato tributado (o valor da operação, no caso do ICMS; o preço do serviço, no caso do ISS; o valor do imóvel, no caso do IPTU; o montante da renda, no caso do imposto sobre a renda; etc.), desvendando o que Geraldo Ataliba denominou de "perspectiva dimensível da materialidade da hipótese de incidência".[27]

Qualquer que seja o conceito de renda adotado, dúvida não pode haver, repita-se, quanto à necessidade de que ocorra um *ganho patrimonial* (acréscimo patrimonial) *efetivo* pelo sujeito passivo, sob pena de não se configurar a hipótese constitucional do imposto sobre a renda.

7.5 Conteúdo do conceito de renda, na doutrina

Construções doutrinárias acerca dessa questão não faltam, convergindo, todas elas, para os elementos essenciais que acima foram expostos (saldo positivo decorrente de confronto entre elementos verificados dentro de um período).

Horacio García Belsunce,[28] depois de referir diversas concepções econômicas,[29] sintetiza os pontos em comum nelas encontrados, afirmando que essas noções fornecerão a "fuente de inspiración o de referencia de los sistemas tributarios positivos" (p. 74). Segundo o autor, as diversas opiniões econômicas convergem nos seguintes aspectos: (a) renda é sempre uma riqueza "nova", seja ou não consumida; (b) essa riqueza nova pode ser "material ou imaterial"; (c) essa riqueza deve derivar de uma "fonte produtora"; (d) é irrelevante se a riqueza nova tenha ou não sido realizada e separada do capital ou fonte produtora; (e) renda é renda líquida, obtida depois de certas deduções (que variam de autor para autor, sendo predominante a noção de que são dedutíveis os

---

27. No mesmo sentido, veja-se Aires Barreto, *Base de Cálculo, Alíquota e Princípios Constitucionais*, pp. 37, 38 e 83.
28. *El Concepto de Rédito*.
29. Adam Smith, David Ricardo, Thünen, Jean Say, Thomas Malthus, John Stuart Mill, Biersack, Roscher, Adolf Held, Hermann, Adolf Wagner, Weiss, Alfred Marshall, Neumann, Irving Fisher e Giuseppe Ugo Papi.

gastos necessários para obtenção e produção da renda); (f) a renda pode ser monetária (dinheiro), em espécie (bens ou direitos) ou real (poder de compra, dimensionado pelo poder aquisitivo da renda monetária ou em espécie).

E propõe uma síntese de todas as opiniões econômicas que analisa, nos seguintes termos: "Rédito es la riquesa nueva, material o inmaterial, que deriva de una fuente productiva, que puede ser periódica y consumible y que se expresa en moneda, en especie o en los bienes o servicios finales que pueden adquirirse con la conversión del metálico o bienes recibidos como renta inmediata" (ob. cit., pp. 84 e 85).

Em seguida, García Belsunce passa a analisar a opinião de diversos estudiosos do direito, dividindo-os em dois grandes blocos, (a) os adeptos da chamada teoria da "renda-produto", vinculada às doutrinas econômicas, que considera a renda como um produto derivado do capital, e (b) os adeptos da chamada teoria da "renda-incremento patrimonial" (ou "renda-ingresso" ou "entrada"), que procura apartar-se das concepções econômicas, alargando a amplitude do conceito de renda para nele incluir todo incremento patrimonial, ingresso ou entrada.

Depois de analisar as propostas de diversos juristas[30] adeptos da doutrina da "renda-produto" Belsunce sintetiza o conteúdo desse pensamento, da seguinte maneira: (a) renda é sempre uma riqueza nova e material; (b) a riqueza deve derivar de uma fonte produtiva e durável (que resista ou subsista à produção da renda); (c) a riqueza nova deve ser periódica (ou suscetível de sê-lo), como conseqüência da subsistência da fonte produtora; (d) não é indispensável que a riqueza nova seja realizada (passível de permuta por moeda) e separada (independência ou autonomia física da renda em relação à fonte) do capital; (e) renda é sempre renda líquida, resultante da dedução, da renda bruta, de todos os gastos necessários para sua obtenção e para conservação e manutenção (reposição) da fonte produtora; (f) a renda pode ser

---

30. Na ala dos adeptos da doutrina da "renda-produto", analisa as opiniões de O. Quarta, Gerbino, Edwin Seligman, Battistella, Jacopo Tivaroni, Charles A. Colin, Edgard Allix e Marcel Lecercle, C. Plehn, Antonio de Viti de Marco, Henry Laufenburger, Ramon Valdés Costa, ob. cit., pp. 88 a 119.

monetária ou em espécie (ainda que, nesta hipótese, deva expressar-se em moeda).

Sintetiza as manifestações dos adeptos da teoria da "renda-produto" nos seguintes termos:[31] "Rédito es la riquesa nueva material (periódica o susceptible de serlo) que fluye de una fuente productiva durable y que se espresa en términos monetarios".

Em seguida, passa a analisar a opinião dos adeptos[32] da teoria da "renda-incremento patrimonial" ou "renda-ingresso", que resume nos seguintes aspectos principais: (a) renda é todo ingresso proveniente de coisas materiais, bens imateriais ou serviços; (b) o ingresso pode estar acumulado ao patrimônio ou haver sido consumido, tudo dentro de um período determinado; (c) o ingresso pode ser periódico, transitório ou acidental, e não é necessário que se mantenha intacta a fonte produtora, que pode, inclusive, desaparecer com o ato de produção; (d) não é necessário que o ingresso esteja separado ou realizado; (e) o ingresso deve ser líquido, ou seja, deve deduzir-se o patrimônio acumulado no início do período, bem como os gastos que tenham sido necessários ou úteis para obter o ingresso ou conservar a fonte produtora; (f) o ingresso deve ser sempre expressado em moeda.

Sintetiza as manifestações dos que pregam a teoria da "renda-ingresso" nos seguintes termos:[33] "Rédito es todo ingreso neto ou bienes materiales, inmateriales o servicios valuables en dinero, periódico, transitorio o accidental, de carácter oneroso o gratuito, que importe un incremento neto del patrimonio de un individuo en un período determinado de tiempo, esté acumulado o haya sido consumido y que se exprese en términos monetarios".

Rubens Gomes de Sousa[34] adota a perspectiva segundo a qual é renda aquilo que a lei disser que é: "Não seria, portanto, exagerado ampliar a definição para dizer que o imposto de renda é aquele que incide sobre o que a lei define como renda". Desneces-

31. Ob. cit., p. 132.
32. Na ala dos adeptos da doutrina da "renda-ingresso", analisa as opiniões de Georg Schanz, F. Gartner, Robert Murray Haig, V. Gobbi, Benvenuto Griziotti, Henry C. Simons, Achille Donato Giannini, Luigi Einaudi, Ezio Vanoni, John F. Due, ob. cit., pp. 133 a 181.
33. Ob. cit., p. 186.
34. "Evolução do Conceito de Rendimento Tributável", p. 339.

sário salientar que esta opinião do pioneiro mestre é absolutamente incompatível — note-se que a Constituição de 1946 já se servia do conceito de renda para outorga de competência impositiva — com as premissas estabelecidas neste trabalho. Tendo sido formulada em 1950, no entanto, possuía a virtude de — muito embora viciada pelo excesso natural do pioneirismo — buscar critério tendente a abandonar o manicômio jurídico tributário que Becker denunciou no início da década seguinte, o que já basta para, uma vez mais, engrandecer o respeito que merece a obra de Gomes de Sousa. Impõe-se, todavia, o dever de afirmar sem mesuras que esta permissividade — manifestada na opinião de Rubens Gomes de Sousa — da doutrina legalista da noção de renda é incompatível com o subsistema constitucional tributário brasileiro.

Aliás, na sua obra de 1969, J. L. Bulhões Pedreira[35] já denunciava o primarismo deste entendimento, fixando diretriz sólida e coerente, nos seguintes termos: "Mas *a lei ordinária*, ao definir os rendimentos ou a renda sujeitos ao tributo, *não é livre* para escolher qualquer base imponível, e *há de respeitar o conceito* de 'renda e proventos de qualquer natureza' *constante da Constituição*: as definições adotadas pela lei ordinária devem ser construídas e interpretadas tendo em vista a discriminação constitucional de competências tributárias, e estão sujeitas ao teste de constitucionalidade em função de sua compatibilidade com essa discriminação. (...) O conhecimento do conceito de renda é, portanto, indispensável para o julgamento da constitucionalidade da lei federal que define a base de cálculo do imposto de 'renda e proventos de qualquer natureza' que a Constituição atribui à União; ou das leis estaduais e municipais que instituam impostos ou taxas que, sob outras designações, incidam realmente sobre a renda. E para esse efeito, *nem o legislador nem o intérprete é livre para adotar o conceito de renda de sua preferência: deve procurar aquele que melhor se ajuste ao sistema de distribuição de competências tributárias constante da Constituição*" (g.n.).

E, mais adiante, agrega: "(...) ao definir a renda tributável *o Congresso Nacional tem o seu poder limitado pelo sistema constitucio-*

35. *Imposto de Renda*, 2.10.(02).

nal de distribuição do poder tributário, e fica sujeito à verificação, pelo Poder Judiciário, da conformidade dos conceitos legais com os princípios da Constituição. O Congresso *pode restringir ou limitar* o conceito de renda e proventos de qualquer natureza constante da Constituição, *mas não ampliá-lo* além dos limites compatíveis com a distribuição constitucional de rendas" (g.n.) (p. 2.11.(20)).

Todas as premissas estabelecidas no presente estudo, que inicia com a análise de um exemplo — o dos EUA — de sistema jurídico alienígena, exatamente para estremá-lo do brasileiro, realçando-se e evidenciando-se as peculiaridades decorrentes da rigidez do sistema nacional, conduzem à firme e inexorável conclusão de que o conceito de renda — tendo sido utilizado para implementação de repartição constitucional de competência tributária impositiva — é constitucionalmente pressuposto, não podendo ficar (por exigência lógico-sistemática) à disposição do legislador infraconstitucional.

Da análise do direito comparado, constatamos que o subsistema constitucional tributário brasileiro revela inéditos exaustividade e grau de detalhamento, não encontrando paradigmas em outros sistemas. Já invocamos as lições de Geraldo Ataliba, que, pioneiramente, alçou a questão ao seu plano apropriado, que é o constitucional, apartando o sistema brasileiro, por suas peculiaridades, dos sistemas alienígenas. Bulhões Pedreira, com sua habitual lucidez, também ressalva o plano constitucional da questão — aliás, em matéria de imposto sobre a renda, ele é dos poucos que, quando se defronta com as intrincadas questões legais e regulamentares, contábeis e societárias que circundam a matéria, não perde a visão global e mantém o respeito às exigências sistemáticas da Constituição.

Não há, portanto, como pretender sustentar, seriamente, que o conceito de renda possa ter sido deixado à disposição do legislador infraconstitucional, no Brasil.[36]

36. É ilustrativo invocarmos a lição de Mizabel Derzi, reiterando tudo quanto já dissemos sobre as peculiaridades do sistema constitucional brasileiro: "A Constituição brasileira é a mais minuciosa e rica das Cartas Constitucionais, em matéria financeira e tributária. Uma transposição apressada

Retornando ao conceito de renda, J. L. Bulhões Pedreira[37] trata da questão nos seguintes termos: "Há quatro conceitos básicos de renda — três econômicos e um financeiro. (...) O financeiro pertence ao plano em que o Direito distribui entre as pessoas poder sobre os recursos, a moeda e o resultado da atividade econômica" (p. 167). (...) "O objeto do imposto não é renda consumida nem produzida, mas renda de pessoas, ou sujeitos de direito. O conceito fiscal de renda corresponde, portanto, ao conceito econômico de renda individual ou repartida; mas com este não coincide nem se confunde porque pertence ao plano financeiro, no qual o Direito organiza — mediante a definição dos direitos e obrigações patrimoniais — a atividade econômica social" (p. 173). (...) "Percebemos e medimos a renda das pessoas como fluxos de direitos patrimoniais que acrescem ao seu patrimônio. A renda financeira não consiste, entretanto, nos direitos, mas no objeto desses direitos. Os direitos são instrumentos para distribuir a renda entre as pessoas, e não a própria renda. Renda é a moeda, ou o valor em moeda do objeto dos direitos" (p. 176).

E arremata: "*A nosso ver, o CTN não define o conceito constitucional*, mas conceito diferente — de 'acréscimo de poder econômi-

---

de institutos ou técnicas de presunção e simplificação usuais em outros países, esbarram, via de regra, em obstáculos constitucionais instransponíveis. Basta considerar que a maior parte das Cartas atuais não contém um rol expresso das limitações ao poder de tributar, exceção feita ao princípio da legalidade. Algumas, como a italiana, ainda mencionam o princípio da capacidade contributiva e a proibição de se criar tributo novo, após a aprovação da lei orçamentária. Mas outras são silentes em tudo, o que não impediu — como não poderia deixar de ser — que a doutrina e a jurisprudência deduzissem o princípio da legalidade, diretamente da necessária subordinação dos atos administrativos do Estado à lei e o princípio da capacidade contributiva, diretamente do mais amplo princípio da igualdade. É o caso da Constituição alemã (art. 20, § 3º). Não obstante, a nossa Constituição, além de conter uma seção própria, enumerativa das limitações ao poder de tributar, 'sem prejuízo de outras garantias asseguradas aos contribuintes' (art. 150), estabelece a mais rígida das discriminações de competência tributária entre os entes estatais. Assim a confusão entre os conceitos de lucro e patrimônio, ou lucro e receita, acarreta graves conseqüências" (p. 111), in "Tributação da Renda "versus" Tributação do Patrimônio", in *Imposto de Renda — Questões Atuais e Emergentes*.
37. *Imposto sobre a Renda — Pessoas Jurídicas*.

co'. A constitucionalidade dessa definição ainda não foi submetida a qualquer teste" (g.n.) (p. 176).

Como se vê, qualquer que seja o conceito de renda adotado, presentes estão as noções de (i) ganho patrimonial resultante de (ii) confronto entre elementos (ingressos e saídas) verificados (iii) ao longo de certo período. As definições podem variar em diversos aspectos (renda auferida, renda consumida, aumento patrimonial, ganho de capital etc.), mas não resta — de toda a gama de estudos até hoje elaborados sobre o conceito de renda — nenhuma dúvida quanto à necessidade de ocorrência de (a) ganho efetivo, (b) dentro de um determinado período.

Deveras, a Constituição somente admite a incidência de imposto sobre a renda quando tenha havido alteração positiva no patrimônio do contribuinte, no período. Fora daí, não se admite (a Constituição não tolera) incidência de imposto sobre a renda. E tal constatação só é possível ao cabo de um período de tempo determinado, dentro do qual a renda tenha sido auferida e ao cabo do qual ela possa ser quantificada.

7.6 Necessária referência a elementos componentes da base de cálculo do imposto sobre a renda

A liberdade do legislador infraconstitucional é, portanto, bastante restrita. A Constituição já tratou de delimitar, em largas linhas, o critério material da hipótese e, por via oblíqua, já circunscreveu a base e a sujeição passiva, definindo o destinatário constitucional da carga tributária e a medida desta. É dentro desta apertada moldura que o legislador ordinário pode movimentar-se.

A base de cálculo do imposto de renda das pessoas jurídicas resulta de procedimento complexo, integrada que é por ingressos e saídas de recursos, acréscimos e decréscimos no valor intrínseco de bens, tudo computado dentro de certo período — cremos, anual — pressuposto pela Constituição, de modo insuperável.

Por meio da contabilidade comercial — registros dos valores de cada um desses elementos — elaborada a partir de determinações da lei societária, obtém-se o "lucro líquido do exercício" (categoria definida na chamada lei das sociedades por ações). O lucro líquido do exercício, assim obtido, sofre a incidência da lei tributária que prescreve certos ajustes — por adições, exclusões ou compensações —, resultando na categoria definida como "lucro real", esse sim, representativo da base de cálculo do imposto sobre a renda da pessoa jurídica.

Pois bem. Essa cadeia de eventos, a que devem corresponder rigorosos lançamentos contábeis, que se sucedem ao longo do período, é traduzida — segundo a técnica contábil — em lançamentos numéricos significantes de unidades de moeda corrente nacional.

Os valores desta forma estocados na contabilidade — em unidades de moeda — correspondem a lançamentos históricos, imutáveis e indiferentes à eventual perda de poder aquisitivo da moeda, representativos dos diversos fenômenos que a lei reputou relevantes para efeito de integração, com função positiva ou negativa, na base de cálculo do imposto sobre a renda.

Apesar dos esforços do governo federal tendentes a encobrir este fato, não é supérfluo relembrar que, na presença de inflação, as unidades historicamente lançadas na contabilidade deixam de refletir o poder intrínseco de compra da moeda, que tem seu poder de troca emasculado em proporção inversa ao ritmo do fenômeno inflacionário. Ela (moeda) vê comprometido seu poder "aquisitivo" e sua aptidão natural de servir como instrumento de troca. Com isso, a contabilidade perde sua qualidade de espelho de uma realidade e sofre deformações caricaturais monstruosas. A contabilidade deixa, assim, de atender à sua função primordial, tão bem definida na feliz expressão de Fábio Comparato:[38] "As regras de contabilidade têm natureza técnica, existem para a consecução de determinada finalidade: a informação exata do estado econômico de uma entidade".

Histórica, sucessiva e cronologicamente armazenados, os lançamentos contábeis de per si considerados resultam, na presença de fenômeno inflacionário, em um aglomerado disforme, incoerente, insignificativo e inútil de elementos heterogêneos, posto que cada valor lançado (conjunto de unidades de moeda corrente na-

---

38. "O Irredentismo da 'Nova Contabilidade' e as Operações de 'Leasing'"; in *RDM* 68/51.

cional) — em determinado momento dentro do período de apuração da base de cálculo — terá natureza (medida da aptidão para servir como instrumento de troca) distinta. Logo, o que deveria ser um sistema harmônico e coordenado de elementos, organizado de acordo com regras constantes, transforma-se em genuína balbúrdia numérica.

Surge, assim, a correção monetária como técnica tendente a neutralizar os efeitos que o fenômeno inflacionário produz sobre as unidades de moeda corrente nacional. Visa a tornar homogêneos os montantes lançados na contabilidade, ao longo do período de apuração da base de cálculo do imposto sobre a renda. Isto de forma tal que — quando os elementos homogeneizados são reunidos para (relacionando-se entre si, de acordo com certas regras) comporem um resultado — terminem por configurar valor coerente, com significado fielmente espelhador de uma realidade.

Portanto, na presença de inflação, se a correção monetária dos lançamentos contábeis inexistir ou for distorcidamente efetuada, diversos efeitos daí decorrerão, e dessas distorções podem advir conseqüências tributárias em matéria de imposto sobre a renda, tais como: (a) redução da base de cálculo; (b) aumento de base de cálculo; (c) extrapolação da competência impositiva constitucionalmente outorgada à União, etc.

7.7 Correção monetária

7.7.1 Advertência prévia

Antes que algum incauto seja tomado de perplexidade pelo fato de estarmos abordando a questão da correção monetária em momento no qual ela acaba de ser "expurgada" do direito positivo,[39] salientamos que — conforme se verá a seguir —, tendo ela — correção monetária — influência direta na quantificação da base

39. Veja-se o art. 4º da Lei 9.249/95, que dispõe o seguinte: "Fica revogada a correção monetária das demonstrações financeiras de que tratam a Lei n. 7.799, de 10 de junho de 1989, e o art. 1º da Lei n. 8.200, de 28 de junho de 1991. Parágrafo único. Fica vedada a utilização de qualquer sistema de correção monetária de demonstrações financeiras, inclusive para fins societários".

de cálculo do imposto sobre a renda, a sua aplicação — da correção — não está à disposição do legislador infraconstitucional.

Sua manipulação pelo legislador federal — de forma comissiva ou omissiva — é possível quando acarretar redução do tributo, devido à característica — já analisada — da facultatividade do exercício da competência tributária impositiva. Todavia, quando servir de elemento incrementador do tributo devido, estará a manifestação limitada a que não acarrete a deturpação da materialidade — no caso, auferir renda — constitucionalmente fixada.

Então, é juridicamente irrelevante a eventual pretensão do legislador ordinário de desprezar os efeitos do fenômeno inflacionário sobre os elementos que influirão na base de cálculo do imposto sobre a renda a pagar. Se essa pretensão acarretar aumento da carga tributária, ou desvirtuação da materialidade, o particular terá direito de ver tais efeitos reconhecidos. É que esse direito é assegurado aos particulares diretamente pela Constituição Federal, podendo qualquer interessado recorrer ao Judiciário, assim na ação como na omissão do legislador ordinário.

A necessidade de tratamento doutrinário da questão decorre dos efeitos do fenômeno inflacionário e seus reflexos sobre o conceito de renda constitucionalmente pressuposto, e não do eventual tratamento legislativo (infraconstitucional) da questão.

Não importa a intensidade do fenômeno inflacionário, bastando que ele exista para que o particular tenha o direito — que pode ou não ser exercido, de acordo com suas próprias conveniências e sujeito ao seu soberano arbítrio — de exigir judicialmente o seu reconhecimento.

7.7.2 Aumento e redução da carga

Impõe-se a distinção entre as hipóteses nas quais a implementação incorreta da correção monetária das demonstrações financeiras (i) acarreta *aumento* da base de cálculo do imposto sobre a renda do contribuinte daquelas nas quais a implementação da referida correção monetária (ii) acarreta *redução* da base tributável. É que estas diferentes hipóteses terão regimes jurídicos distintos.

A *redução da base de cálculo* do imposto sobre a renda, por ação ou por omissão do Estado, constitui opção válida e legitimamente adotada pela pessoa política competente (União) — ato lícito, portanto — no sentido de não exaurir a potencialidade arrecadatória da competência tributária impositiva que lhe foi constitucionalmente outorgada.

Já o *aumento da base de cálculo* do imposto sobre a renda merece análise mais detida e, para fins de clareza expositiva, subdividida em compartimentos distintos.

Todo e qualquer aumento da carga fiscal do imposto sobre a renda deve, para ser legítimo, obedecer a diversos princípios constitucionais, dentre os quais podemos destacar os seguintes: (a) o da legalidade, segundo o qual somente a lei pode instituir ou majorar tributo; (b) o da anterioridade, segundo o qual a lei que houver instituído ou aumentado o tributo só vigorará no exercício financeiro seguinte ao da sua publicação; (c) o do respeito à discriminação constitucional de competência impositiva, que prescreve a necessária correlação lógica entre o elemento quantitativo (base de cálculo) eleito pela legislação ordinária e a materialidade da hipótese de incidência constitucionalmente referida.

Dependendo da situação patrimonial de cada pessoa jurídica — ou sociedade empresária, na feliz nomenclatura de J. L. Bulhões Pedreira[40] —, a ausência de correção monetária de suas demonstrações financeiras deturpa a base de cálculo do imposto sobre a renda de forma tal que acarreta a tributação do próprio patrimônio — capital — do contribuinte.

Se e quando tal fenômeno acontece, evidencia-se a inexistência de correlação lógica entre o elemento quantitativo — base de cálculo — e a materialidade da hipótese de incidência constitucionalmente indicada — auferir renda. E, na presença de tal fenômeno — inexistência de correlação lógica —, comprometida fica a regra de tributação.

De fato, quando a correção monetária das demonstrações financeiras do contribuinte tem efeito redutor da base de cálculo do imposto sobre a renda, a conclusão é uma, e somente uma: deve ela ser aplicada.

40. "Finanças e Demonstrações Financeiras da Companhia", p. 298.

É que a correção monetária, que é a técnica utilizada para expurgar das demonstrações financeiras os efeitos distorcivos da perda de poder aquisitivo da moeda, denuncia — revela — que não houve, na verdade, renda efetivamente auferida, ou que ela é menor do que a erroneamente indicada pela análise primeira dos lançamentos contábeis (antes de se proceder à correção) amontoados e reduzidos a resultado disforme e insignificante da realidade que deveriam espelhar.

Argumentar-se-ia, neste passo, que se a adoção de correção monetária das demonstrações financeiras acarreta resultados diversos para uns ou outros contribuintes, estaria (esta correção) ofendendo o princípio da isonomia. Tal inteligência revela inimaginável primarismo. Deveras, a regra de correção monetária, neutra em si mesma, é rigorosamente *a mesma* para todo o universo de contribuintes.

Os reflexos da regra (neutra, geral e igual) sobre *situações patrimoniais distintas* é que conduzem a resultados distintos, como não poderia deixar de ser. A neutralidade da regra de correção monetária — a sua função de expelir das demonstrações financeiras os efeitos distorcivos da perda de poder aquisitivo da moeda — é que repercute das mais diferentes formas *sobre as mais diferentes situações patrimoniais*.

Assim, longe de atentar contra o preceito isonômico, implementa-o em toda a sua inteireza, tratando desigualmente os desiguais, na medida em que se desigualam (Ruy Barbosa). E mais não é preciso dizer acerca de tão primário — e ignorante das coisas da empresa — entendimento.

Sinteticamente, temos, pois, que, (a) em certos casos (dependendo da situação patrimonial do contribuinte), a correção monetária dos elementos relevantes para a base de cálculo acarreta aumento do imposto sobre a renda, ao passo que em outros diminui o montante devido; (b) nas hipóteses em que a correção monetária das demonstrações financeiras reduz a base de cálculo, tem o contribuinte — mesmo na omissão do legislador — o direito constitucionalmente assegurado de efetuar tal correção, submetendo à tributação somente a renda efetivamente auferida, o que só é possível mediante demonstrações financeiras expurgadas do efeito inflacionário; (c) a só previsão constitucional de determinada potencialidade da competência impositiva não implica o dever de exauri-la; se o legislador ordinário não obra no sentido de esgotar a potencialidade da sua competência impositiva, tal utilização parcial engendra direito adquirido para o contribuinte até o fim do período. Assim, na omissão do Estado, o contribuinte que se beneficia da ausência de regra que imponha o cálculo da correção monetária tem direito adquirido de apurar seu imposto sobre a renda sem tal correção, até o início do subseqüente período de apuração; (d) portanto, na eventual omissão do Estado, tem o contribuinte o direito de submeter à tributação somente os resultados efetivamente significantes de renda — tal como constitucionalmente pressupostos —, não sendo admissível que essa omissão tenha o condão de subtrair ao contribuinte o direito de efetuar a correção monetária dos elementos componentes da base de cálculo, de modo a impedir a tributação de seu patrimônio, por meio de norma referente à tributação da renda; (e) finalmente, afasta-se a cerebrina concepção de ofensa ao preceito isonômico, pela simples constatação de que não é a aplicação de correção monetária que determina tratamentos desiguais, mas sim as próprias situações particulares patrimoniais desiguais, que produzem os mais diversos efeitos em face da mesma, igual, neutra e geral operação de aplicação de correção monetária.

7.7.3 Correção monetária e índices

A correção monetária não se confunde com os mecanismos ou índices que circunstancialmente são utilizados para implementá-la. Assim, sua análise comporta desdobramento.

De um lado, temos (i) a regra — pressuposta pela Constituição e eventualmente posta pelo legislador infraconstitucional — que determina a incidência de correção monetária como instrumento de neutralização dos efeitos da inflação. De outro lado, aparece (ii) o mecanismo ou índice a ser utilizado para cálculo da correção — implementação do mandamento veiculado pela regra — pressuposta pela Constituição e eventualmente posta pelo legislador. Esse (o instrumento) não pode subverter a regra de correção, de modo a inibir-lhe (ou deturpar-lhe) a singela e transparente vocação de neutralizar os efeitos do fenômeno inflacionário.

Se e quando ocorrer a perda de correlação lógica entre a regra de correção monetária e o mecanismo que venha a ser adotado para implementá-la, devemos — necessária e inexoravelmente — abandonar o mecanismo e prestigiar a regra principal, que determina a correção, assegurando a plenitude de seus efeitos próprios (neutralização dos efeitos do fenômeno inflacionário). É descabido pretender desvirtuar a regra da correção monetária, transfigurando-a em elemento capaz de gerar ou agravar obrigação tributária, ou, ainda, capaz de transformar imposto sobre a renda em imposto sobre o patrimônio (é o que tem freqüentemente ocorrido, nas hipóteses em que a União pretende impor aos contribuintes a ausência total de correção, ou a postergação do reconhecimento dos seus efeitos).

A definição constitucionalmente pressuposta de renda implica, necessariamente, a inegável necessidade de se proceder à correta e fiel correção monetária dos elementos relevantes para apuração do tributo devido, expurgando desses elementos os efeitos distorcivos da perda de valor aquisitivo da moeda.

Assim, no cumprimento deste desígnio constitucional, a lei ordinária deve prever tal procedimento, vinculando-o, de forma instrumental, a certos índices. Todavia, repita-se, a correção monetária não se confunde com os instrumentos adotados para a sua implementação. Incorrer em tal confusão é distorcer o próprio mandamento constitucional.

A implementação da correção via seu atrelamento a índices é efetuada por meio da edição de atos administrativos plenamente vinculados, de natureza verificadora, sobre os quais já tivemos a oportunidade de discorrer anteriormente.

À vista destas lições é fácil concluir que os atos administrativos, editados no passado, enunciativos, por exemplo, da variação nominal dos índices de correção monetária eram atos de administração verificadora e, portanto, severa e inquestionavelmente vinculados. Efetivamente, serviam exclusivamente à apuração, averiguação e documentação de uma preexistente situação de fato, a intensidade do fenômeno inflacionário.

Dentro desse contexto, e relembrando as noções de direito administrativo já anteriormente invocadas, cada ato administrativo, tendente à implementação de correção monetária, poderia, e deveria, ter sua validade aferida por meio do cotejo entre seu "motivo" ("realidade objetiva e externa ao agente. (...) antecedente, exterior ao ato, que transcorre na realidade empírica, servindo de suporte à expedição do ato") e o "motivo legal" que enseja a sua prática ("previsão abstrata de uma situação fática"). Descoincidentes o "motivo do ato" e o "motivo legal", irremediavelmente viciado será o ato.

7.7.4 Reflexão

A falta de cerimônia que tem marcado o trato da disciplina do imposto sobre a renda pela União — nas esferas legislativa e executiva — impõe uma reflexão.

Por mais fluido que seja o conceito de renda, vimos que a estrutura, princípios e regras sobre os quais se organiza o subsistema constitucional tributário brasileiro impõem a existência de limites — fixados no plano constitucional — ao conteúdo e alcance deste conceito e, conseqüentemente, à liberdade de ação do legislador infraconstitucional.

Deveras, recorde-se, uma vez que a Constituição utilizou o substantivo "renda" para definir âmbito de regra de outorga de competência tributária impositiva à União, o conceito do que venha a ser renda deixa de estar à disposição do legislador infraconstitucional. É que — não cansaremos de repetir —, de duas, uma: ou (i) admite-se que o legislador ordinário pode definir a própria amplitude da competência que lhe foi constitucionalmente outorgada; ou (ii) reconhece-se que o alcance desta competência — não podendo ficar à mercê da vontade política do legislador ordinário — deve encontrar contornos no próprio sistema constitucional, explícita ou implicitamente.

Portanto, o legislador ordinário não pode intrometer-se livremente na definição do conteúdo do conceito de renda, pois isto significaria que ele estivesse veramente alterando o âmbito de competência tributária impositiva constitucionalmente outorgada, o que é inadmissível para qualquer analista sério. A técnica que a legislação ordinária tem utilizado para abusivamente contornar a outorga constitucional de competência é indireta (o que a torna ainda mais censurável e odiosa), consistindo no manipular a definição do conceito de renda por meio da deturpação da respectiva base de cálculo (com reflexos deturpadores da própria materialidade — auferir renda).

E, em face dessas iniciativas espúrias, o que tem sido feito? Abandona-se a discussão central, esquece-se o princípio do escalonamento hierárquico do ordenamento jurídico e desperdiça-se tempo e potencial em discussões acessórias, relativas à interpretação de mecanismos formais, de regras postas pelo legislador ordinário sobre base de cálculo, sem a consideração prévia das exigências sistemáticas da Constituição.

E, nesse estado caótico de coisas, a legislação ordinária federal introduz as mais diversas modificações na base de cálculo do imposto sobre a renda, com diabólica e interminável criatividade, comprometendo o próprio conceito constitucionalmente pressuposto de renda, como se isso fosse possível, impunemente.

Renda — já o vimos — reflete, por exigência constitucional, acréscimo, aumento (consumido ou não), mais-valia etc. O que não se caracterizar como renda será necessariamente patrimônio. E, qualquer que seja o conceito de renda adotado, dúvida não haverá quanto à necessidade de que ocorra um ganho patrimonial (acréscimo patrimonial, no sentido antes explicitado) efetivo para o sujeito passivo, sob pena de não se configurar a hipótese de incidência do imposto sobre a renda (e tudo dentro de um período de tempo determinado).

E a competência para tributação de patrimônio não se confunde com a outorgada para tributação de renda; elas têm regimes jurídicos próprios, requisitos formais e materiais distintos para seu exercício válido. Enfim, não podem ser tomadas (essas competências) uma pela outra, como se fossem equivalentes, pois não são (e a afirmação não decorre de nossa convicção pessoal, mas sim de expressa determinação do artigo 153, III e VII, e § 2°, da Constituição Federal).

Conseqüência inexorável é que a liberdade do legislador federal no manipular elementos da base de cálculo do imposto sobre a renda está severamente limitada, contida, pelos contornos mínimos que a Constituição põe para o conceito de renda (que, muito embora esteja pressuposto, não deixa de ser cogente, gerando direitos aos particulares).

7.8 Alguns exemplos

É oportuno esclarecer o quanto se disse por meio de alguns exemplos. O tratamento da correção monetária serve de ilustração. A aplicação de correção monetária não é favor do legislador ordinário. Impõe-se sua incidência para a única finalidade de neutralizar os efeitos do fenômeno inflacionário, mantendo compatível com o seu valor real a expressão numérica de um direito.

Logo, na presença de fenômeno inflacionário (por menor que seja a sua intensidade), se não ocorrer a aplicação escorreita de correção monetária sobre os valores da tabela de incidência do imposto sobre a renda na fonte, ocorre aumento não consentido de imposto no mesmo exercício. Se (e sempre na presença de inflação) não é aplicada correção monetária sobre o valor de aquisição de um bem ou direito alienado, o cálculo do imposto sobre a renda pretensamente incidente sobre ganho de capital estará incidindo, na verdade e de forma não consentida pela Constituição, sobre o patrimônio.

Do mesmo modo, se o balanço patrimonial de uma empresa não é adequadamente corrigido, ele se torna imprestável, causando distorções não só tributárias, mas também societárias. Então, a correção do balanço é medida que se impõe independentemente da vontade do legislador ou da União (e assim tem reconhecido o Judiciário).

Em matéria de correção monetária é sempre oportuno referir o magistral estudo elaborado por Geraldo Ataliba e Cléber Giardino:[41] "O novo princípio legal instituído em 1964 foi, como visto, simplesmente o da manutenção, absolutamente íntegra, da grandeza econômica original dos negócios, situações, atos ou contratos objeto dessas atualizações monetárias. Nele não se buscou, de modo nenhum, ensejar proveitos ou detrimentos econômicos para ninguém. Daí não se poder falar em ganho ou perda, lucros ou prejuízos, para nenhuma das partes interessadas quando —

---

41. "Intributabilidade das correções monetárias", in *Princípios tributários no direito brasileiro e comparado — Estudos jurídicos em homenagem a Gilberto de Ulhoa Canto*, p. 139.

por força de correção monetária — reviam-se valores contratuais ou negociais".

Também deve ficar registrada a lição pioneira de Amílcar Falcão,[42] que escreveu: "Por correção monetária entende-se a técnica pelo direito consagrada de traduzirem-se em termos de idêntico poder aquisitivo quantias ou valores que, fixados *pro tempore*, se apresentam expressos em moeda sujeita a depreciação". É que, na presença de inflação, as unidades historicamente lançadas na contabilidade deixam de refletir o valor intrínseco de compra da moeda, que tem seu poder de troca emasculado em proporção inversa ao ritmo do fenômeno inflacionário. A moeda vê comprometido seu poder "aquisitivo" e sua aptidão natural de servir como instrumento de troca. Com isso, a contabilidade perde sua qualidade de espelho de uma realidade e sofre deformações caricaturais monstruosas.

Outro aspecto que ilustra a questão é a pretendida liberdade do legislador na definição da dedutibilidade das despesas operacionais. Por respeito ao conceito (constitucionalmente pressuposto) de renda, a despesa necessária à percepção do rendimento é, por definição, dedutível, independentemente da vontade do legislador ou da União.

É juridicamente irrelevante o fato de a lei concordar ou não com a dedutibilidade; necessária a despesa, é ela dedutível. São ineficazes as tentativas de restringir a dedutibilidade das despesas necessárias. A despesa é dedutível desde que seja necessária à percepção do rendimento; sendo necessária, é dedutível, facultando-se à lei apenas a definição de métodos e critérios para identificá-la e quantificá-la, sem, no entanto, inviabilizar a produção de seus efeitos (redutores da base de cálculo do tributo).

As sucessivas alterações no cálculo da provisão para devedores duvidosos das instituições financeiras bem demonstram a questão. A medida da dedutibilidade desta provisão não pode ocasionar a tributação de algo que não seja renda. Há contornos constitucionais mínimos que precisam ser respeitados.

42. "A inflação e suas Conseqüências sobre a Ordem Jurídica", in *RDP* 1/63.

Na Lei n. 9.249/95 aparecem diversos exemplos concretos que merecem referência. O artigo 4º determina a "revogação da correção monetária" das demonstrações financeiras, inclusive para fins societários. Trata-se de inominável absurdo; já o vimos exaustivamente. O artigo 13 da referida lei deve ser cautelosamente analisado, pois reflete as tais iniciativas no sentido de recusar dedutibilidade a despesas que sejam necessárias à percepção do rendimento tributável, o que não se pode admitir. Abusos devem ser reprimidos por fiscalização/punição, não servindo de justificativa para a pretendida vedação do direito ao reconhecimento de despesas em geral, cuja verificação da dedutibilidade depende de análise de cada caso concreto. O artigo 17 (cálculo de ganho de capital) pretende vedar a correção monetária do custo de aquisição do bem ou direito, o que é um despropósito, aplicando-se-lhe os nossos comentários sobre correção monetária em geral. Não há fundamento constitucional para o artigo 25, que determina a tributação do lucro da atividade exercida no exterior e proíbe a dedutibilidade dos prejuízos lá eventualmente verificados. A pretensão não tem consistência. Ademais, perceba-se que o preceito também pretende alcançar lucro de outra pessoa jurídica que não o contribuinte sujeito ao imposto brasileiro.

A respeito, já escrevemos:[43] "(...) (iii) não é válido — não encontra fundamento de validade no sistema constitucional brasileiro — o preceito legal que pretende proibir a consideração (a) no cômputo da base ou (b) no montante do imposto sobre a renda a pagar, por pessoa jurídica domiciliada no Brasil, das perdas e prejuízos por ela — pessoa jurídica aqui domiciliada — sofridos, em atividades ou operações no exterior; (iv) não é válido o preceito legal que pretende determinar a consideração, no cômputo da base de cálculo do imposto sobre a renda de pessoa jurídica domiciliada no Brasil, dos lucros auferidos no exterior por suas controladas e coligadas".

E assim vão-se multiplicando os exemplos de abusos e manifestações inconsistentes com a disciplina reservada pelo subsistema constitucional tributário brasileiro ao imposto sobre a renda.

---

43. "Resultados auferidos no exterior — Considerações sobre o art. 25 da Lei n. 9.249, de 26.12.95", in *Revista de Pós-Graduação — PUC-SP*, v. 3.

Para nós, bastam as referência feitas, que bem demonstram a importância e utilidade da sistematização de pressupostos que vimos de fazer.

Enfim, a lista de exemplos é interminável, sendo desnecessário tentar percorrê-la para sacar-se a conclusão de que a legislação federal deve guardar irrestrito respeito aos limites do conceito constitucionalmente pressuposto de renda, sob pena de incorrer em irremediável inconstitucionalidade. O que a Constituição dá ao cidadão com a mão direita, não retira com a esquerda (Ruy Barbosa). Os integrantes do Legislativo e Executivo federais parecem, às vezes, esquecer os limites de sua atuação, incumbindo a cada cidadão refrescar-lhes a memória, por meio de manifestações e iniciativas concretas.

8
SÍNTESE CONCLUSIVA

8.1 Proposições metodológicas. 8.2 Proposições específicas.

Em face das considerações aqui feitas, deduzimos as seguintes proposições sintéticas:

8.1 Proposições metodológicas

1. Função do recurso ao direito comparado — A maior utilidade do recurso ao direito comparado reside no auxiliar a descoberta, no confronto com outro sistema, daquilo que o sistema estudado tem de peculiar, próprio, singular, característico, típico.

1.1 O recurso ao direito comparado não serve para pinçar elementos do repertório ou regras de estrutura de um sistema e inseri-los em outro. O estudioso não tem competência para introduzir validamente elemento ou regra de estrutura no sistema que analisa e descreve. O que o estudioso pode fazer é elaborar e sugerir *standards* de interpretação do objeto que analisa e sistematiza, influenciando interpretações subseqüentes.

2. Sistematicidade do direito — Não se compreende o direito sem as noções de sistema de regras e princípios dispostos de forma unitária, harmônica e organizada.

3. Preceitos implícitos — Os elementos implícitos (princípios ou regras) têm as mesmas força vinculante, virtudes e eficácia dos explícitos.

4. Planos de análise — Não se confundem os planos fenomênico (eventos concretos), normativo (linguagem prescritiva) e científico (metalinguagem descritiva).

8.2 Proposições específicas

1. O sistema de direito positivo constitucional contém o subsistema tributário; ambos são organizados sob o princípio fundamental do escalonamento hierárquico.

1.1 A exaustividade do subsistema constitucional tributário brasileiro não encontra paralelo no direito comparado em geral, e muito menos, em especial, no direito norte-americano. Muito embora o sistema norte-americano tenha inspirado fortemente instituições brasileiras (em matéria constitucional, societária e tributária, especialmente no que diz respeito ao imposto sobre a renda), tal consideração não autoriza o intérprete a considerar as regras de estrutura e os elementos do repertório do sistema constitucional norte-americano como sendo — elementos — integrantes do sistema constitucional brasileiro.

2. A separação das funções entre os três chamados Poderes do Estado (Judiciário, Legislativo e Executivo — a ordem não é aleatória), no subsistema constitucional tributário brasileiro é absolutamente rígida, tendo sido reservada à lei, com exclusividade, a competência para inaugurar a ordem jurídica.

2.1 É vedado o recurso à delegação de competência normativa inaugural, incumbindo ao Poder Executivo somente o exercício do poder regulamentar, contido pelos estreitos limites do artigo 84, IV ("expedir decretos e regulamentos para sua" (da lei) "fiel execução").

3. O Executivo opera debaixo da lei, sem nenhuma possibilidade de manifestação volitiva em matéria de criação de tributo, detecção do nascimento de obrigação tributária e quantificação do respectivo objeto (montante do tributo devido). Em matéria tributária, a vontade do Executivo é a vontade da lei, válida e previamente posta. No Brasil, todas as manifestações do Executivo (regulamento, instruções ministeriais, pareceres e instruções normativas etc.) naquilo em que não se submetam rigidamente à lei válida e prévia, são puro lixo sistemático, automaticamente expelido no mesmo átimo de sua espúria edição.

4. O interesse fazendário é subordinado ao interesse público de respeito e prestígio às instituições e pleno acatamento das exigências sistemáticas da Constituição.

4.1 Nenhum interesse fazendário sobrepõe-se aos desígnios do princípio constitucional da segurança jurídica e seus correlatos princípios da legalidade, igualdade, consentimento, não-surpresa, boa-fé da administração etc. A implementação de todos esses princípios significa respeito e reforço à plena aplicabilidade da ordem constitucional, que é o maior bem e interesse de um povo civilizado.

5. Para reprimir a evasão fiscal ou para implementar a praticidade na aplicação da norma tributária, pode ser utilizado o recurso legal à presunção (relativa e absoluta) e à ficção, visando a dar ensejo ao início do processo administrativo tendente (i) à averiguação da ocorrência do fato imponível e (ii) à quantificação do objeto da obrigação tributária.

5.1 Para reputar ocorrido o fato imponível ou para quantificação do objeto da obrigação jurídica tributária é absolutamente vedado, pelo sistema constitucional brasileiro em geral, e pelo respectivo subsistema tributário, em particular, o recurso, ainda que por meio de lei, à presunção e à ficção.

6. No curso do processo tributário não se admite a prevalência da verdade formal, devendo todas as iniciativas e investigações ser conduzidas no sentido de buscar-se a verdade material, facultando-se ao particular o exercício do direito à ampla defesa, com todos os recursos a ela inerentes, sem nenhum embargo de natureza formal.

6.1 A manifestação do particular, em sede de impugnação ou defesa administrativa, no sentido de não concordar com determinado levantamento ou arbitramento feito pelo agente administrativo é apenas o pressuposto necessário para que se inicie o procedimento contraditório de arbitramento, administrativo ou judicial, não esgotando — essa mera discordância — a própria garantia do direito de defesa, como pretendem atualmente fazer prevalecer as autoridades administrativas. Deduzido pelo particular o questionamento, apenas inicia-se o contraditório, que deverá desenrolar-se até a descoberta da verdade material que envolve os fatos investigados.

6.2 A condução do processo administrativo tendente à constatação da ocorrência do fato imponível deve ser feita pelo agente público de forma a buscar, em primeiro lugar, a verdade material e a implementação efetiva do direito à ampla defesa — com todos os recursos a ela inerentes, no curso do devido processo legal — e, em segundo lugar, se for o caso, a satisfação do interesse arrecadatório.

7. A Constituição pressupõe conceito de renda consistente em um acréscimo decorrente do confronto de entradas e saídas relevantes, ao longo de um período de tempo.

7.1 O conteúdo do conceito de renda não está à disposição do legislador ordinário, pressuposto que foi pela Constituição para outorga de competência tributária impositiva ao próprio legislador ordinário.

7.2 O conceito constitucionalmente pressuposto de renda limita a manipulação, pelo legislador ordinário, dos elementos componentes da respectiva base de cálculo, decorrendo da própria Constituição — o que torna irrelevante eventual omissão do legislador infraconstitucional — o direito do destinatário — constitucional — da carga tributária de considerar todas e não menos que todas as despesas relevantes, assim entendidas aquelas necessárias a que o acréscimo verificado não se confunda com o próprio patrimônio do contribuinte.

7.3 Não só a dedutibilidade das despesas em efetivo é constitucionalmente assegurada. Toda perda (que não se caracterize como consumo da própria renda) deve ser irrestrita e ilimitadamente considerada, qualquer que seja a sua natureza (obsolescência, desgaste, depreciação decorrente de inflação interna ou desvalorização cambial etc). Nada há no subsistema constitucional tributário que possa servir de fundamento de validade para a expedição de ato legal em sentido contrário, não importa em que intensidade. E, obviamente, ato do Poder Executivo — que só opera debaixo da lei — não pode impor validamente nenhuma restrição, assim nessa matéria como em qualquer outra (que não tenha sido objeto de lei válida prévia).

7.4 O mesmo se diga sobre os prejuízos acumulados, cuja irrestrita consideração é exigência constitucional, sob pena de tributação do próprio patrimônio. Também aqui, nada há no subsistema constitucional tributário que autorize entendimento diverso.

7.5 A Constituição serve-se do período anual como padrão a ser considerado para todas as definições temporais que necessita fazer para organização e funcionamento do Estado e suas relações com os particulares. Entendemos, portanto, que a sistemática constitucional define ao subsistema tributário a pressuposta consideração do período anual como sendo o adequado à apuração do imposto sobre a renda.

8. O destinatário constitucional da carga tributária do imposto sobre a renda tem o direito adquirido, constitucionalmente assegurado, à imutabilidade mais gravosa, no curso do período de apuração, do regime jurídico tributário que rege o nascimento e a quantificação da sua obrigação tributária de pagar imposto sobre a renda.

8.1 Essa imutabilidade mais gravosa impede — no curso do período — a alteração de qualquer elemento, sem nenhuma limitação, que possa influir, direta ou indiretamente, na quantificação do imposto sobre a renda.

9. Toda e qualquer iniciativa relacionada ao imposto sobre a renda, seja no plano legislativo, seja no plano executivo da aplicação da legislação, assim como no estudo de seu regime jurídico, deve tomar como ponto de partida a Constituição Federal e suas sistemáticas exigências e implicações, que, como demonstramos, são muito mais intensas e extensas do que habitualmente se supõe. Tomar o atalho fácil da lei ordinária ou do ato administrativo como ponto de partida de abordagem de qualquer aspecto relacionado ao imposto sobre a renda resulta em inevitável engodo.

POSFÁCIO

As afirmações feitas acerca dos estritos limites dentro dos quais devem conduzir-se (i) a liberdade do legislador ordinário de criar normas tributárias e (ii) a atividade administrativa de fiscalização e controle (do cumprimento das normas tributárias) não são gratuitas; não configuram dogma político; não são posicionamentos opinativos do autor. Não. Decorrem da articulação harmônica de princípios e regras positivas integrantes do sistema constitucional positivo brasileiro, iluminada — essa articulação — por farta, séria e respeitada doutrina.

Se esclarecer é explicitar premissas, na lição de Alfredo A. Becker,[1] o que se pretende é demonstrar que não há como alcançar conclusões distintas, desde que devidamente esclarecidas, ponderadas e equalizadas as próprias premissas que o sistema constitucional positivo brasileiro põe.

Essas conclusões são, assim, meras decorrências, simples desdobramentos da análise sistemática do ordenamento jurídico brasileiro, fora do qual estão (confortavelmente instalados no manicômio tributário diagnosticado por Alfredo Becker[2]) o arbítrio e os desvarios da loucura aos quais se referiu Ruy Barbosa.[3]

---

1. *Teoria Geral do Direito Tributário*, p. 11.
2. Idem, ibidem, p. 5.
3. "Oração ao Moços", in *Escritos e Discursos Seletos*, p. 685.

BIBLIOGRAFIA

ALCHOURRÓN, Carlos E. e BULYGIN, Eugenio, *Introducción a la Metodología de las Ciencias Jurídicas y Sociales*, Editorial Astrea de Rodolfo Depalma, Buenos Aires, 1974.

ALESSI, Renato, *Istituzioni di Diritto Tributario*, UTET, Torino, s.d.

_____, *Sistema Istituzionale di Diritto Amministrativo*, Editora A. Giuffrè, Milano, 3ª edição, 1960.

ALLORIO, Enrico, *Diritto Processuale Tributario*, Editora A. Giuffrè, Milano, 1942.

AMORÓS RICA, Narciso, "O Período e Nascimento da Relação Tributária no Imposto Espanhol sobre a Renda da Pessoa Jurídica", in *Princípios Tributários no Direito Brasileiro e Comparado*, Editora Forense, Rio de Janeiro, 1988.

ARAÚJO FALCÃO, Amilcar de, "A Inflação e suas Conseqüências sobre a Ordem Jurídica", in *Revista de Direito Público*, volume 1.

_____, *Introdução ao Direito Tributário*, Edições Financeiras, Rio de Janeiro, 1959.

ARRUDA ALVIM, J. M., *Manual de Direito Processual Civil*, Ed. RT, São Paulo, 1986, 3ª edição.

ASCARELLI, Tulio, *Problemi Giuridici*, Editora A. Giuffrè, Milano, 1959.

_____, "Imposto de Renda — Considerações Sobre as Declarações Prestadas pelo Contribuinte e as Decisões Administrativas", in *Revista dos Tribunais*, volume 156, p. 483.

ATALIBA, Geraldo, *Hipótese de Incidência Tributária*, 5ª edição, 5ª tiragem, Malheiros Editores, 1997.

_____, *Sistema Constitucional Tributário Brasileiro*, Ed. RT, São Paulo, 1968.

_____, *República e Constituição*, Ed. RT, São Paulo, 1985.

_____, "Princípios do Procedimento Tributário", in *Revista Fisco e Contribuinte*, junho de 1975, p. 464.

_____, "Fato Futuro e Tributação, art. 150, § 7º, Constituição Federal de 1988, Redação da Emenda Constitucional n. 3/93", in *Revista do Programa de Pós-Graduação em Direito — PUC-SP*, volume 1, p. 41, Editora Max Limonad, São Paulo, 1995.

_____, "Princípios Informativos do Contencioso Administrativo Federal", in *Revista de Informação Legislativa*, Brasília, 1978, n. 58, p. 123.

_____, "Recursos Jurídicos del Contribuyente", in *Estudios sobre Medios de Defensa y Otros Temas Fiscales, Revista del Tribunal Fiscal del Estado de México*, primer número extraordinario, México, 1978.

_____, "Venda de Minérios — Faturamento — PIS", in *Revista de Direito Administrativo*, volume 196, p. 305.

_____, "Efeitos da Nova Constituição", in *Suplemento AASP — Associação dos Advogados de São Paulo*, n. 2311, de 23.11.88.

_____, "Periodicidade do IR", in *Revista de Direito Tributário*, volume 63, p. 15.

ATALIBA, Geraldo e GIARDINO, Cléber, Estudo inédito sobre o ICM na Constituição.

_____, "Intributabilidade das Correções Monetárias", in *Princípios Tributários no Direito Brasileiro e Comparado — Estudos em homenagem a Gilberto de Ulhoa Canto*, Editora Forense, São Paulo, 1988.

_____, *ICM — Diferimento*, Editora Resenha Tributária, São Paulo, 1980.

ATALIBA, Geraldo e LIMA GONÇALVES, J. A., "Carga Tributária e Prazo de Recolhimento de Tributos", in *Revista de Direito Tributário*, volume 45, p. 24.

_____, "Crédito-Prêmio de IPI — Direito Adquirido — Recebimento em Dinheiro", in *Revista de Direito Tributário*, volume 55, p. 162.

BACHOF, Otto, *Normas Constitucionais Inconstitucionais?*, Atlântida Editora, Coimbra, 1977.

BALEEIRO, Aliomar, *Direito Tributário Brasileiro*, Editora Forense, Rio de Janeiro, 1974.

_____, *Uma Introdução à Ciência das Finanças*, Editora Forense, Rio de Janeiro, 12ª edição, 1978.

_____, *Limitações Constitucionais ao Poder de Tributar*, Editora Forense, Rio de Janeiro, 5ª edição, 1977.

BANDEIRA DE MELLO, Celso Antônio, *Natureza e Regime Jurídico das Autarquias*, Ed. RT, São Paulo, 1968.

_____, *Curso de Direito Administrativo*, Malheiros Editores, São Paulo, 8ª edição, 1996.

_____, *O Conteúdo Jurídico do Princípio da Igualdade*, Malheiros Editores, 3ª edição, 4ª tiragem, 1997.

_____, "Imposto sobre a Renda — Depósitos Bancários — Sinais Exteriores de Riqueza", in *Revista de Direito Tributário*, volume 23-24, p. 91.

BANDEIRA DE MELLO, Oswaldo Aranha, *Princípios Gerais de Direito Administrativo*, Editora Forense, São Paulo, 1969.

BARBOSA, Ruy, "Oração aos Moços", in *Escritos e Discursos Seletos*, Editora José Aguilar, 1960.

_____, "Questão Minas-Werneck", *apud* A. de Sampaio Dória, *Direito Constitucional — Comentários à Constituição de 1946*, 5ª edição, volume IV, Editora Max Limonad, 1960.

BARRETO, Aires Fernandino, *Base de Cálculo, Alíquota e Princípios Constitucionais*, Ed. RT, São Paulo, 1987.

BARROS CARVALHO, Paulo de, *Curso de Direito Tributário*, Editora Saraiva, 1985.

_____, "Decadência e Prescrição", *Cadernos de Pesquisas Tributárias*, n. 1, volume 2.

_____, "Sobre os Princípios Constitucionais Tributários", in *Revista de Direito Tributário*, volume 55, p. 143.

BECKER, Alfredo Augusto, *Teoria Geral do Direito Tributário*, Editora Saraiva, 1972.

BÉNOÎT, Francis-Paul, "La Fonction Administrative", in *Le Droit Administratif Français*, Dalloz, Paris, 1968.

BERLIRI, Antonio, "Appunti sul Fondamento e il Contento dell'articolo 23 della Costituzione", in *Studi in Onore di Achille Donato Giannini*, Dott. A. Giuffrè Editore, Milano, 1961.

BEVILÁQUA, Clóvis, *Código Civil dos Estados Unidos do Brasil Comentado*, Editora Rio, 1940.

BISCARETTI DI RUFFIA, Paolo, "Costituzioni Italiana Dopo un Ventenio", in *Studi in Onore di Giuseppe Chiarelli*, volume 2, Ed. Giuffrè, 1974.

BLACK, Hugo Lafayette, *A Constitutional Faith*, Alfred-A-Knopt, New York, 1968.

BOBBIO, Norberto, *Teoria dell'Ordenamento Giuridico*, G. Giappichelli Editore, Torino, 1960.

_____, *Studi per una Teoria Generale del Diritto*, Ed. Torino, 1970.

BORGES, José Souto Maior, "Princípio da Segurança Jurídica na Criação e Aplicação do Tributo", in *Revista de Direito Tributário*, volume 63, p. 207.

_____, *Lei Complementar Tributária*, Ed. RT, 1975.

BOTTALLO, Eduardo D., "Princípios Gerais do Processo Administrativo Tributário", in *Revista de Direito Tributário*, volume 1, p. 46.

BRITO MACHADO, Hugo de, *Os Princípios Jurídicos da Tributação na Constituição de 1988*, 2ª edição, Ed. RT, São Paulo, 1991.

BULHÕES PEDREIRA, José Luiz, *Imposto de Renda*, APEC - Editora, Rio de Janeiro, 1969.

_____, *Imposto sobre a Renda — Pessoas Jurídicas*, JUSTEC - Editora Ltda., Rio de Janeiro, 1979.

_____, Parecer inédito sobre a correção monetária das demonstrações financeiras das sociedades.

_____, Finanças e Demonstrações Financeiras da Companhia, Editora Forense, Rio de Janeiro, 1989.

CAIS, Cleide Previtalli, *O Processo Tributário*, Ed. RT, São Paulo, 1993.

CANOTILHO, J. J. Gomes, *Direito Constitucional*, Livraria Almedina, Coimbra, 1992.

CARRAZZA, Roque Antonio, *Curso de Direito Constitucional Tributário*, Malheiros Editores, São Paulo, 8ª edição, 1997.

_____, *Princípios Constitucionais Tributários*, Ed. RT, São Paulo, 1986.

_____, *Regulamento no Direito Tributário Brasileiro*, Ed. RT, São Paulo, 1981.

CARVALHO SANTOS, J. M., *Código Civil Brasileiro Interpretado*, Editora Freitas Bastos, 12ª edição, 1984.

CASÁS, José Osvaldo, "Estudio Preliminar sobre los Aspectos Introductorios al Principio de Reserva de Ley en Materia Tributaria", in *Estudios de Derecho Constitucional Tributario en Homenaje al Prof. Dr. Juan Carlos Luque*, Ediciones Depalma, Buenos Aires, 1994.

CASTANHEIRA NEVES, Antonio, *Questão de Facto — Questão de Direito ou O Problema Metodológico da Juridicidade*, Livraria Almedina, Coimbra, 1967.

CHAVES, Antônio, *Tratado de Direito Civil*, Ed. RT, São Paulo, 3ª edição, 1982.

CIAN, G. e **TRABUCCHI**, A., *Comentario Breve al Codice Civile*, CEDAM, Padova, 1988.

CIRNE LIMA, Ruy, *Princípios de Direito Administrativo*, Ed. RT, São Paulo, 6ª edição, 1987.

COMPARATO, Fábio K., "O Irredentismo da 'Nova Contabilidade' e as Operações de 'Leasing'", in *Revista de Direito Mercantil*, volume 68, p. 50.

COSTA, Alcides Jorge, "A Doutrina Italiana e sua Influência no Direito Tributário Brasileiro", in *Estudos Jurídicos em Homenagem a Gilberto de Ulhoa Canto*, Editora Forense, São Paulo, 1988.

DERZI, Misabel de Abreu Machado, *Direito Tributário, Direito Penal e Tipo*, Ed. RT, São Paulo, 1988.

_____, "Tributação da Renda 'versus' Tributação do Patrimônio", in *Imposto de Renda — Questões Atuais e Emergentes*, Dialética Editora, São Paulo, 1995.

DINIZ, Maria Helena, *Lei de Introdução ao Código Civil Brasileiro Interpretada*, Editora Saraiva, São Paulo, 1994.

ENGISCH, Karl, *Introdução ao Pensamento Jurídico*, Fundação Calouste Gulbenkian, Lisboa, 6ª edição, 1983.

FEDELE, Andrea, "La Teoría del Procedimiento de Imposición y la Denominada Anticipación del Tributo", in *Revista de Direito Tributário*, volume 2, p. 12.

FERRARA, Francesco, *Interpretação e Aplicação das Leis*, Arménio Amado, Coimbra, 1987.

FERRAZ JR., Tércio Sampaio, "Segurança Jurídica e Normas Gerais Tributárias", in *Revista de Direito Tributário*, volume 17-18, p. 51.

_____, *Interpretação e Estudos da Constituição de 1988*, Editora Atlas, São Paulo, 1990.

_____, *Conceito de Sistema no Direito*, Ed. RT, São Paulo, 1976.

_____, *Introdução ao Estudo do Direito*, Editora Atlas, São Paulo, 1990.

FERREIRA FILHO, Manoel Gonçalves, *Comentários à Constituição Brasileira*, Editora Saraiva, São Paulo, 3ª edição, 1983.

FERREIRO LAPATZA, José Juan, "El Principio de Legalidad y la Reserva de Ley", in *Revista de Direito Tributário*, volume 50.

_____, *Curso de Derecho Financiero Español*, Marcial Pons, Madrid, 13ª edição, 1991.

FIGUEIREDO, Lucia Valle, *Curso de Direito Administrativo*, Malheiros Editores, São Paulo, 2ª edição, 1995.

_____, *Controle da Administração Pública*, Ed. RT, São Paulo, 1991.

FONROUGE, Giuliani, *Derecho Financiero*, Ediciones Depalma, Buenos Aires, 4ª edición, 1987.

FREITAS, Juarez de, *Estudos de Direito Administrativo*, Malheiros Editores, São Paulo, 1995.

GARCÍA BELSUNCE, Horacio A., "La Delegación Legislativa", in *Estudios de Derecho Constitucional Tributario en Homenaje al Prof. Dr. Juan Carlos Luque*, Ediciones Depalma, Buenos Aires, 1994.

_____, *Derecho Tributario Penal*, Ediciones Depalma, Buenos Aires, 1985.

_____, *El Concepto de Rédito*, Ediciones Depalma, Buenos Aires, 1967.

GARCÍA DE ENTERRÍA, Eduardo, *La Constitución como Norma y el Tribunal Constitucional*, Editorial Civitas S.A., 1985.

_____, *Reflexiones sobre la Ley y los Principios Generales del Derecho*, Editorial Civitas S.A., 1984.

GENTILI, Giorgio, *Le Presunzioni nel Diritto Tributario*, CEDAM, Padova, 1984.

GOMES DE SOUSA, Rubens, "Um Caso de Ficção Legal no Direito Tributário: A Pauta de Valores como Base de Cálculo do ICM", in *Revista de Direito Público*, volume 11, p.19.

_____, "A Evolução do Conceito de Rendimento Tributável", in *Revista de Direito Público*, volume 14, p. 339.

_____, "Procedimento Tributário", in *Revista de Direito Público*, volume 29, p. 280.

GORDILLO, Agustín, *Procedimientos y Recursos Administrativos*, Ediciones Macchi, Buenos Aires, 2ª edição, 1971.

_____, *Tratado de Derecho Administrativo*, Ediciones Macchi, Buenos Aires, 1974.

GRAU, Eros Roberto, *A Ordem Econômica na Constituição de 1988, Interpretação e Crítica*, Malheiros Editores, São Paulo, 3ª edição, 1990.

_____, "Crítica da Discricionariedade e Restauração da Legalidade", in *Perspectivas de Direito Público, Estudos em Homenagem a Seabra Fagundes*, Editora Del Rey.

GRECO, Marco Aurélio, *Dinâmica da Tributação e Procedimento*, Ed. RT, São Paulo, 1979.

GRINOVER, Ada P., "O Contencioso Administrativo na Emenda n. 7/77", in *Revista da Procuradoria-Geral do Estado de São Paulo*, junho de 1977, p. 247.

GUIBOURG, Ricardo A., GHIGLIANI, Alejandro M. e GUARINONI, Ricardo V., *Introducción al Conocimiento Científico*, Editorial Universitaria de Buenos Aires, Buenos Aires, 1985.

HENSEL, Albert, *Diritto Tributario*, Dot. A. Giuffrè Editore, Milano, 1956.

JARACH, Dino, *Curso Superior de Derecho Tributario*, Liceo Profesional CIMA, Buenos Aires, 1957.

JUSTEN FILHO, Marçal, *Sujeição Passiva Tributária*, Edições CEJUP, 1986.

KELSEN, Hans, *Teoría General del Derecho y del Estado*, Textos Universitarios, México, 1969.

KRUSE, H. W., *Derecho Tributario — Parte General*, Editoriales de Derecho Reunidas, Madrid, 3ª edição, 1973.

LACERDA TEIXEIRA, Egberto e TAVARES GUERREIRO, J. A., *Das Sociedades Anônimas no Direito Brasileiro*, v. I, José Bushatsky Editor, São Paulo, 1979.

LEAL, Víctor Nunes, *Problemas de Direito Público*, Editora Forense, São Paulo, 1960.

LEITÃO DE ABREU, João, voto no acórdão do RE 86.297-SP, Supremo Tribunal Federal, Pleno, in *Revista de Direito Público*, volume 39, p. 200.

LIGNOLA, Enzo, *La Delegazione Legislativa*, Dott. A. Giuffrè Editore, Milano, 1956.

LIMA GONÇALVES, J. A., *Isonomia na Norma Tributária*, Malheiros Editores, São Paulo, 1993.

_____, "Resultados Auferidos no Exterior — Considerações sobre o artigo 25 da Lei n. 9.249, de 26.12.95", in *Revista do Pós-Graduação — PUC-SP*, volume 3.

_____, "Princípios Informadores do Critério Pessoal da Regra-matriz de Incidência Tributária", in *Revista de Direito Tributário*, volume 23-24, p. 253.

_____, *Lançamento — Meditação Preliminar*, Comunicação às XVIII Jornadas Ibero-latino-americanas de Direito Tributário, Montevidéu, 1996.

MALERBI, Diva, *Elisão Tributária*, Ed. RT, São Paulo, 1984.

MARINHO, Josaphat, "Princípios Constitucionais Tributários", in *Estudos de Direito Público em Homenagem a Aliomar Baleeiro*, Editora Universidade de Brasília, Brasília, 1976.

MARIZ DE OLIVEIRA, Ricardo, *Imposto de Renda, Decreto-lei n. 2.341/87, Reformas Fundamentais*, Editora IOB, *apud* Gilberto de Ulhoa Canto, *Direito Tributário Aplicado — Pareceres*, Editora Universitária, 1992, p. 224.

MARQUES, José Frederico, "A Garantia do *Due Process of Law* no Direito Tributário", in *Revista de Direito Público*, volume 5, p. 28.

MAXIMILIANO, Carlos, *Hermenêutica e Aplicação do Direito*, Editora Freitas Bastos, São Paulo, 5ª edição, 1951.

_____, *Comentários à Constituição Brasileira — 1946*, Livraria Editora Freitas bastos, São Paulo, 1948.

MAYER, Otto, *Derecho Administrativo Alemán*, Ediciones Depalma, Buenos Aires, 2ª edición, 1982.

McNALTY, John K., *Federal Income Taxation of Individuals*, University of California, Berkeley, West Publishing Co., 1988.

MEIRELLES, Hely Lopes, *Estudos e Pareceres de Direito Público*, Ed. RT, São Paulo, 1983.

_____, *Direito Administrativo Brasileiro*, Malheiros Editores, São Paulo, 22ª edição, 1997.

_____, *O Processo Administrativo e em Especial o Tributário*, IBDT e Editora Resenha Tributária, São Paulo, 1975.

MIRANDA, Pontes de, *Systema de Sciencia Positiva do Direito*, Jacintho Ribeiro dos Santos Editor, Rio de Janeiro, 1922.

_____, *Comentários à Constituição de 1967 com a Emenda nº 1 de 1969*, Ed. RT, São Paulo, 1972.

_____, *Tratado de Direito Privado*, Ed. RT, São Paulo, 1983.

_____, *Comentários à Constituição Federal de 1946*, Editora Max Limonad, 2ª edição, 1953.

_____, "Pesos e Medidas e Invólucros e Envoltórios. Pressupostos de Índole Constitucional para Legislação Ordinária sobre o Assunto", in *Revista dos Tribunais*, volume 356, p. 58.

NAVARRINE, Susana Camila e ASOREY, Rubén O., *Presunciones y Ficciones en el Derecho Tributario*, Ediciones Depalma, Buenos Aires, 1985.

NEVES, Marcelo, *Teoria da Inconstitucionalidade das Leis*, Editora Saraiva, São Paulo, 1988.

OLIVEIRA, Régis Fernandes de, *Ato Administrativo*, Ed. RT, São Paulo, 1978.

PÉREZ DE AYALA, José Luíz, *Las Ficciones en el Derecho Tributario*, Editorial de Derecho Financiero, Madri, 1970.

PICARDO, Alessandra, "L'Accertamento dei Redditi in Basi alle Scritture Contabile", in *Diritto e Pratica Tributaria*, extrato do volume LXV, 1994.

PIETRO, Maria Sylvia Zanella Di, *Direito Administrativo*, Editora Atlas, São Paulo, 2ª edição, 1981.

QUIROGA, Roberto, "O Conceito Constitucional de Renda e Proventos de Qualquer Natureza", dissertação de mestrado (PUC-SP), São Paulo, 1996.

RECASÉNS SICHES, Luis, *Nueva Filosofía de la Interpretación del Derecho*, Editora Porrúa S.A., México, 1980.

ROSS, Alf, *Sobre el Derecho y la Justicia*, Editorial Universitaria de Buenos Aires, Buenos Aires, 1977.

SAMPAIO DÓRIA, A. de, *Direito Constitucional — Comentários à Constituição de 1946*, Editora Max Limonad, 5ª edição, 1960.

SAMPÁIO DÓRIA, A. R., *Elisão e Evasão Fiscal*, José Bushatsky Editor, São Paulo, 2ª edição, 1977.

_____, *Princípios Constitucionais Tributários e a Cláusula "Due Process of Law"*, tese para concurso na USP, 1964.

_____, "A Incidência da Contribuição Social e Compensação de Prejuízos Acumulados", in *Revista de Direito Tributário*, volume 53.

SAN TIAGO DANTAS, F. C. de, "Igualdade Perante a Lei e *due process of law*", in *Problemas de Direito Positivo*, Ed. Revista Forense, Rio de Janeiro, 1953.

_____, "Normas de Direito Singular e Sua Revogação. Lei e Regulamento", in *Problemas de Direito Positivo*, Ed. Revista Forense, Rio de Janeiro, 1953.

SEABRA FAGUNDES, M., *O Controle dos Atos Administrativos pelo Poder Judiciário*, Editora Saraiva, São Paulo, 6ª ed., 1984.

_____, "Revogabilidade das Isenções Tributárias", in *Revista de Direito Administrativo*, volume 58, p. 2.

SERPA LOPES, *Comentários à Lei de Introdução ao Código Civil*, 2ª edição.

SILVA, De Plácido e, *Vocabulário Jurídico*, Editora Forense, São Paulo, 1961.

SILVA, José Afonso da, *Aplicabilidade das Normas Constitucionais*, tese para concurso na USP, São Paulo, 1968.

SOUZA MORAES, Antão de, "Jocquei Club de São Paulo — Parecer", in *Revista dos Tribunais*, volume 276, p. 47.

TACITO, Caio, "Contencioso Administrativo", in *Revista da Procuradoria-Geral do Estado de São Paulo*, volume 10, p. 149.

TERÁN, Juan Manoel, *Filosofía del Derecho*, Editorial Porrua S.A., México, 1980.

TRIBE, Laurence H., *American Constitutional Law*, 2ª edição, The Foundation Press Inc., 1988.

UCKMAR, Victor, *Princípios Comuns de Direito Constitucional Tributário*, Ed. RT, São Paulo, 1976.

ULHOA CANTO, Gilberto, *Direito Tributário Aplicado — Pareceres*, Editora Forense Universitária Ltda., Rio de Janeiro, 1992.

_____, "Presunções no Direito Tributário", in *Cadernos de Pesquisas Tributárias* 9, Editora Resenha Tributária, São Paulo, 1984.

_____, *Temas de Direito Tributário*, Editora Alba, Rio de Janeiro, 1964.

VELLOSO, Carlos Mário, "Do Poder Regulamentar", in *Revista de Direito Público*, volume 65.

VILANOVA, Lourival, *Apostila do Seminário sobre Teoria Geral do Direito*, IBET-Instituto Brasileiro de Estudos Tributários, São Paulo, 1981.

VILLEGAS, Héctor, *Curso de Finanzas, Derecho Financiero y Tributario*, Editora Depalma, Buenos Aires, 4ª edição, 1990.

_____, "Sujeito Passivo no Imposto sobre a Renda", in *Revista de Direito Público*, volume 19.

WARD, David A., *The Business Purpose Test and Abuse of Rights*, Stevens & Sons Ltd., London, 1985.

WOLFMAN, Bernard, *Federal Income Taxation of Corporate Enterprise*, Little, Brown and Company, Boston, 3ª edição.

XAVIER, Alberto Pinheiro, *Os Princípios da Legalidade e da Tipicidade da Tributação*, Ed. RT, São Paulo, 1978.

_____, *Manual de Direito Fiscal*, Manuais da Faculdade de Direito de Lisboa, Lisboa, 1974.

_____, "IR — Lançamento por arbitramento — Pressupostos e Limites", in *Revista de Direito Tributário*, volume 31, p. 174.

_____, *Do Lançamento no Direito Tributário Brasileiro*, Editora Resenha Tributária, São Paulo, 1977.

XAVIER DE ALBUQUERQUE, "ISS e Planos de Saúde", in *Revista de Direito Tributário*, volume 62.

ÍNDICE ALFABÉTICO-REMISSIVO

A

abuso de forma, 35
abusos do poder, 76
acréscimo patrimonial, 180
ampla defesa, 107, 109
anualidade, 183
arbitramento, 122
arbitramentos, 122
ato administrativo, 91
ato administrativo implementar a fiel execução da lei, 37
ato administrativo punitivo, 102
ato administrativo vinculado, 94, 100
ato de administração verificadora, 94
ato declaratório, 73
ato discricionário, 92
auto de infração, 101
avaliação contraditória, 123

B

base de cálculo, 21
base de cálculo do tributo, definição legal da, 190
"business purpose test", 35

C

capacidade contributiva, 120, 188
capital, 178
caráter vinculado do ato administrativo de lançamento, 100
causalidade, 48
classificações jurídicas, 152
competência discricionária, 93
competência tributária impositiva, 17, 88 e ss., 170, 179, 186 e ss., 196, 215
conceito constitucionalmente pressuposto de renda, 157, 174 e ss., 207, 215
conceito de "fato", 96
conceito de renda, na doutrina, 192
conceitos normativos e conceitos de fatos, 147
consentimento, 85
consentimento popular, 86
constituição norte-americana, 22
contabilidade, 198
contraditório, 112
controle, 63
correção monetária, 200 e ss.
critérios quantitativo e material, 190

D

decreto e lei, 67
decretos legislativos, 66
delegação de competências, 24, 213
delegação normativa, 24
demonstrações financeiras, 201
despesas necessárias, 209
destinatário constitucional do imposto sobre a renda, 189
destinatário constitucional do tributo, 187
destinatário da carga tributária do imposto sobre a renda, 189
dever de sigilo, 110
deveres acessórios, 103
devido processo legal, 114
direito adquirido à imutabilidade do regime tributário durante o curso do período de apuração, 166
direito a certidão, 109
direito comparado, 212
direito de petição, 109
direito de vista, 109
discriminação constitucional de competência impositiva, 200
"due process of law", 114

E

elemento linguístico, 96
elisão e evasão, 153
entradas e saídas, 182
escalonamento hierárquico, 38
evasão, 153, 214
evento, 92
exaustividade, 37
exceções à legalidade, 66

F

faturamento, 177
fechamento operacional do sistema, 36
fenômeno inflacionário, 95
finalidade, 91
financiamento, 182
fortuna, 179
fraude, 35
função administrativa, 25, 58
função regulamentar, 66, 68

G

ganho, 178
ganho de capital, 182

I

igualdade das partes, 110
importação de elementos, 31
imprevisibilidade, 44
impugnação de arbitramento, 125
indenizações, 182
índices, 204
inflação, 201
instruções ministeriais, 73
instruções normativas, 56, 74
integração de regra-matriz de incidência tributária, 84
interesse arrecadatório, 76
interesse fazendário, 76, 214
interesse público, 76
interesse público primário e secundário, 76, 110
invasão de competência, 79
isonomia, 120

J

"judicial review", 37

L

lacunas, 82
lançamento, 91, 100
lançamentos contábeis, 199
lealdade processual, 110
legalidade, 79, 100
legalidade e tipicidade, 79
lei, 54

lei delegada, 66
lei de introdução — repositório de princípios e regras de teoria geral do direito, 166
linguagem, 98
linguagem objeto, 48
lucro da atividade exercida no exterior, 210

M

matéria tributária na Constituição, 37
medida provisória, 66
moralidade e legalidade das provas, 110
motivação do ato administrativo, 99
motivo como requisito de validade do ato, 91, 99

N

noção de renda, 174
noção de sistema, 40
norma tributária em branco, 83
normas implícitas e explícitas, 50

O

obrigação tributária principal, 103
ônus da prova, 117

P

pareceres normativos, 56, 74
patrimônio, 179
perdas e prejuízos, 210
período, 183, 216
período constitucionalmente pressuposto, 184
pessoalidade, 188
plano normativo, 94
planos de abordagem, 48
portaria, 58, 74
predominância do interesse público, 76
prejuízos, 181
premissa metodológica, 41
pressuposto de direito, 92
pressuposto de fato, 93, 98
"presumptio iuris", 136
"presumptiones facti ou hominis", 136
presunção e ficção, 127, 144

princípio da anterioridade, 162
princípio da boa-fé e da previsibilidade da ação estatal, 161
princípio da legalidade, 54, 213
princípio da praticabilidade, 89, 96
princípio da protecção da confiança na lei fiscal, 101
princípio da segurança jurídica, 100
princípio do consentimento, 86
princípios, 45
princípios e regras, 46
princípios implícitos, 50
princípios que informam o processo administrativo, 109
privilégios da administração, 100
processo administrativo, 109, 214
processo e procedimento, 109
proposições descritivas, 48
provisão para devedores duvidosos, 209

R

redução de patrimônio, 181
regra de estrutura lingüística, 98
regras definidoras das competências impositivas — natureza constitucional, 170
regras estruturais de organização da linguagem, 97
regulamentação totalizante, 85
regulamento, 57, 67, 73, 213
regulamento autônomo, 69
"regulatory agencies", 25
renda, conceito, 192, 215
renda-incremento patrimonial, 194
renda-ingresso, 194
renda-produto, 193
repartição de competência tributária impositiva, 53, 89, 170
resoluções, 66
responsabilidade objetiva do Estado, 169
responsabilidade pessoal do agente público, 168
responsabilidade subjetiva, 169
responsabilização do Estado e/ou seus agentes, 152
restrições à legalidade, 55
revisão judicial, 24
rigidez constitucional, 120

S

saldo negativo, 181
saldo positivo, 179
segurança e certeza, 174
segurança jurídica, 74, 161
separação de Poderes, 26, 49, 213
símbolos lingüísticos, 50
sistema constitucional tributário brasileiro, 40, 213
sistema jurídico, 20, 41, 212
soberania do parlamento, 37
sobreprincípios, 164
subordinados hierárquicos, 67
substância econômica, 32
subsunção normativa, 107, 141
subversão da supremacia da segurança do particular como causa de nulidade do ato administrativo, 163
sujeito passivo, 80, 101, 187

T

teoria da "renda-incremento patrimonial", 193
teoria da "renda-produto", 193
teste da subsunção, 141
tipicidade, 15, 32, 79, 81
tipologia, 82
tipologia taxativa, 82
tradução dos "eventos" em "fatos", 97
tributação do patrimônio, 181
tributo, noção constitucionalmente pressuposta, 176

U

unidade e harmonia do sistema, 44
universalidade, 181, 188

V

valoração qualitativa, 124
valoração quantitativa, 124
vedação à delegação, 24, 52
vedação da surpresa, 161, 163, 214
verdade formal, 113, 118, 165, 214
verdade material, 98, 112, 116
verificação da ocorrência do fato imponível, 84, 103, 117

Impressão e acabamento:
GRÁFICA PAYM
Tel. (011) 4392-3344